Mathias Rohe

Der Islam – Alltagskonflikte und Lösungen

HERDER spektrum
Band 4942

Das Buch

Kopftuchtragende Lehrerinnen, Frauen unter der Herrschaft männlicher Patriarchen, Mädchen, die nicht an Schulfreizeiten teilnehmen dürfen; Moscheen und Minarette, von denen der islamische Gebetsruf ertönt; antiwestliche Parolen muslimischer Extremisten in Gerichtssälen und Hinterhofzirkeln: die Bilder sind in den Medien, die Phantasien in den Köpfen. Drei Millionen Muslime leben allein in Deutschland. Entsteht hier ein weltanschauliches und sogar ein rechtliches Ghetto? Auch wer Klischees ablehnt, wird sehen, daß es konkrete Konflikte ebenso wie spannende „offene Gestaltungsräume" und neue zu lösende Alltagsprobleme gibt: Wie kann es mit dem islamischen Religionsunterricht weitergehen; welches Recht gilt für die Ehe zwischen einem ausländischen Muslim und einer deutschen Frau, und wie wird eine Scheidung abgewickelt und das Sorgerecht für Kinder bestimmt? Darf ein türkischer Vater seine Tochter vom Sportunterricht abmelden?
Mathias Rohe warnt vor der „Islamistenfalle" und schildert spannend die oft unbekannte Vielfalt in der Entwicklung islamischen Rechtsverständnisses früher und heute. Und er zeigt auf, wo hierzulande die Lösungen anstehen: von der Friedhofsordnung über das Unterhaltsrecht bis zur Staatsangehörigkeit. Welches Maß an Integration kann der „rechtskulturellen Minderheit" der Muslime abverlangt werden? Welche Rechte stehen andererseits dieser Minderheit zu? Mathias Rohe macht deutlich, daß es kein gleichberechtigtes Nebeneinander der Rechtsordnungen in Deutschland gibt und geben wird. Die deutsche Rechtsordnung selbst gibt aber den Muslimen wie allen anderen Mitgliedern der Gesellschaft weitgehende Freiheit, ihre Religion zu praktizieren und ein selbstbestimmtes Leben zu führen.

Der Autor

Professor Dr. iur. Mathias Rohe, M. A., Richter am OLG, geb. 1959, Studium der Jura und der Islamkunde in Tübingen und Damaskus; mehrjährige Orientaufenthalte; Gründungsmitglied der Gesellschaft für arabisches und islamisches Recht; seit 1998 Inhaber des Lehrstuhls für Bürgerliches Recht, Internationales Privatrecht und Rechtsvergleichung an der Friedrich-Alexander-Universität Erlangen-Nürnberg. Zahlreiche Veröffentlichungen und Vorträge zu den Forschungsschwerpunkten Modernes Islamisches Recht und Rechtsstellung des Islam in Deutschland und Europa.

Mathias Rohe

Der Islam – Alltagskonflikte und Lösungen

Rechtliche Perspektiven

Herder
Freiburg · Basel · Wien

Gedruckt auf umweltfreundlichem
chlorfrei gebleichtem Papier

Originalausgabe

Herstellung: Freiburger Graphische Betriebe 2001
Umschlaggestaltung und Konzeption:
R·M·E München / Roland Eschlbeck, Liana Tuchel
Umschlagfoto: photonica und Mauritius
Autorenfoto: Privat
ISBN: 3-451-04942-2

Inhalt

Hinweise zur Aussprache arabischer und türkischer Namen und Begriffe

ʾ	Stimmabsatz (wie z. B. beʾenden)
ʿ	gepreßter kehliger Reibelaut, nach „a" gefärbt
c	im Türkischen stimmhaftes „dsch" wie im Deutschen Dschungel
ç	im Türkischen stimmloses „tsch" wie in „deutsch"
ḏ	stimmhaftes „th" wie im Englischen „mother"
ǧ	im Arabischen: stimmhaftes „dsch" wie im Deutschen Dschungel oder im Italienischen „giorno"
ğ	im Türkischen: sog. yumuşak-g, als sehr schwacher j-Laut oder nur durch Längung des vorhergehenden Lauts wahrnehmbar
gh	Gaumen-r, ähnlich wie im Französischen „parcours"
kh	kehliges „ch" ähnlich wie im Deutschen „auch"
q	kehliger Gaumenlaut, wie ein am Gaumen gesprochenes „k" (nicht: „kw")
r	gerolltes r
s	stimmloses s
š	wie im Deutschen „sch"
ṯ	stimmloses „th" wie im Englischen „think"
w	wie im Englischen „w" z. B. in „why"
y	wie im Deutschen „j"
z	stimmhaftes s

Vorwort

Dieses Buch will rechtliche Alltagsprobleme, die sich aus dem faktischen Zusammenleben von Nichtmuslimen und Muslimen in unserer Gesellschaft ergeben, darstellen, klären und Lösungen vorschlagen. In der Perspektive des Rechts können die konkreten *und* die grundsätzlichen Dimensionen dieser Fragen sichtbar werden. Unsere Darstellung richtet sich gleichermaßen an interessierte Laien und Juristen, an Muslime und Nichtmuslime. Deshalb ist es erforderlich, manches zu erklären, was dem Kenner bereits vertraut ist. Details müssen immer wieder ausgeklammert bleiben. Wissenschaftliche Gründlichkeit ist dennoch unverzichtbar. Der Belegapparat ist bei den einleitenden und allgemeinen Ausführungen auf das notwendige Mindestmaß reduziert, dafür aber bei den konkreten Problemlagen besonders ausführlich. Weiterführende Hinweise finden sich im Anhang. Im Mittelpunkt steht die deutsche Rechtsordnung. In anderen europäischen Staaten stellen sich sehr ähnliche Rechtsprobleme. Deshalb werden auch sie immer wieder mit angesprochen.

Der Verfasser dieses Buchs ist nicht Muslim, sondern bekennt sich zum Christentum. Er kann nicht für sich in Anspruch nehmen, darüber zu schreiben, was der Islam ist. Ziel kann nur sein, das wiederzugeben, was viele Muslime in Vergangenheit und Gegenwart über den Islam ausgesagt haben und aussagen, und diese Äußerungen an den Anforderungen unseres Rechts zu messen. Unter Muslimen besteht im wesentlichen Einigkeit in den Grundlagen und ein erhebliches Maß an Meinungsunterschieden in Einzelfragen. Muslime sehen darin kein Defizit, sondern eine Bereicherung, die auf den schlichten Umstand zurückgeführt wird, daß unterschiedliche Menschen in unterschiedlichen Lebensumständen auch unterschiedliche Bedürfnisse und Ansichten haben. Juden, Christen und anderen dürfte diese Haltung nicht unvertraut sein. In die Betrachtungen werden auch Glaubensrichtungen einbezogen, die sich selbst dem Islam zurechnen, deren Vereinbarkeit mit dem Islam aber von anderen Muslimen bestritten wird. Ein Nichtmuslim kann nicht darüber befinden, welches der Weg des Islam zu Gott ist.

Dieses Buch hätte ohne eine Vielzahl von Gesprächen mit Muslimen und Nicht-Muslimen so nicht entstehen können. Ohne die Gesprächspartner namentlich erwähnen zu können, sei ihnen allen herzlich Dank für Anregungen, Lob und Kritik gesagt. Besonderer Dank gebührt Frau Bettina Rüsch, Herrn Prof. Siegfried Mack und meiner Frau Mechthild für die intensive Lektüre des Manuskripts und mancherlei Anregungen.

Bei der Umschrift arabischer und persischer Begriffe waren Kompromisse unvermeidlich (vgl. die Hinweise zur Aussprache nach dem Inhaltsverzeichnis). Im Deutschen geläufige Formen wurden übernommen (Koran statt „qur'an"). Im übrigen wurde ein Mittelweg zwischen leichter Lesbarkeit und exakter Wiedergabe eingeschlagen, Islamwissenschaftler werden das Gemeinte unschwer erkennen. Die Juristen geläufigen Abkürzungen in den Fußnoten können z. B. mit Hilfe des Werks von H. Kirchner, Abkürzungsverzeichnis der Rechtssprache, aufgelöst werden.

Erlangen, im Dezember 2000

I. Einführung

Deutschland und Europa sind bunter geworden. Nicht jedem gefällt das neue Farbenspiel, das andere als Bereicherung empfinden. Moscheebauten im Zentrum der Städte, kopftuchtragende und in lange Mäntel gehüllte Frauen und Mädchen, manche junge Türken mit ausgeprägtem Machogehabe, Sprachprobleme in Schulen und Kindergärten wecken bei nicht wenigen Alteingesessenen Fremdheitsgefühle und Ängste. Kann man sich noch darauf verlassen, in einem vertrauten Lebensumfeld alt zu werden und die Kinder und Enkel darin aufwachsen zu sehen? Selbstbewußter auftretende Muslime fordern ihre verfassungsmäßig geschützten Rechte ein. Aber werden sie auch die entsprechenden Pflichten übernehmen? Solche Fragen beschäftigen viele. Man darf den Fragern nicht vorschnell nationalistische Engstirnigkeit oder dumpfen Rassismus unterstellen. Fremdheitsgefühle sind normal. Sie werden von allen Menschen geteilt. Ich habe erlebt, wie ein Kleinkind in einem afrikanischen Land bei meinem Anblick in herzzerreißendes Gebrüll ausgebrochen ist, weil es zum ersten Mal einen Menschen heller Hautfarbe gesehen hat (jedenfalls führe ich das Entsetzen auf diesen Umstand zurück).

Fremdheitsgefühle mögen auch viele der Zuwanderer empfunden haben und vielleicht noch empfinden, die in der Hoffnung auf bessere Lebensbedingungen und Verdienstmöglichkeiten nach Europa eingewandert sind. Können sie nicht erwarten, daß ihre neue Umgebung sie als Menschen respektiert und anständig behandelt, auch wenn manches an ihnen unvertraut erscheinen mag? Müssen sie erst ihre religiösen und kulturellen Wurzeln kappen, bevor sie in der neuen Gesellschaft angenommen werden? Steht es ihnen etwa nicht zu, als Mensch und nicht nur als Angehöriger einer bestimmten Nationalität, Religion oder Rasse wahrgenommen zu werden?

Ein großer Teil der Zuwanderer hat im wesentlichen noch intakte Großfamilienverbände, eine fest definierte Position im gesellschaftlichen Leben und die Wärme südlicher Länder hinter sich gelassen. Mitgebracht haben viele von ihnen den Islam als eine Religion, die in einigen Teilen Europas wie Spanien, Süditalien, dem Balkan, der Krim und dem Wolgagebiet über Jahrhunderte verwurzelt war und teilweise noch ist, die aber in Mittel-, West- und Nordeuropa bis vor wenigen Jahrzehnten eine eher exotische Randerscheinung geblieben ist.

Intensive Begegnung zwischen den Kulturen des Morgen- und des Abendlandes gab es über viele Jahrhunderte. Vielen mögen die unfriedlichen Begegnungen zuerst einfallen: die Abwehr des muslimischen Heeres unter Karl Martell in der Schlacht von Tours und Poitiers im Jahre 732; die Grenzkriege in den Pyrenäen im 8. Jahrhundert, die Eingang in das Rolandslied, das französische Nationalepos, gefunden haben; die Eroberung Jerusalems durch die Kreuzfahrer im Jahre 1099 in einem Blutbad; die muslimische Eroberung der christlichen Metropole des Ostens Konstantinopel im Jahre 1453; die Vernichtung der islamischen Kultur in Spanien im Mittelalter und der frühen Neuzeit durch Zwangsbekehrung, Vertreibung und Ermordung der Muslime seitens der christlichen Reconquista; die beiden Belagerungen Wiens 1529 und 1683; die Eroberung und Ausbeutung fast der ganzen islamischen Welt durch die Kolonialmächte im 19. und frühen 20. Jahrhundert. Die Liste ist lang, ließe sich unschwer um innerreligiöse Konflikte wie in Nordirland oder Afghanistan ergänzen und bis in unsere Tage fortsetzen. Wir erfahren von Unterdrückung und Verfolgung von Christen in Saudi-Arabien[1],

---

[1] Vgl. „Glauben ist ein Menschenrecht", ai-Journal 8/2000, 6f.

Ägypten[2], Pakistan[3] oder der Türkei[4], wir müssen Zwangstaufen von Muslimen in Bosnien, Massaker an der tschetschenisch-muslimischen Zivilbevölkerung und fremdenfeindliche Anschläge in Europa ebenso zur Kenntnis nehmen.

Darüber gerät leicht in Vergessenheit, welch breiter und reicher kultureller Austausch, wie viele friedliche und fruchtbare Begegnungen zwischen dem christlichen und dem islamischen Kulturkreis stattgefunden haben und unter den Bedingungen moderner Kommunikationsgesellschaften vermehrt stattfinden. Um vieles ärmer an wissenschaftlicher Erkenntnis, handwerklicher Fertigkeit, künstlerischer Schaffenskraft und Gestaltung menschlichen Zusammenlebens wären beide Kulturkreise ohne solchen Austausch: die westlichen Mathematiker ohne das Rechnen mit der Null und den Algorithmus, Wissenschaft und Verwaltung ohne Papier, Wappen ohne Doppeladler, Handeltreibende ohne Scheck, Aval und Tarif, Wohnungen ohne Matratze und Sofa, keine Lautenmusik und kein Schachspiel; die Schwaben müßten ohne Zibeben (arab. „zabiba") auskommen, die islamische Welt ohne Buchdruck, Violine, Eisenbahn, industrielle Fertigungstechnik, Computer und Fernsehen. Dieses eher stille Zusammenwirken ist freilich nicht so spektakulär und erinnerungsträchtig wie blutige Auseinandersetzungen.

Alteingesessene und Zugewanderte tragen ihre Bilder und Vorverständnisse in sich, auch wenn sie selten offen artiku-

---

2 Vgl. „Für eine Kultur der Toleranz", FAZ v. 25.3.2000, 12 und die Verurteilung solcher Ausschreitungen durch den Inhaber des Lehrstuhls für islamischen Humanismus an der Universität Tunis und verantwortlichen Mitarbeiter bei der UN-Menschenrechtskommission Amor, „Islamischer Theologe: Gewalt ist Sakrileg", abgerufen am 29. 5. 2000 unter http://www.refpresse.ch/agentur/meldungen/87.htm.

3 Vgl. „Glauben ist ein Menschenrecht" (Fn. 1) 6, 8, Forte, Studies in Islamic Law, Lanham u. a. 1999, 164ff (Blasphemy in Pakistan).

4 Vgl. z. B. die Aussagen in Arbeitsgemeinschaft christlicher Kirchen in Bayern, Einander begegnen in Kultur und Religion, 1994, 21ff. zu den Verhältnissen in der südöstlichen Türkei.

liert werden. Dem alten morgenländisch-islamischen Feindbild des Kreuzfahrers entspricht das abendländische Kollektivbild des säbelschwingenden Sarazenen. Solche Feindbilder, deren Ursprung ja in tatsächlichen Gegebenheiten liegt und die keine bloßen Phantasiegebilde sind, finden moderne Entsprechungen in neuem Gewand. Dabei muß man nicht auf die nicht immer sachkundigen und oft sehr polemischen Äußerungen eines Journalisten wie Peter Scholl-Latour zurückgreifen, der anscheinend in den militärischen Denkweisen des Kämpfers und Berichterstatters in Kolonialkriegen steckengeblieben ist.[5] Der Islam vertrage sich nicht mit Laizismus, Demokratie und Pluralismus, tönt ein in Köln verhafteter selbsternannter „Kalif" namens Metin Kaplan. Eine fundamentalistische Sekte namens „Christliche Mitte" erklärt andererseits den Islam zum Todfeind des christlichen Abendlandes. Die Fronten scheinen also klar zu sein. Sind vor solchem Hintergrund „Islam" und „unser Recht" nicht eigentlich Begriffe, die sich ausschließen? Zugespitzt gefragt: Muß man sich nicht zwischen Koran und Grundgesetz entscheiden?

In der Diskussion hierüber gehen die Dinge nicht selten durcheinander. Verfehlt ist schon die verbreitete Gleichsetzung von Türken und Muslimen: Nicht alle Türken hierzulande sind Muslime, nicht alle Muslime in Deutschland und Europa sind Türken (hierzu noch in Kapitel III). Noch problematischer ist die verbreitete Neigung, unerwünschtes oder verwerfliches Verhalten von Muslimen auf ihre Religion zurückzuführen. Anders als bei Christen oder Juden werden Verfehlungen nicht dem individuellen Charakter zugeschrieben, sondern der religiösen Prägung. Hiervor ist zu warnen. Dabei bestreitet niemand, daß sich unter Muslimen wie unter allen anderen Menschen Übeltäter finden. Damit ist aber die Frage

---

[5] Ausführlich zu seinem Werk Klemm/Hörner (Hrsg.), Das Schwert des Experten, 2. Aufl. Heidelberg 1993, insbesondere die Beiträge von *Kappert* (S. 129, insbes. 136ff), *Hottinger* (S. 180ff) und *Bölke* (S. 200ff); vgl. auch *Hippler/Lueg*, Feindbild Islam, Hamburg 1993.

nach dem Hintergrund der üblen Tat noch nicht beantwortet. Es gibt weder christliche Scheckfälschung noch islamischen Drogenhandel. Es sind Menschen, die solche Delikte begehen, und ihre Tatmotive sind in den allerwenigsten Fällen religiöser Natur. Unter Kriminellen finden sich im übrigen auch Atheisten in reicher Zahl – man denke nur an Hitler oder Stalin.

Muslime – und nicht zuletzt Musliminnen – wehren sich beispielsweise dagegen, Straftaten „zur Rettung der Familienehre" oder patriarchalisches Gehabe aus dem Islam zu erklären. Sie heben vielmehr hervor, nicht der Islam, sondern eine patriarchalische kulturelle Prägung der Betreffenden sei verantwortlich für solches Fehlverhalten. „Klagt Männer an, nicht Gott" formuliert eine muslimische Frauenrechtlerin (zur Rolle der Frau im Islam noch ausführlicher in Kap. II.3.d).[6]

Ein zusätzliches Hindernis beim Verstehen des jeweils anderen ergibt sich aus einem eher unterbewußten, vereinfachenden Vorverständnis. Welche Assoziationen weckt der Begriff „Islam" bei vielen Menschen in Deutschland und Europa? Häufigste spontane Antworten sind nach meiner Erfahrung „Schleier", „Heiliger Krieg", „Harem" und „Handabhacken bei Dieben", neutraler vielleicht noch „Koran", „Moschee" und „Gebetsruf". Eine vergleichbare Frage unter Muslimen (nicht nur) im Orient nach ihrem Bild vom Westen, von Europa oder vom „christlichen Abendland" führt häufig zur spontanen Nennung von Begriffen wie „Materialismus", „kein Familienzusammenhalt", „Prostitution und Drogen".

Ein so geprägtes Vorverständnis erschwert auch die Lösung von Rechtsproblemen ungemein, wenn es nicht offengelegt wird. Deutlich wird dies an einigen Auseinandersetzungen um Moscheebauten in Deutschland. Vordergründig wird über Fragen des Bauplanungsrechts debattiert – fügt sich das ge-

---

[6] „Blame Men, Not Allah, Islamic Feminists Say", New York Times v. 10.10.1996, A 4.

plante Gebäude baulich in die Umgebung ein? –, tatsächlich kreist die Diskussion aber um die nicht offen formulierte Frage, ob die geplante Moschee nicht als künftige Brutstätte einer vermeintlich rückständigen und gewaltorientierten Religion zu verhindern sei. Zusätzlich belastet wird die Sachdiskussion durch den Umstand, daß diejenigen, die Zweifel, Ängste oder Befürchtungen äußern, oft umstandslos in die Ecke von Intoleranz und Fremdenfeindlichkeit gedrängt und mit rassistischen Dummköpfen (die es in bedauerlich großer Zahl gibt) gleichgesetzt werden. Solch ihrerseits intolerante Vorverurteilung bewirkt das Gegenteil dessen, was sie beabsichtigt. Notwendig ist demgegenüber ein offener Dialog, der sich auf sachliche Informationen stützt, den Gesprächspartner in seiner Person als gleichwertig akzeptiert, der aber auch Befürchtungen und Probleme offen anspricht. Hierzu möchte dieses Buch auch dadurch einen Beitrag leisten, daß es nach dem Verhältnis von Islam und unserem Recht fragt. Wenn, wie eingangs festgestellt, Fremdheitsgefühle „normal" sind, so sind sie doch ebensosehr überwindbar.

Das Verhältnis zwischen dem Islam und dem deutschen Recht sowie anderen europäischen Rechtsordnungen hängt maßgeblich von drei grundlegenden Voraussetzungen bzw. der Klärung folgender Fragen ab:

1. Finden sich im Islam unveränderliche Grundsätze, die mit wesentlichen Erfordernissen europäischer Rechtsordnungen unvereinbar sind?
2. Sofern solche Grundsätze formuliert werden: Sind sie Bestandteil „des Islam" schlechthin, oder handelt es sich nur um mehr oder weniger gewichtige Einzelauffassungen? Damit wird die Frage nach der Pluralität im Islam und nach seiner internen Entwicklungsfähigkeit, insbesondere im Hinblick auf das islamische Recht, aufgeworfen.
3. Wie stellt sich der Islam zum freiwilligen Aufenthalt von Muslimen außerhalb der islamischen Welt? Können, dürfen und müssen Muslime dort loyal gegenüber der herrschenden Rechtsordnung sein?

Der Islam beinhaltet zwar Rechtsvorschriften, ist jedoch – im Gegensatz zu einer verbreiteten Meinung – nur zum geringsten Teil eine Rechtsordnung. Rechtliche Probleme können jedoch nur dann entstehen, wenn eine Kollision inhaltlich unterschiedlicher Regelungen vorliegt, die alle gleichermaßen Gültigkeit für einen und denselben Sachverhalt beanspruchen. Dies wird im Hinblick auf den Islam oft übersehen. Es ist verfehlt, die (religiösen und rechtlichen) Vorschriften „des Islam" schlechthin – sofern sie sich denn in Eindeutigkeit finden lassen – den deutschen und europäischen *Rechts*vorschriften gegenüberzustellen. Die Frage, ob und inwieweit überhaupt Kollisionsfälle auftauchen, kann jedoch nur mit Rückgriff auf die Grundlagen des Islam in ihrer rechtlichen Dimension beantwortet werden. Deshalb seien zunächst in aller Kürze die Grundpfeiler und wesentliche Entwicklung des Islamischen Rechts skizziert. Manch Vereinfachungen müssen dabei notwendigerweise in Kauf genommen werden.

II. Der Islam und die Entwicklung der Scharia

1. Von den Anfängen bis ins 18. Jahrhundert

Anders als das Christentum, das in den ersten Jahrhunderten nach seiner Entstehung in Opposition zur Staatsmacht stand, war der Islam fast von Anbeginn[7] auch eine machtpolitische „Erfolgsgeschichte". Nachdem der Prophet des Islam Muhammad in seiner Heimatstadt Mekka mit seiner muslimischen Gefolgschaft unter starken Druck geraten war, konnten die Muslime nach der Auswanderung („hiğra") nach Yaṯrib/Medina im Jahre 622 dort die weltliche Herrschaft übernehmen. Die muslimische „Urgemeinde" von Yaṯrib/Medina expandierte innerhalb weniger Jahre auf die gesamte Arabische Halbinsel. Einhundert Jahre später reichte der Herrschaftsbereich islamischer Staatsgewalt von Spanien bis zum Indus, vom Kaukasus bis zur Sahara und zum Indischen Ozean. Die religiöse Gemeinschaft erlangte also sogleich auch die weltliche Herrschaft. Dieser Umstand hat die Entwicklung des Islam ebenso nachhaltig beeinflußt wie die Vielgestaltigkeit der Lebensverhältnisse in den riesigen gewonnenen Gebieten.

Islam heißt „Unterwerfung unter Gott". Diese Unterwerfung wird umfassend verstanden. Sie betrifft die innere Glaubensüberzeugung ebenso wie die religiöse Praxis und die Lebensführung und ist sowohl auf das Diesseits wie auf das Jenseits ausgerichtet. Hierin ist das verbreitete Mißverständnis begründet, wonach der Islam nicht zwischen Reli-

---

[7] Freilich gab es auch eine kurzzeitige „Leidensgeschichte", worauf zu Recht *Bobzin* hinweist (Mohammed, 2000, 82).

gion einerseits und Staat, Recht und Politik andererseits trenne. Es trifft allerdings zu, daß die Regeln des Islam Verbindlichkeit für die gesamte menschliche Lebensführung beanspruchen und daß der zugrundeliegende Bestand von Geboten und Verboten die Bereiche von Religion und Recht umfaßt. Der umfassende Geltungsanspruch unterscheidet den Islam allerdings nicht vom Christentum und anderen Religionen. Und das Vorhandensein religiöser und rechtlicher Regelungen bedeutet nicht, daß zwischen beidem nicht getrennt werden könnte (hierzu noch sogleich unter 2. sowie Kap. IV.2).[8]

Der *Oberbegriff für beide Bereiche* – Religion und Recht – ist „Scharia" (arab. šariʿa), der „gebahnte Weg". Die Übersetzung mit „Islamisches Recht" ist stark verkürzt. Inhaltlich falsch wird sie, wenn hierbei ungeprüft der übliche Rechtsbegriff angelegt wird. Das „Recht" lebt maßgeblich von seiner Befriedungsfunktion und greift hierfür nötigenfalls auch auf Mittel (staatlicher) Gewalt zurück. Charakteristisch ist also die im Diesseits erzwingbare Durchsetzung. Dies betrifft die Beziehung von Menschen und anderen Rechtssubjekten untereinander und deren Verhältnis zu den Trägern der Rechtsordnung, heute vor allem dem Staat und seinen Untergliederungen. Religiöse Vorschriften zeichnen sich hingegen dadurch aus, daß ihre Achtung im Diesseits nicht rechtsförmig, sondern allenfalls durch sozialen Druck erzwingbar ist und ihre Mißachtung ansonsten nur jenseitige Folgen hat, sofern nicht der Staat aus Gründen der öffentlichen Ordnung (in Deutschland z. B. bei Störung der Religionsausübung im Sinne von § 167 Strafgesetzbuch [StGB]) auch diesseitige Sanktionen vorsieht. Der maßgebliche Unterschied liegt also nicht in dem Anspruch auf Verbindlichkeit – sowohl religiöse wie auch rechtliche Vorschriften verstehen sich als verbind-

---

[8] Vgl. *Johansen*, Staat, Recht und Religion im sunnitischen Islam – können Muslime einen religionsneutralen Staat akzeptieren?, in: Marré u. a. (Hrsg.), Essener Gespräche zum Thema Staat und Kirche 20 (1986), 12, 14ff; *Arkoun*, Der Islam, Heidelberg 1999, 43ff.

lich. Er ist vielmehr vor allem im Sanktionssystem zu suchen. Diese Unterscheidung nach der Art der Sanktionen findet sich auch in der Scharia. Sie weist neben den auch diesseitsbezogenen Bewertungen „geboten (wağib)", „erlaubt (mubah)" und „verboten (haram)" auch jenseitsorientierte Bewertungen wie „empfohlen (mandub, mustahabb)" und „mißbilligt (makruh)" auf.[9]

Zudem unterscheiden sich religiöse und rechtliche Vorschriften häufig im Anknüpfungspunkt ihres Geltungsanspruchs. Das Recht gilt heute weitgehend territorial, also unabhängig von der Eigenart der Person, die sich auf dem Territorium der rechtsetzenden Macht aufhält. Religion läßt sich hingegen nur personal anknüpfen, also an die Glaubensüberzeugung und -praxis von Individuen. Auch eine „Staatsreligion" ändert hieran nichts; ein Staat kann nichts glauben. Schließlich unterscheiden sich religiöse und rechtliche Vorschriften auch in der Art ihrer Umsetzung, selbst wenn der Gläubige und Rechtsunterworfene sich von beiden gebunden fühlt. Tatbestand und Rechtsfolgen von Rechtsvorschriften sind meist vergleichsweise präzise; man kann leichter wissen, wann und wie solche Vorschriften anzuwenden sind. Die Umsetzung religiöser Vorschriften außerhalb festgefügter Riten ist weit komplexer. Z. B. wird sich ein Politiker bei seiner Tätigkeit nicht dauerhaft von dem Gebot leiten lassen können, die linke Backe hinzuhalten, wenn er auf die rechte geschlagen wurde.[10]

Nach solchem Verständnis betrifft der größte Teil der Scharia und insbesondere der Koran als oberste Quelle das Recht nur in vergleichsweise geringem Umfang. Von den tausenden Koranversen haben nur wenige Dutzend rechtlichen Gehalt.[11] Eine deutliche Unterscheidung zwischen eher theolo-

---

[9] Vgl. nur *El–Baradie*, Gottes-Recht und Menschen-Recht, Baden-Baden 1983, 62ff; *al-Khudari*, Usul al fiqh, Beirut 1988, 30ff.

[10] Vgl. in der Bibel Matthäus 5, 39.

[11] Darauf verweist z. B. al-ʿAšmawi, al-šariʿat al-islamiya wa al-qanun al-misri, Kairo 1996, 7.

gischen und eher rechtlichen Vorschriften findet sich bereits in den klassischen Schriften zur Scharia ab dem 9. Jahrhundert. Sie sind meist in zwei große Abschnitte unterteilt. Im ersten Teil werden im wesentlichen Fragen des Glaubensritus behandelt (insbesondere Gebetsvorschriften, die Almosengabe, das Fasten im Monat Ramadan und die Pilgerfahrt nach Mekka). Diese werden als „ʿibadat" bezeichnet, ein vielschichtiger Begriff, in dem der „Gottesdienst" mitschwingt. Im zweiten Teil geht es dann um Rechtsfragen wie Eheschließung und -auflösung, einzelne Straftatbestände, Vertrags-, Gesellschafts-, Delikts-, Erb- und Verfahrensrecht. Diese Materie wird „muʿamalat" genannt, Gegenstände des (zwischenmenschlichen) „Umgangs".[12]

Diese klassischen Werke bauen auf eine bereits jahrhundertelange, uns im einzelnen weitgehend unbekannte Entwicklung innerhalb des Islam und seiner Rechtsordnung auf. Das Islamische Recht hat nur einen Bruchteil aller Rechtsgebiete in den unantastbaren, wenngleich meist interpretationsbedürftigen Rechtsquellen des Koran und den Überlieferungen von Worten und Taten des Propheten des Islam Muhammad (sunna) geregelt.[13] Im Koran finden sich z. B. keinerlei auch nur annähernd präzise Aussagen zu einem islamischen Staatsrecht. Das greifbarste ist noch die Regelung in Sure 4 Vers 59: „Ihr Gläubigen! Gehorchet Gott und dem Gesandten [gemeint ist der Prophet des Islam Muhammad, d. Verf.] und denen unter euch, die zu befehlen haben (...)".[14] „Befehlshaber" in diesem Sinne kann ebensogut ein Kalif wie auch ein Parlament sein. Wie weit die Interpretation gehen

---

12 Bei einzelnen Straftatbeständen wie dem Verbot des Alkoholgenusses wird angenommen, daß sie auch „Rechte Gottes" schützen, wie immer diese im einzelnen dann auszulegen sind; vgl. auch *El-Baradie* (Fn. 9) 44.

13 Vgl. aus dem reichhaltigen Schrifttum nur *Hallaq*, A History of Islamic Legal Theories, Cambridge 1997; *Kamali*, Principles of Islamic Jurisprudence, Repr. Cambridge 1997; *Coulson*, A History of Islamic Law, Repr. Edinburgh 1997; als kurze Einführung *Rohe*, Art. „Islamisches Recht" in: Scheyhing (Hrsg.), Ergänzbares Lexikon des Rechts 1/685, 1990.

14 Übersetzung von *Paret*, Der Koran, 3. Aufl. 1983, 66.

kann, zeigt sich an der – nicht unumstrittenen – Lehre der Aleviten; danach sind die Gebote der Scharia nur äußerliche Zeichen des Glaubens, welche nicht mehr benötigt werden, wenn der Mensch den Glauben (durch Zugehörigkeit zur alevitischen Gemeinschaft) verinnerlicht hat.[15] So weit sind allerdings die Sunniten und die Mehrheitsrichtung der Schiiten nicht gegangen.

Ein großer Teil des klassischen Islamischen Rechts sunnitischer und schiitischer Richtung beruht auf sekundärer Rechtsfindung durch Auslegung und Schlußfolgerung, also auf menschlicher Denkkunst. Damit ist die von vielen Rechtsgelehrten formulierte Aussage, Gott allein könne Gesetzgeber sein, in der Praxis sehr stark eingeschränkt (hierzu noch in Kap. IV.2). Schon seit den Anfangszeiten des Islam waren es Menschen, welche die Auslegung der gottgegebenen Gesetze vorgenommen und die Ausführungsbestimmungen entwickelt haben. Mit aller Vorsicht sei die Aussage gewagt, daß keine einzige verbindliche Vorschrift des Islamischen Rechts ohne solche Auslegung anwendbar ist. Auslegungen aber können sich wandeln wie die Menschen und ihre Lebensverhältnisse. Dies zeigt sich nicht zuletzt am Meinungspluralismus innerhalb des Islamischen Rechts selbst. In der Frühzeit nach dem Tode des Propheten Muhammad im Jahre 632 n. Chr. mußten die rechtlichen Geschicke des neu entstandenen und expandierenden islamischen Reichs zunächst mit viel Improvisation bewältigt werden. Unmißverständliche rechtliche Regelungen gab es nur wenige. Deshalb hatte die verstandesgestützte Rechtsfindung (ra'y) viel Raum. Jedoch mußte es das Bestreben der muslimischen Gemeinschaft sein, auch den Bereich des Rechts stärker zu systematisieren. Es bildeten sich bis zum 9. Jahrhundert mehrere

---

[15] Vgl. *Erbektaş*, Axiome und Organisationsformen der Aleviten, in: Vorhoff u.a. (Hrsg.), Renaissance des Alevismus, Köln 1998, 86, 89ff; *Vorhoff*, Die Aleviten, aaO, 10, 18ff; *Spuler-Stegemann*, Der Islam in ausgewählten Staaten: Türkei, in: Ende/Steinbach (Hrsg.), Der Islam in der Gegenwart, 4. Aufl. 1996, 245f.

Rechtsschulen[16] heraus, die sich in ihrer Autorität gegenseitig anerkannten. Sie widmeten sich zwei wichtigen Bereichen.

Der für das Verständnis des Islamischen Rechts wichtigste Bereich ist die Lehre von den Rechtsquellen und Rechtsfindungsmethoden („usul al-fiqh", Grundlagen/Wurzeln der Rechtskunde). In ihrer Bedeutung unumstritten sind nur der Koran als oberste Quelle, der durch die Worte und Taten des Propheten (sunna, Prophetentradition) als zweiter Quelle ergänzt wird. Schon diese zweite Quelle war und ist nicht ohne Schwierigkeiten zu handhaben und wird von Sunniten und Schiiten (zur Trennung sogleich im folgenden) unterschiedlich gesehen. Nach dem Tod des Propheten Muhammad wurde eine Vielzahl gefälschter angeblicher Überlieferungen von ihm in die Welt gesetzt, die vermutlich dem jeweiligen Fälscher vorteilhaft waren.[17] So hat sich ein eigener Wissenschaftszweig (ʿilm al-hadiṯ, Wissenschaft von den Prophetenüberlieferungen) herausgebildet. Er machte sich zur Aufgabe, falsche Überlieferungen aufzudecken und Kategorien für die Prüfung zu entwickeln, einschließlich von abgestuften Wahrscheinlichkeiten der Echtheit von Überlieferungen. Es liegt auf der Hand, daß bereits auf dieser Ebene ein erhebliches Maß an Unsicherheit darüber besteht, welche Rechtsquellen im Einzelfall überhaupt zu befragen sind. Meinungs- und Ergebnispluralität sind damit vorprogrammiert.

Auch diese Pluralität wird wiederum systemimmanent begründet. Hierzu dient die vielzitierte Prophetenüberlieferung „Meinungsunterschiede in meiner Gemeinde sind eine Gnade"[18]. Trotz aller Unterschiede finden sich aber gemein-

---

[16] Erhalten haben sich die Schulen der Hanafiten, Malikiten, Schafiiten und Hanbaliten sowie die verschiedenen Richtungen der Schia; die Schule der Zahiriten und des Awzaʿi wurden nicht als solche fortgeführt.

[17] Vgl. nur *M. Hofmann*, Der Islam im 3. Jahrtausend, 2000, 213ff.

[18] „inna ikhtilafa ummati rahma", ein vermutlich apokryphes hadiṯ; die zugrundeliegende Anschauung ist erstmals bei Abu Hanifa nachzuweisen, vgl. den Art. „Ikhtilaf", EI II Bd. 3, 1061f. (Schacht); *al-Qaradawi*, al-sahwat al-islamiya, 4. Aufl. Kairo 1992, 70 mwN.

same Grundprinzipien aller Richtungen, so daß eine Zusammenfassung unter dem Begriff des „Islamischen Rechts" berechtigt ist.[19] Die grundsätzliche Anerkennung von Koran und Sunna eint alle Richtungen, wobei die Unterschiede im einzelnen gravierend sein können.

Das deutlichste Zeichen solcher Pluralität ist die Aufspaltung der Muslime in Sunniten und Schiiten. Diese Trennung erfolgte noch im 7. Jahrhundert. Ursache waren unterschiedliche Auffassungen darüber, welcher Personenkreis als Nachfolger (arab. „khalifa"; Kalif) Muhammads bei der Führung der Muslime und ihres Reichs in Betracht kommt. Nach sunnitischer Auffassung war diese Frage nicht geregelt, während eine Partei (arab. „schia") der Meinung war, Muhammad habe noch zu seinen Lebzeiten seinen Vetter und Schwiegersohn ʿAli zum Nachfolger designiert. Die Sunniten, die sich in der Tradition (sunna) des Propheten sehen, konnten sich machtpolitisch weitgehend durchsetzen. Jedoch bildete sich auch eine eigenständige schiitische Rechtsschule heraus, die sich schon in wesentlichen Teilen der Rechtsquellenlehre von den sunnitischen Schulen unterscheidet. Sie erkennt z. B. solche Prophetenüberlieferungen nicht an, die von Gewährsleuten tradiert wurden, welche an der Bestimmung nach schiitischer Ansicht illegitimer Kalifen beteiligt waren. Nur am Rande sei erwähnt, daß sich auch die Schia im Verlauf der Jahrhunderte in mehrere recht unterschiedliche Richtungen gespalten hat.

In den sunnitischen Schulen wurden als weitere Rechtsquelle Konsensentscheidungen der maßgeblichen Gelehrten (iğmaʿ) entwickelt. Sie findet sich auch in der Schia, genießt dort aber geringere Bindungskraft. Was im einzelnen als Gegenstand eines Konsenses gilt, wer am Konsens mitzuwirken hat und ob der Konsens auch spätere Generationen bindet, war und ist Gegenstand des Streits.[20] Dasselbe gilt erst recht

---

19 Vgl. nur *Schacht*, An Introduction to Islamic Law, Oxford 1964, 201.
20 Vgl. nur *Jokisch*, Iğtihad in Ibn Taymiyya's Fatawa, in: Gleave/Kermeli (Hrsg.), Islamic Law. Theory and Practice, London u. a. 1997, 119, 126.

für weitere Rechtsfindungsmethoden, die zum Teil auf einzelne Schulen beschränkt blieben, wie der maḏhab al-sahabi (die Rechtsmeinung einzelner Prophetengenossen), der sog. „qiyas" (oft verkürzt als „Analogieschluß" übersetzt; tatsächlich ist er ein Oberbegriff für die Gesamtheit juristischer Schlußverfahren wie Analogie, argumentum e contrario, argumentum de maiore ad minus und a minore ad maius), der „istihsan" (Beschränkung von Analogieschlüssen und teleologische Reduktion des Wortlauts einzelner Regelungen wegen anderer, besser passender Regelungen), der „istislah" (dem istihsan in seiner Funktion vergleichbar, zudem eine Art Verhältnismäßigkeitsgrundsatz bei Abwägung von Vor- und Nachteilen der Anwendung von Regelungen), die Regel „sadd al-ḏara'iʿ" („Versperren der Mittel" – was zu Verbotenem führt, ist selbst verboten, also ein Umgehungsverbot) und der „istishab" (Vermutung, wonach einmal begründete Rechtsverhältnisse fortbestehen, sofern keine Veränderung erwiesen ist). Ohne eine solche Vermutung – z. B. Fortbestand erworbenen Eigentums – kann ein geordneter Rechtsverkehr schlechthin nicht existieren. Bestehendes Gewohnheitsrecht (ʿurf) wird insoweit anerkannt, als es den zwingenden Regeln der Scharia nicht widerspricht. Geläufig ist die Formulierung, daß alles an Gewohnheitsrecht anerkannt werden kann, was nicht Erlaubtes verbietet und Verbotenes erlaubt.[21] Die schiitische Lehre hat sich einen vergleichsweise breiten Anwendungsbereich vernunftorientierter eigenständiger Rechtsfindung erhalten.[22]

Insgesamt hat sich die Scharia stets als in hohem Maße anpassungsfähig erwiesen. Sie kennt den Gedanken der Abschaffung früherer Regelungen durch spätere (naskh)[23], sie

---

21 „La yuhrim al-halal wa la yuhill al-haram"; vgl. *Salqini*, Usul al-fiqh al-islami, Damaskus o. J., 151.

22 Vgl. als ins Deutsche übersetzte Quelle *al-Tusi* bei S. M. B. Al-Sadr, 'Ilm al-Usul, Al-Fadschr 17 (März/April 2000), 13, 18.

23 Vgl. Sure 2, 106; *al-Khudari* (Fn. 9) 250ff. Hierfür finden sich Belege schon um die Wende des 1. zum 2. Jahrhundert A. H.; vgl. *Motzki*, Die Anfänge der islamischen Jurisprudenz, 1991, 90, 102ff mwN.

forscht bei der Auslegung nach Sinn und Zweck von Regelungen (ʿilla)[24], beschränkt sich also nicht auf den Wortlaut, sie untersucht die historischen Beweggründe für die Offenbarung von Rechtsregeln (asbab al-nuzul)[25] – damit wird eine Trennung zwischen zeitbezogenen und ewiggültigen Regelungen möglich – und sie läßt sich von Erwägungen allgemeinen Nutzens (maslaha ʿamma, istislah)[26] leiten. Hierzu zählt auch die schlichte Notwendigkeit („darura")[27] eines bestimmten Verhaltens – Not kennt kein Gebot. So wurden für die Rechtsgelehrten Regelungen der weltlichen Macht bereits dann akzeptabel, wenn sie nicht den grundlegenden Forderungen der Scharia widersprachen.

All dies zeigt, wie flexibel der zweite wichtige Bereich des Islamischen Rechts gehandhabt werden kann, nämlich die Anwendung der Rechtsquellen und Rechtsfindungsmethoden auf zu lösende Fälle (furuʿ, Verzweigungen). Das Maß an Flexibilität hängt entscheidend davon ab, welche Rechtsquellen und Rechtsfindungsmethoden als unveränderlich anerkannt werden. Das Islamische Recht sunnitischer Richtung zeigt im Verlaufe der Jahrhunderte immer detailliertere Ausführungen zu Rechtsfragen. Sie lassen die Scharia als ein immer enger geschnürtes Korsett erscheinen, das die Menschen in kaum durchschaubare Gebote und Verbote einzwängt. Diese Sicht stützt sich auf die seit dem 10. Jahrhundert entwickelte Doktrin vom „Verschließen des Tors zum iǧtihad", des Zugangs zur eigenständigen Rechtsfindung. Sie hat im wesentlichen zum Inhalt, daß alle anerkannten Auslegungen früherer Rechtsgelehrter für künftige Generationen bindend sind, diese also nicht mehr in eigener Verantwortung neue

---

24 Vgl. *Khallaf*, Masadir al-tašriʿ al-islami, Kuweit 1970, 50.

25 Vgl. hierzu *Rippin*, The Function of Asbab al-Nuzul in Qurʾanic Exegesis, BSOAS 51 (1988), 1–20.

26 Vgl. *Mahmassani*, Falsafat al-tašriʿ fi al-fiqh al-islami, Übers. Farhat Ziadeh, Leiden 1961, 85ff; *Muslehuddin*, Islamic Jurisprudence and the Rule of Necessity and Need, New Delhi 1982, 53ff; *Salqini* (Fn. 21) o. J., 145ff; *Hallaq* (Fn. 13) insbes. 131ff, 168ff und öfter.

27 Vgl. *Muslehuddin* (Fn. 26) 60ff.

Auslegungen suchen dürfen. Die gefundenen Lösungen müssen vielmehr ohne erneute Prüfung übernommen werden (taqlid). Diese Doktrin war nie unumstritten, hat sich aber doch bis ins 19. Jahrhundert hinein in weitem Umfang durchgesetzt.[28] So mag sich die Aussage namhafter Wissenschaftler erklären lassen, die behauptet haben, im Islam sei alles verboten, was nicht ausdrücklich erlaubt ist.[29] Diese Aussage ist jedoch schlicht falsch. Muslimische Rechtsgelehrte haben seit alters her die Aussage formuliert, im Islam sei alles erlaubt, was nicht verboten ist (sog. „ibaha asliya", grundsätzliche Erlaubtheit).[30]

Zusätzliche Flexibilität ergibt sich aus dem Umstand, daß einige wichtige Rechtsbereiche in der klassischen Rechtsliteratur kaum Erwähnung finden. Diese Bereiche unterlagen seit den Anfangszeiten des Islam der Verwaltungskompetenz (siyasa)[31] des jeweiligen Herrschers, so fast das gesamte öffentliche Recht einschließlich wesentlicher Teile des Strafrechts und auch Teile des zivilen und öffentlichen Wirtschaftsrechts (Marktwesen). Zudem gab es seit alters her neben der von den Scharia-Gelehrten betriebenen Justiz eine Appellationsmöglichkeit beim Kalifen (mazalim).[32] In all diesen Bereichen wurde im wesentlichen nach pragmatischen Sacherwägungen entschieden, die sich nicht an der teilweise überzüchteten Kasuistik der klassischen Rechtsgelehrten ausrichteten.

---

28 Vgl. *Krämer*, Gottes Staat als Republik, 1999, 52; *Hallaq*, Was the Gate of Ijtihad Closed?, in: Hallaq, Law and Legal Theory in Classical and mediaeval Islam, Aldershot 1995, Kap. V; *El-Baradie* (Fn. 9) 85 ff.

29 Vgl. statt vieler *Spies/Pritsch*, Klassisches Islamisches Recht, in: Spuler (Hrsg.), Handbuch der Orientalistik, Erste Abteilung, Ergänzungsband 3, Leiden u. a. 1964, 220, 222; zum Vertragsrecht *Schacht* (Fn. 19) 144. Wie hier *Milliot*, Introduction á l'étude du droit musulman, Paris 1953, 205 Rdn. 193; *Ramadan*, Das Islamische Recht. Theorie und Praxis, 2. Aufl. 1996, 62 ff.

30 Vgl. die Belege bei *Ramadan* (Fn. 29) 68 ff.

31 Vgl. z. B. *al-Mawardi*, al-ahkam al-sultaniya, Ausg. Beirut o. J., 5; 18.

32 Vgl. *Coulson* (Fn. 13) 128 f; Artikel „mazalim" in Encyclopedia of Islam II, Leiden 1986 (Nielsen).

Ein Potential zur breiten Entwicklung des Islam ergibt sich zudem daraus, daß er bis auf wenige Ausnahmen keinen Prozeß einer Verkirchlichung durchgemacht hat. Die Ansichten der Rechtsgelehrten waren und sind nur eine – sicherlich gewichtige – Meinung im Konzert der Interpretation.[33] Ihre Bedeutung wird gelegentlich überschätzt. Dies resultiert weitgehend daraus, daß sich in klassischer Zeit vor allem Rechtsgelehrte zu Interpretationen koranischer oder anderer Vorschriften geäußert haben. Die tatsächliche Beachtung ihrer bis heute in umfangreichen Werken überlieferten Ansichten über die Jahrhunderte ist aber weitgehend ungeklärt. Viele Anhaltspunkte sprechen dafür, daß die Herrscher meist ohne große Rücksicht auf die Feinheiten juristischer Literatur entschieden haben. Das stand ihnen aufgrund der Verwaltungskompetenz (siyasa, vgl. oben) auch durchaus zu. Muslime wurden früher und heute weitgehend nicht in Gesellschaften sozialisiert, in denen das islamische Recht in seiner von Gelehrten niedergeschriebenen Auslegung praktiziert wurde. Deshalb kann aus solchen Niederschriften nicht ohne weiteres entnommen werden, was Muslime tatsächlich denken und wovon sie sich in ihren Handlungen leiten lassen.

Hinzu kommt noch, daß die Religions- und Rechtsgelehrten (ulama', fuqaha') und ihre Schriften nur einen Teil der Muslime repräsentieren. Daneben hat sich eine reiche mystische Lehre und Praxis in Gestalt des sog. Sufismus entwikkelt. Viele seiner Vertreter lehnen die überbordende Kasuistik in den klassischen Schriften der Rechtsgelehrten als überflüssige, wenn nicht sogar auf dem Weg zu Gott hinderliche Äußerlichkeiten ab.[34] Der Sufismus dürfte das Leben und Glauben vieler Muslime gleich oder sogar stärker bestimmen als die Schriften der Rechtsgelehrten. Darüber hinaus gibt es umfangreiche Praktiken eines „Volksislam". All

---

[33] Vgl. *Laroui*, Islamisme, Modernisme, Liberalisme, Casablanca 1997, 178.

[34] Vgl. hierzu *Schimmel*, Mystische Dimensionen des Islam, 3. Aufl. 1995; *J. Elias*, Islam, 2000, 81ff.

dies kann hier nicht weiter verfolgt werden. Es zeigt jedoch, daß der Islam – abgesehen von einigen unveränderlichen Grundüberzeugungen wie dem Monotheismus und der Propheteneigenschaft Muhammads – eine erstaunliche Meinungs- und Handlungsvielfalt aufweist. Dies wiederum ist wesentlich für das Zusammenleben von Muslimen und Nichtmuslimen in einer nichtmuslimischen Mehrheitskultur. Es zwingt nämlich dazu, sich damit zu befassen, was genau die anwesenden Muslime unter ihrem Glauben verstehen, und verbietet ein pauschales Vorverständnis. Auch das Christentum ließe sich ja nicht erschöpfend z. B. aus Heiligenkalendern des 18. Jahrhunderts darstellen.

Wichtig sind zwei Ergebnisse. Zum einen erweist sich der rechtliche Teil der Scharia zu allen Zeiten als in hohem Maße anpassungsfähig (hierzu noch im folgenden Kap.). Zum anderen belegt die Aussage, der Islam sei zugleich Religion („din") und Staat („dawla"; hierzu noch in Kap. IV.2)[35], keineswegs, daß im Islam zwischen Religion und Recht/Politik überhaupt nicht getrennt werden kann. Eine solche Interpretation findet sich auf muslimischer Seite nur bei Extremisten der Neuzeit.[36] Sie wird auf der anderen Seite von abendländischen Extremisten, die in jedem Muslim einen glaubensfanatisierten Terroristen vermuten, bereitwillig aufgegriffen. Auch bei einigen, die den Orient und seine Kulturen nur als faszinierenden, aber auch rückständigen Landstrich aus Tausendundeiner Nacht wahrnehmen, mag diese Sicht vorhanden sein. Sie findet aber keinerlei Grundlage in der historischen Entwicklung der islamischen Welt und in der islam-rechtlichen Literatur bis zum 19. Jahrhundert.[37] Smail Balić bezeichnet

---

[35] Vgl. *Schulze*, Islam und Herrschaft, in: Lüders (Hrsg.), Der Islam im Aufbruch?, 1992, 94, 97ff; ausführlich zum Thema *Nagel*, Staat und Glaubensgemeinschaft im Islam, 2 Bde., Zürich u.a. 1981.

[36] Vgl. nur *Krämer* (Fn. 28) 43ff.

[37] Vgl. *Benkheira*, L'amour de la Loi, Paris 1997, 13; *Balić*, Ruf vom Minarett, 3. Aufl. Hamburg 1984, 131, 163, *derselbe*, Der Islam im Spannungsfeld von Tradition und heutiger Zeit, Wittburg u. a. 1993, 207; *Laroui* (Fn. 33) 162ff.

sie treffend als „Parole der Selbstfindung eines Teils der Dritten Welt"[38]. Abdallah Laroui mißt ihr geringen Sinngehalt zu: Wenn sie „din" als (gemeinsame) Kultur verstehe, dann erfülle auch das Christentum diese Formel. Sehe sie „din" aber als Glaubensüberzeugung (Iman, ʿaqida), dann sei der Bezugsbegriff „Staat" zu weit gefaßt (weil er auch nicht-glaubensmäßige Aspekte aufweist).[39] Der Rektor der großen Pariser Moschee Boubakeur begründet die Trennung zwischen Religion und Politik im Islam damit, daß der Prophet Muhammad auch nach der Eroberung Mekkas als spirituelles Zentrum weiterhin von Medina aus die Geschicke der Gemeinschaft gelenkt habe.[40]

Es ist außerordentlich wichtig, diese Stimmen ernst zu nehmen und den politisierten Islamisten[41] (ein präzisere Bezeichnung als das geläufige, aber mißverständliche „Fundamentalisten") nicht das Interpretationsmonopol für die Inhalte des Islam zuzubilligen. Hierbei kommt gerade auch der Wissenschaft eine bedeutsame Rolle zu. Sie kann sich zwar nicht anmaßen, die Inhalte des Islam verbindlich zu definieren. Sie ist aber in der Lage, politische Parolen anhand historischer Erkenntnisse als unzutreffend zu widerlegen.

2. Moderne Entwicklungen

Die koloniale Unterwerfung großer Teile der islamischen Welt im 19. und 20. Jahrhundert löste dort eine umfangreiche Reformdiskussion aus.[42] Man fand eine wesentliche Ursache für den Niedergang der eigenen Stellung in der eingetretenen

---

[38] *Balić* (Fn. 37) 134; vgl. auch aaO, 140.

[39] *Laroui* (Fn. 33) 179.

[40] Vgl. Entr'ouverture des „portes de l'Ijtihad"?, Islam en France 1 (1998), 158.

[41] Zu Geschichte und Erscheinungsformen vgl. *Ameer Ali*, Islamism: Emancipation, Protest and Identity, Journal of Muslim Minority Affairs 20 (2000), 11 ff.

[42] Vgl. nur *Johansen* (Fn. 8) 12, 32 ff sowie den Überblick bei *J. Elias* (Fn. 34) 132 ff.

Versteinerung, der fehlenden Anpassung der Scharia an die Gegebenheiten und Notwendigkeiten der Zeit. Seit dieser Zeit wurde das Recht in der islamischen Welt weitreichend reformiert. Dies betrifft zum einen das Öffentliche Recht; überall in der islamischen Welt haben sich Staaten mit unterschiedlichen Herrschaftsformen etabliert, die mit denen des Abbasiden- oder Osmanenreichs nichts gemeinsam haben. Zudem gab und gibt es eine breit angelegte Reformbewegung mit dem Ziel, z. B. die Rechtsstellung von Frauen zu *verbessern* (dazu ausführlicher in Kap. II.3.d).

Häufig wird ein strenger Gegensatz zwischen dem scheinbar unflexiblen Islamischen Recht und den seit dem 19. Jahrhundert erfolgten Reformen aufgebaut. Dabei wird jedoch übersehen, daß der Islam selbst in hohem Maße entwicklungsfähig ist und sich den Erfordernissen von Ort und Zeit anpassen kann. „Gott will es Euch leicht machen, nicht schwer"[43] ist ein hierfür oft zitierter Beleg.

Tatsächlich waren die islamischen Reformer in einer schwierigen Lage. Der Reformbedarf wurde aus einem Vergleich der insgesamt desolaten Lage in der islamischen Welt mit der wirtschaftlichen, gesellschaftlichen und militärischen Situation Europas sichtbar. Gleichzeitig eroberten die Kolonialmächte fast die gesamte Region, so daß „innerislamische" Entwicklungen nur noch in wenigen halbwegs unabhängigen Staaten wie dem Osmanischen Reich erfolgen konnten. Die mögliche Position islamischer Reformer nahmen westliche Kolonialverwalter ein. Kooperierende Muslime wurden als Kollaborateure diskreditiert.[44] So konnte die durchaus islamkonforme Übernahme von Errungenschaften und Erkenntnissen aus anderen Kulturkreisen als islamwidrige Verwestlichung gebrandmarkt und verteufelt werden. Dieser Verdacht wird von Islamisten noch heute gegen Reformen geschürt. Das Festhalten an tatsächlichen oder ver-

---

[43] Vgl. z. B. Sure 2, 185; 4, 27f; 65, 4, 7.

[44] Hierauf verweist *Laroui* (Fn. 33) insbes. 46 ; vergleichbar *Mernissi,* Die Angst vor der Moderne, München 1996, 62.

meintlichen Traditionen erlangte einen politischen und kulturellen Eigenwert – Selbstbehauptung gegen Überfremdung durch westliche Machteinflüsse.[45] Unglücklicherweise ist auch außerhalb der islamischen Welt das Vorurteil verbreitet, daß nur traditionalistische oder islamistische Haltungen den „eigentlichen" Islam repräsentierten. Damit wird den islamischen Extremisten unfreiwillig Schützenhilfe geleistet. Unbeachtet bleibt dabei, daß in vielen Ländern der islamischen Welt die Reform des klassischen Islamischen Rechts zum Allgemeingut geworden ist.

Trotz aller Verschiedenheit zeigen sich weitverbreitete gemeinsame Entwicklungslinien in vielen islamischen Ländern; Ausnahmen bestätigen auch hier die Regel. Die Entwicklung seit dem 19. Jahrhundert befreit das Islamische Recht in weiten Bereichen von seiner erstarrten Form. Führende Rechtsgelehrte betrachten nur noch den Koran und die authentischen Prophetenüberlieferungen als verpflichtend. Die Bindung an die Lehrmeinung einer bestimmten Schule wird aufgegeben.[46]

Mit aller Vorsicht läßt sich sagen, daß die große Mehrzahl schariatreuer Juristen sich von der mittelalterlichen Kasuistik löst und eine Neuinterpretation des Islamischen Rechts nach den Bedürfnissen der Zeit befürwortet. Ihr Gegenstand sind all die Verse und weiteren Rechtsquellen, deren Sinngehalt nicht mit absoluter Sicherheit (ahkam qatʿiat al-dalala) zu erschließen ist.[47] Damit wird entgegen der klassischen Mehrheitsdoktrin dem iǧtihad, der eigenständigen Rechtsauslegung, ein sehr weiter Spielraum eröffnet. Exemplarisch läßt sich dies an der Rechtsprechung des ägyptischen Verfassungsgerichtshofs nachweisen. In Ägypten sind seit der Ver-

---

45 Vgl. *Laroui* (Fn. 33) 52f, 164.

46 Vgl. *El-Baradie* (Fn. 9) 86f.

47 Urteil v. 18.5.1996 (Mahmoud Samir Wassel v. the Minister of Education), Yearbook of Islamic and Middle Eastern Law 3 (1996), 178, 179; vgl. auch z. B. *T. Ramadan*, Les musulmans dans la laïcité, 2. Aufl. Lyon 1998, 167; *S. Ramadan* (Fn. 29) 87ff.

fassungsänderung von 1980 die Prinzipien der Scharia „die Hauptquelle" der Gesetzgebung. Der Verfassungsgerichtshof löst sich aber weitgehend von erstarrten klassischen Detailregelungen und -meinungen und interpretiert die Rechtsquellen nach Maßgabe der aktuellen Gegebenheiten (vgl. zu Einzelfragen Kap. II.3.d).[48] Auf derselben Linie argumentiert der prominente zeitgenössische Jurist Yusuf al-Qaradawi; die Behauptung, in den alten Werken finde sich eine Antwort auf jede neue Frage, zeuge von Übertreibung und Unwissenheit.[49]

Die übergroße Mehrheit neuzeitlicher muslimischer Autoren unterscheidet zwischen ewiggültigen Grundlagen der Scharia und Einzelregelungen, die zeit- und ortsbezogen sind und deshalb auch dem Wandel der Zeiten und Lebensverhältnisse unterliegen.[50] Häufig werden nur solche Gebote, die auch nach westlichem Verständnis der Religion zuzurechnen sind, als ewiggültig betrachtet (z. B. Gebets- und Speisevorschriften), während Rechtsvorschriften zu einem erheblichen Teil oder gar insgesamt als zeitgebunden eingestuft werden.[51] Hierin spiegelt sich die Hierarchie der Rechtsquellen und Rechtsfindungsinstrumente (vgl. oben 1). So wird die Scharia als der unveränderliche Bestand göttlicher Gebote angesehen, während die Ableitungen und rechtlichen Ausformungen menschlichem Irrtum unterliegen und deshalb einer Neu-

---

[48] Vgl. hierzu *Boyle/Sherif* (Hrsg.), Human Rights and Democracy. The Role of the Supreme Constitutional Court of Egypt, London u. a. 1996, insbes. den Beitrag von *Hatem Gabr*, 217ff; *Murray/El-Molla*, Islamic Shari'a and Constitutional Interpretation in Egypt, in: Cotran/Sherif (Eds.), Democracy, the Rule of Law, and Islam, London u. a. 1999, 507, 511f; *K. Bälz*, The Secular Reconstruction of Islamic Law, in: Dupret/Berger/al-Zwaini (Ed.), Legal Pluralism in the Arab World, Den Haag u. a. 1999, 229ff.

[49] *Yusuf al-Qaradawi*, Al-iǧtihad al-mu'asir bayna al-indibat wa al-infirat, Beirut 1418/1998, 9; vgl. auch *Kamali*, Divorce and Women's Rights: Some Muslim Interpretations of S. 2:228, Muslim World 74 (1984), 85, 98f.

[50] Vgl. *Borrmans*, Cultural Dialogue and „Islamic Specificity", in: Muñoz (Hrsg.), Islam, Modernism and the West, London u. a. 1999, 81, 89ff; *Krämer*, Techniques and Values: Contemporary Muslim Debates on Islam and Democracy, aaO, 174, 177ff.

[51] Vgl. *Balić* (Fn. 37) 184ff.

interpretation zugänglich sind. Letzteres wird mit „fiqh" bezeichnet, also dem Gegenstand, dem sich die Rechtsgelehrten zugewandt haben und der sich von eher „theologischen" Gegenständen („kalam") durchaus unterscheidet.[52]

„Fiqh" entspricht also am ehesten unserem Begriff des „Rechts"[53], während die Scharia die Leitlinien für Theologie und Rechtswissenschaft vorgibt.[54] Diese Unterscheidung findet sich auch innerhalb des fiqh mit seiner Unterscheidung zwischen gottesbezogenen und menschenbezogenen Vorschriften (vgl. oben 1). So läßt sich die Faustregel formulieren, daß die gottesbezogenen Vorschriften jedenfalls in ihrem Kern als unveränderlich gelten, während die menschenbezogenen Vorschriften wandelbar sind.

Ein ähnlicher Ansatz mit vergleichbarem Ergebnis zieht die klassischen Auslegungen von Koran und Sunna in Zweifel und gelangt zu einer Neuinterpretation. Gegenstand sind oft solche Aussagen, die von klassischen Juristen nicht als rechtlich, sondern „nur" als moralisch bedeutsam behandelt werden, wie z. B. Aussagen zur Gleichberechtigung der Geschlechter.[55] Faßt man solche Aussagen nunmehr als rechtsverbindlich auf, so werden damit ältere Entscheidungen überholt, die sich auf abweichende Aussagen gestützt haben.[56] Eine solche Vorgehensweise pflegen insbesondere muslimische Autorin-

---

[52] Vgl. *Johansen*, The Muslim Fiqh as a Sacred Law, in: ders., Contingency in a Sacred Law, Leiden u. a. 1999, 1 ff. sowie das Standardwerk von *van Ess*, Theologie und Gesellschaft im 2. und 3. Jahrhundert Hidschra, 6 Bde. Berlin u. a. 1991–1997.

[53] Vgl. *Fazlur Rahman*, Islam, 2. Aufl. Chicago 1979, 103; *El-Baradie* (Fn. 9) 44 f.

[54] Vgl. zu den im einzelnen sehr ausdifferenzierten Ansätzen die ungewöhnlich materialreiche und luzide Darstellung bei *Krämer* (Fn. 28) insbes. S. 51 ff; vgl. auch *El-Baradie* (Fn. 9) 44 f; *O. Köndgen*, Das islamisierte Strafrecht des Sudan, Hamburg 1992, 45; *T. Ramadan*, Der Islam und der Westen, Marburg 2000, 90 ff.

[55] Vgl. *Kamali* (Fn. 49) 85 ff.

[56] Vgl. *Mir-Hosseini*, Stretching the Limits: A Feminist Reading of the Shari'a in Post-Khomeini Iran, in: Yamani (Hrsg.), Feminism and Islam, New York 1996, 285 ff, insbes. 315.

nen, die zwischen Islam und Auswirkungen des in vielen Regionen herrschenden Patriarchats unterscheiden.[57]

Noch weitergehend trennen andere zwischen den früheren Offenbarungen des Koran in Mekka und den späteren in Medina. Nur die mekkanischen Offenbarungen (religiösen Gehalts) seien ewiggültig, während die in Medina geoffenbarten Teile, insbesondere die rechtlichen Vorschriften, auf die konkrete Situation der weltlichen Herrschaftsausübung in Medina zugeschnitten seien.[58] Einige moderne muslimische Denker interpretieren die vom Propheten Muhammad überlieferten Worte und Taten als zeitgebunden und nur die Art, den islamischen Gedanken zu entwickeln und anzuwenden, als wesentlich.[59] Diese Haltung kann an die allgemeine Überzeugung anknüpfen, nach der Muhammad nur Mensch und als solcher fehlbar war.[60] Andere halten auch am Wortlaut aller vorgefundenen Regelungen fest, halten sie aber nur in einem idealen islamischen Staatswesen für verbindlich[61] – ein solcher Idealstaat existiert jedoch nirgends. Zudem beklagen zahlreiche moderne Autoren, daß die in der klassischen Zeit in ungeheurer Dichte entwickelten Detailvorschriften die eigentliche religiöse Substanz des Islam eher verschleierten als klärten. Deshalb gelte es, den Islam von seinen zeitgebundenen Verkrustungen zu lösen und sich auf seinen eigentlichen

---

57 Vgl. *Karmi*, Women, Islam and Patriarchalism, in: Yamani (Hrsg.), Feminism and Islam, New York 1996, 69ff; *Kreile*, Politische Herrschaft, Geschlechterpolitik und Frauenmacht im Vorderen Orient, Pfaffenweiler 1997, insbes. 320ff; vgl. auch *Pinn/Wehner*, EuroPhantasien. Die islamische Frau aus westlicher Sicht, 1995, 145, 148 mit Fn. 26; *Osman*, The Children of Adam. An Islamic Perspective on Pluralism, Washington D. C. 1996, 20.

58 Vgl. *An-Na'im*, Toward an Islamic Reformation, Syracuse, New York 1996, 52ff.

59 Vgl. *Balić* (Fn. 37) 136 mit Wiedergabe der Theorie des ehemaligen Kulturreferenten des Oberseniorats der Islamischen Glaubensgemeinschaft in Jugoslawien Djozo; vgl. auch aaO, 184ff.

60 Vgl. *Krämer* (Fn. 28) 57f mit zahlreichen Nachweisen; *Ramadan* (Fn. 29) 56f.

61 Vgl. *Balić* (Fn. 37) 186.

– nicht-rechtlichen – Inhalt zu besinnen.[62] Im Ansatz finden sich solche Überlegungen schon bei den ägyptischen und indischen Reformdenkern des 19. Jahrhunderts und vermehrt bei Autoren unserer Tage. Die aktuelle Auseinandersetzung im Iran ist nur ein Beispiel hierfür. Im einzelnen gibt es indes erhebliche Unterschiede, welche Regelungen dem einen oder dem anderen Bereich zugerechnet werden. Von der jeweiligen Zuordnung hängt das Ergebnis der Anwendung entscheidend ab.

Andererseits gab und gibt es eine politische Bewegung in islamischen Ländern, die eine Re-Islamisierung des Rechts fordert. Manche Vertreter traditioneller Auffassungen verlangen die Anwendung des Islamischen Rechts in seiner erstarrten mittelalterlichen Form. Sie haben in manchen Ländern wie im Ägypten der 80er Jahre gewisse rechtspolitische Erfolge vorzuweisen. Andere wollen im Gewand einer angeblichen Rückkehr zum Islam einen Polit-Islam schaffen, den es historisch so nie gegeben hat (Islamisten). Diese Bewegungen bezogen ihre Attraktivität vor allem aus großen wirtschaftlichen und sozialen Mißständen in vielen Ländern der islamischen Welt. Ihre Kritik ist nicht selten berechtigt. Jedoch bieten sie keine brauchbaren Konzepte besserer konkreter Lösungen. Die gängige Parole „Der Islam ist die Lösung" hilft nicht weiter bei der Frage, wie die Staatsfinanzen in Ordnung zu bringen sind oder wie die verbreitete Arbeits- und Perspektivlosigkeit zu beseitigen ist. Mit dem faktischen Scheitern des iranischen „Revolutions"modells ist Ernüchterung eingekehrt. Auch terroristische Aktivitäten in Ägypten oder Algerien haben nicht zur Attraktivität der Islamisten beigetragen. Der Trend scheint sich auch in ihren eigenen Ländern heute bereits eher gegen sie zu kehren.[63] So verweisen nicht

---

62 *Isma'il al-Šati* aus Kuweit, „al-Islam allaḏi nurid. ʿalayna ikhraǧ al-Islam min maʾziq al-turaṯ", Al-Šarq al-Awsat v. 6.6.1998, 10; vgl. zur Diskussion auch *Bielefeldt*, „Western" Versus „Islamic" Human Rights Conceptions?, Political Theory 28 (2000), 90, 108 ff.

63 Vgl. *Roy*, The Failure of Political Islam, 2. Druckauflage, Cambridge, 1996, insbes. 194 ff.

wenige darauf, daß der Gehalt der Religion entwertet werde, wenn sie mit der Islamistenparole „din wa dawla" („Religion und Staat") mit dem Staat gleichgesetzt wird.[64] Oft wird hervorgehoben, daß der Koran nicht in erster Linie „Gesetz" sei, sondern religiöse Leitlinie. Zunehmend wird erkannt, daß zwischen Gott als „Gesetzgeber" und denen zu unterscheiden ist, die sich anmaßen, alleine darüber befinden zu können, wie Gottes Wort auszulegen ist.[65] Mit den Worten von Muhammad Saʿid al-Ašmawi, des vormaligen ägyptischen Staatsratsmitglieds und Vorsitzenden des Staatssicherheitsgerichts: „Gott will den Islam als Religion, aber Menschen wollen aus ihm Politik machen."[66] Der Dekan der Theologischen Fakultät (Ilâhiyat Fakültesi) der Universität Istanbul Öztürk erklärt, der Koran interpretiere sich aus sich selbst; niemand dürfe sich als Interpret an die Stelle Gottes setzen und absolute Lehrautorität beanspruchen.[67]

Insgesamt bietet die Rechtslandschaft der islamischen Staaten auch heute ein vielseitiges Bild. Ein einheitliches „Islamisches Recht" existiert nirgends. Die Rechtsordnungen Afghanistans und Tunesiens sind weit voneinander entfernt, auch wenn sie sich auf dieselben Grundlagen stützen. Hieran zeigt sich, wie verfehlt die verbreitete Vorstellung vom Islam oder der islamischen Welt als monolithischem Block ohne Dynamik und regionale oder soziale Besonderheiten ist.[68] Innerhalb der islamischen Gelehrtenwelt haben im übrigen die im nicht-islamischen Ausland lebenden Autoren die wohl modernsten Interpretationen entwickelt. Beispielhaft sei der syrische, in den USA lebende und lehrende Wissenschaftler und Literat Halim Barakat[69] zitiert: „Säkularisierung ist die

---

64 Vgl. *Laroui* (Fn. 33) 188f.

65 Vgl. insbesondere *Zakariya*, Laïcité ou islamisme, Paris/Kairo 1991, 112ff; *An-Na*'im (Fn. 58) 185ff.

66 *Al-Ashmawy*, L' islamisme contre l'islam, Paris/Kairo 1989, 11.

67 „Der etwas weiß, soll sprechen", FAZ v. 23.6.2000, 53.

68 Zur Kritik vgl. *Muñoz*, Islam and the West, an Intentional Duality, in: ders. (Hrsg.), Islam, Modernism and the West, London u.a. 1999, 3, 5ff.

69 Glaube und Herrschaft in der arabischen Gesellschaft von heute: eine

Alternative zu der Behauptung der herrschenden Schichten, sie regierten das Volk auf der Grundlage einer heiligen Macht, und ihr grundlegendes Ziel sei es, die Verehrung Gottes und die Einhaltung des Gehorsams gegen Gott und des Verbotes von Unerlaubtem möglich zu machen. Ihr eigentliches Ziel ist es, das Volk zugunsten der eigenen Schichten und Gruppierungen zu regieren, sich des gesamten gesellschaftlichen Potentials zu bemächtigen und ihre Privilegien auszunützen. Das wichtigste Ziel der Säkularisierung ist, den Mißbrauch der Religion zu unterbinden. Sie ist nicht notwendigerweise gegen die Religion, sondern entlastet diese in dem Bemühen, sich von den Auslegungen des Herrschaftsapparates und der an das System gebundenen Gelehrten zu befreien. Die arabischen Länder bedürfen dringend der Säkularisierung und nicht des Imports von Vorstellungen aus dem Ausland (...)." Damit ist über den Stellenwert solcher Auffassungen im islamischen Gesamtdiskurs wenig ausgesagt.[70] Es ist aber für die europäischen und sonstigen „westlichen" Gesellschaften von Bedeutung, daß sie gerade auch die Verständigungsbereitesten unter den Muslimen beherbergen.

Abschließend hierzu sei der ehemalige pakistanische Justizminister Brohi zitiert: „In der islamischen Welt muß sich die Forschung auf dem Gebiet des Rechts auch gegen die Intoleranz der sogenannten Ulama (...) durchsetzen, die sich selbst für die Bewahrer des Glaubens halten und, was noch schlimmer ist, im Falle der allergeringsten möglichen Abweichung, die in den Schriften selbst akademisch gebildeter Autoren zum Thema Recht und gesetzliche Institutionen wahrnehmbar sein könnte, die dafür verantwortlichen Schriftsteller als Häretiker brandmarken. Das Ergebnis ist, daß es kaum

---

Analyse, in: Heller/Mosbahi (Hrsg.), Islam, Demokratie, Moderne, 1998, 110, 126.

[70] Skeptisch insoweit *Forstner*, Islamisches Menschenrechtsverständnis und seine Auswirkungen auf die in Europa lebenden Muslime, in: Heuberger (Hrsg.), Der Islam in Europa, Frankfurt/M. 1999, 9, 21f; vgl. aber auch *Leïla Babès*, L'islam positif, Paris 1997, insbes. 179ff.

nennenswerte Beiträge zur Literatur des Islams aus der Feder von Denkern in muslimischen Ländern gibt; es ist lediglich in nichtmuslimischen Ländern, wo man einige Versuche antrifft, die Wiedererrichtung des islamischen Gedankenguts, Rechts und gesetzlicher Institutionen voranzutreiben."[71]

Nach alledem läßt sich feststellen, daß die Staaten der islamischen Welt ein außerordentlich facettenreiches Bild abgeben. Von einem einheitlichen „Islamischen Recht" kann in vielerlei Hinsicht weniger denn je gesprochen werden. Zwar finden sich einige Aussagen insbesondere zu familien-, erb- und strafrechtlichen Fragen im Koran selbst. Die Auslegung hat sich aber sehr weit auseinanderentwickelt (vgl. zur sehr unterschiedlichen Rechtsstellung von Frauen unten 3.d). Dies steht durchaus in der oben beschriebenen Tradition des Islamischen Rechts. So bildet der Islam zwar eine gesellschaftsprägende Gemeinsamkeit für die Staaten der islamischen Welt. In rechtlicher Sicht bildet aber der jeweils konkrete, historisch gewachsene Staat den Ordnungsrahmen.[72] Damit wird erneut deutlich, daß Lebensverhältnisse und Denken der Muslime nicht von einem in allen Einzelheiten einheitlichen Islam beherrscht werden. Der Islam hatte gerade auch in Schwarzafrika und Südostasien bei seiner weitgehend friedlichen Ausbreitung besonderen Erfolg, weil er örtliche Gegebenheiten in weitem Umfang anerkennen und integrieren kann. Zudem zeigt der Blick auf konkret gewachsene Gesellschaften, auf einzelne Menschen und ihr Denken, daß sie zwar auch, aber nicht nur vom Islam bestimmt werden. Auch der Muslim ist Angehöriger von sprachlichen, ethnischen und gesellschaftlichen Gruppen. Auch er hat die Freiheit zur individuellen Meinung und Lebensführung.

Wichtigstes Ergebnis ist die Erkenntnis, daß auch der Islam und das Islamische Recht mit den ihnen eigenen Mitteln eine Anpassung an die Bedürfnisse der Gegenwart bewältigen können. Es ist davor zu warnen, Reformen pauschal als „Ver-

---

[71] *Brohi*, Einführung zu S. Ramadan (Fn. 29) 18f.
[72] Vgl. *Laroui* (Fn. 33) 166.

westlichung" zu interpretieren. Solche Reformen hat es zu vielen Zeiten gegeben, auch als der „Westen" noch weit davon entfernt war, als mögliches Vorbild zu fungieren. Wer Reform mit Verwestlichung gleichsetzt, konserviert das falsche Bild vom Islam und seiner Rechtsordnung als unbewegliches und rückständiges Gebilde. Zudem macht man sich unfreiwillig zu Bundesgenossen der Islamisten, die Reformen eben mit dem Vorwurf des „Westimports" zu diskreditieren versuchen. Solch unheilige Allianzen müssen vermieden werden. Das gilt nicht zuletzt für Islamwissenschaftler, die der Gefahr ausgesetzt sind, das Bild des exotischen Orientalen vergangener Zeiten zu konservieren.

Dessen ungeachtet bestehen einige rechtliche Problemfelder, auf denen rechtskulturelle Grundüberzeugungen nach wie vor aufeinanderprallen.

3. Wichtige Problemfelder

Einige Aspekte des Islamischen Rechts waren und sind besondere Reizthemen. Insbesondere die Körperstrafen des koranischen Strafrechts, der „ğihad", oft mißverständlich mit „Heiliger Krieg" übersetzt, das gebot zur Tötung von Glaubensabtrünnigen und die Rechtsstellung der Frau sind zu nennen. Es wird befürchtet, Muslime seien rechtskulturell in einer Art und Weise vorgeprägt, die eine Integration in die bestehende Rechtsgemeinschaft ausschließe. Dabei wird verkannt, daß ein Großteil der hier lebenden Muslime bereits hier geboren ist oder aus Regionen stammt, in denen die klassische, möglicherweise problematische Rechtsauffassung schon seit langer Zeit aufgegeben wurde. Die durchaus nennenswerte Zahl der zum Islam konvertierten Europäer bildet ohnehin einen Bestandteil der europäischen Gesellschaften, für den die Frage nach einer „Integration" schon im Ansatz verfehlt wäre.

Zudem herrscht weitgehend Unkenntnis über die Vielfalt auch innerhalb der islamischen Rechtsliteratur. Hierin zeigt sich ein drängendes Bildungsproblem. Wer bis vor wenigen Jahren in Deutschland und anderen europäischen Staaten vertiefte Kenntnisse über die Inhalte des Islam erwerben wollte, hatte dazu kaum Möglichkeiten. Die islamwissenschaftlichen Fakultäten vermitteln zwar weithin ausgezeichnete Kenntnisse in sprachlicher, geistes- und kulturwissenschaftlicher Hinsicht. Nicht-muslimische Lehrer sind aber nicht aufgerufen, Glaubensinhalte des Islam im Sinne eines Bekenntnisses zu vermitteln. Hierfür waren Muslime nicht selten auf private Initiativen verwiesen, die teilweise auf sehr niedrigem Niveau und in extremistischer Ausrichtung „informierten". Darin liegt eine erhebliche Gefahr. Nach meiner Kenntnis wurde den jungen Muslimen die breit angelegte innerislamische Reformdiskussion schlicht vorenthalten, sofern der „Lehrer" sie überhaupt kannte. Vom Elternhaus waren meist keine fundierten Informationen zu erwarten (in wie vielen christlichen Elternhäusern ist dies anders?).[73] Ein Sonderproblem im Hinblick auf türkische Muslime ergibt sich aus dem strengen Laizismus in der Türkei.[74] Wer ihn ablehnt, wird wenig Bereitschaft aufbringen, sich neuzeitlichen Interpretationen der Scharia zu öffnen, die als Verteidigung des Laizismus verstanden werden könnten.

Erst in den letzten Jahren sind einige seriöse Bildungseinrichtungen wie die des Verbandes der islamischen Kulturzentren (VIKZ) in Köln und Nürnberg entstanden. Auch bemühen sich nun muslimische Vereinigungen und Einzelpersonen um sachliche und auf die konkrete Lebenssituation zugeschnittene Information in Broschüren, Büchern und Zeitschriften; das Niveau ist allerdings sehr unterschiedlich.

---

[73] Für Großbritannien liegen einschlägige Untersuchungen vor. Danach hatten mehr als ein Drittel der Befragten jungen Leute keinerlei religiöse Erziehung genossen, ein weiteres Drittel hatte nur Informationen von den Eltern erhalten; vgl. *Küçükcan*, Politics of Ethnicity, Identity and Religion. Turkish Muslims in Britain, Aldershot u.a. 1999, 150 (Table 7.3). Die Kenntnisse waren oft äußerst dürftig (aaO, 153 ff.).

[74] Vgl. zum Konflikt über die Stellung der Frau *Göle*, Republik und Schleier, Berlin 1993.

Dringend wünschenswert wäre der weitere Ausbau eines islamischen Bildungswesens in den vorhandenen Bildungsstätten Schule und Hochschule (dazu noch unten Kap. V.2.d).

a) Körperstrafen

Im Koran finden sich einige wenige Bestimmungen strafrechtlichen Gehalts, teils in sehr auslegungsbedürftiger Fassung. Sie werden als „hudud" bezeichnet, als unantastbare von Gott gesetzte „Grenzen".[75] Diese Bestimmungen betreffen schweren Raub (qatʿ al-tariq, Sure 5, 33 f), Diebstahl (sariqa, Sure 5, 38 f), Alkoholgenuß (šurb al-khamr, Sure 5, 90 f), außereheliche Geschlechtsbeziehungen (zina, Sure 24, 2 f) und die fälschliche Beschuldigung, solche Beziehungen zu pflegen (qaḏf, Sure 24, 4 f). Das Repertoire der Strafen reicht von Auspeitschen über Abhacken von Händen oder Füßen bis hin zur Hinrichtung. In einigen wenigen islamischen Ländern werden diese Strafen vollzogen. Solche Körperstrafen kannte auch das abendländische Strafrecht früherer Zeiten, beispielsweise für Meineid oder Geldfälschung. Nach heutigen Maßstäben verstoßen sie gegen die Menschenrechte und bilden einen ständigen Konfliktpunkt in internationalen Verhandlungen.

Allerdings wurden die hudud-Strafen in klassischer Zeit äußerst selten vollzogen. Auch die islamischen Rechtsgelehrten haben sie als hart empfunden und sehen sie nur als Mittel für extreme Fälle. Die klassische Rechtslehre hat wegen der gravierenden Strafwirkung eine Vielzahl von Strafvoraussetzungen entwickelt, die praktisch unerfüllbar sind. Beispielsweise genügt die Aussage des Diebs, er habe den entwendeten Gegenstand für sein Eigentum gehalten, für die Annahme eines „Rechtszweifels" (šubha), der die koranische Strafe ausschließt (nicht aber z. B. eine Gefängnisstrafe). Zudem bedarf

---

75 Vgl. *El-Baradie* (Fn. 9) 96 ff.

es zum Beweis des Verbrechens mehrerer Augenzeugen. Wenn aber der Diebstahl notwendig „heimlich“ (khifyatan) geschehen muß, dürften sich kaum die erforderlichen Augenzeugen finden. Zudem wirkt die Reue strafausschließend. Viele moderne Autoren kommen zu dem Schluß, daß die koranischen Strafbestimmungen nur in einem islamischen Idealstaat Anwendung finden könnten, von dessen Errichtung man weit entfernt sei.[76] El-Baradie[77] formuliert, die hudud-Strafen dienten wie die Reue allein der Versöhnung mit Gott und der religiösen Gemeinschaft. Der Reue gebühre der Vorzug vor der Strafe. Deshalb sei auch ein islamischer Staat nicht verpflichtet, die hudud-Strafen durchzusetzen. Die Reinigung des Sünders könne nur als freiwillige eigene Leistung wirken.

Insgesamt ist festzustellen, daß bis ins 20. Jahrhundert hinein der Vollzug des koranischen Strafrechts ein seltener Ausnahmefall war. Die vergleichsweise häufige Anwendung in unseren Tagen ist eine völlig neue Erscheinung. Sie ist häufig darauf zurückzuführen, daß sich Machthaber aus politischen Gründen als besonders religionstreu profilieren wollen. Der Sudan unter Numayri in den 80er Jahren[78] und Pakistan sind Beispiele hierfür. Was die Religion wirklich fordert und was nicht, interessiert in solchen Fällen kaum. Das zeigt sich auch daran, daß die Strafe nicht selten in Fällen verhängt wird, in denen nach klassischer Rechtsauffassung die Voraussetzungen nicht gegeben waren, z. B. beim unerlaubten Griff in die Staatskasse. Der führende sudanesische Islamist und Parlamentspräsident Hasan al-Turabi[79] jedenfalls kommentierte dies folgendermaßen: „Diese Strafen (gemeint sind die hudud-Strafen, d. Verf.) sind nicht mehr zeitgemäß. Vor

---

76 Vgl. *M. El-Awa,* Punishment in Islamic Law, Indianapolis 1982, 136f.
77 *El-Baradie* (Fn. 9) 241.
78 Vgl. das Werk von *Köndgen* (Fn. 54).
79 Absolvent von Jurastudien in Khartum und London, promoviert an der Sorbonne; nach Jahren im Gefängnis Vorsitzender der Nationalen Islamischen Front (de-facto-Staatspartei) und Parlamentspräsident.

15 Jahren hatte sie der damalige Diktator Ga'far al-Numayri aus der Mottenkiste der Geschichte geholt, um sich mit fragwürdigen Mitteln als islamischer Herrscher auszugeben."[80] Die mittlerweile schon wieder gebrochene Tendenz zur „Re-Islamisierung" des Rechts entlarvt sich in diesen Fällen als ein modernes Kunstprodukt.

Für die Integration von Muslimen in die nicht-islamische Rechtsgemeinschaft ist bedeutsam, daß die Vollstreckung der hudud-Strafen von fast niemandem als Teil der muslimischen Identität betrachtet wurde und wird. Vielmehr ist eine starke Tendenz spürbar, diese Strafen nicht durchzusetzen. Zudem ist ihre Vollstreckung allenfalls Staatsaufgabe. Sie kommt schon deshalb außerhalb der islamischen Welt auch aus Sicht der Muslime nicht in Betracht (vgl. noch Kap. IV.3). Andererseits kann man von Muslimen nicht verlangen, sich von Aussagen des Koran schlechthin zu distanzieren bzw. „Streichungen" im Koran vorzunehmen. Aus Sicht der Rechtsordnung des Aufenthaltslandes genügt das Bekenntnis, die geltende Rechtsordnung zu respektieren, die solche Strafen ausschließt.

b) Der Ǧihad

„Ǧihad" heißt zunächst nicht mehr als „Anstrengung, Bemühung" um die Verbreitung des Islam. „Heiliger Krieg" ist eine zumindest mißverständliche Übersetzung. Die Mittel hierzu sind nicht festgelegt. Allerdings wurde nach klassischen Interpretationen vielfach die militärische Ausbreitung des von Muslimen beherrschten Territoriums als „ǧihad" bezeichnet.[81] Historisch wurde und wird der ǧihad-Begriff allerdings oft politisch instrumentalisiert. Der von Diktatoren wie Saddam Hussein im Krieg gegen Iran und Kuweit ausgerufene

---

80 „Eine Theokratie wird es nicht geben", Interview in Der Spiegel 21/1998, 190.

81 Vgl. nur *Colpe*, Der „Heilige Krieg", 1994, 56ff.

ğihad – gegen andere Muslime! – ist ein Beispiel hierfür. So unterscheiden klassische und moderne muslimische Autoren zwischen Eroberung zur Verfolgung weltlicher/politischer Interessen und Ausbreitung des Islam.[82]

Von der klassischen, auch machtorientierten Interpretation sind die allermeisten modernen Autoren abgerückt. Außer vereinzelten Verwirrten vertritt niemand mehr die Forderung, das islamisch beherrschte Territorium gewaltsam zu erweitern. Für die Gegenwart sei statt vieler eine Schrift des Islamischen Zentrum Hamburg von 1984 zitiert. Ğihad werde irrtümlich mit „Heiliger Krieg" gleichgesetzt. Er sei jedoch ganz anders zu verstehen. Zum einen gebe es den Großen Ğihad im Sinne eines Kampfes gegen die eigenen schlechten Eigenschaften im Menschen, zum anderen den Kleinen Ğihad im Sinne des Kampfes zur Verteidigung gegen Aggressoren; der Abwehrkampf dürfe aber keinesfalls selbst zur Aggression ausufern.[83]

Man sollte solchen Stellungnahmen nicht reflexartig die früheren, auch militärisch geprägten Auslegungen entgegenhalten. Christen würden sich ebenso zu Recht gegen eine Argumentation wehren, welche den planmäßigen Mord an Juden bis in die Gegenwart hinein als zwingende Folge christlicher Glaubensaussagen mißverstehen würde, wenn auch im Mittelalter christlich-theologische Begründungen für die Judenverfolgungen gegeben wurden.

Die schlichte Aussage, der Islam solle auf der ganzen Welt herrschen, ist aus Rechtsgründen nicht zu beanstanden. Darin schlägt sich zunächst nichts weiter als das Selbstverständnis einer Weltreligion nieder, das sie z. B. mit dem Christentum teilt. Aus rechtlicher Sicht bedeutsam sind alleine die Mittel der Glaubensverbreitung. Friedliches Werben ist zulässig, der Einsatz unfriedlicher Mittel ist verboten (zur Mission noch ausführlicher in Kap. V.2.b).

---

[82] Vgl. *Balić* (Fn. 37) 108.

[83] Islamisches Zentrum Hamburg, „Jihad" – nicht „Heiliger Krieg", 1984, 3ff, 12; vgl. auch *Balić* (Fn. 37) 73f.

c) Die Tötung von Glaubensabtrünnigen

Nach modernen westlichen Rechtsvorstellungen gänzlich unakzeptabel ist die Bestrafung des Religionswechsels. Das klassische Islamische Recht hat hingegen den Tatbestand des Abfalls vom Islam („ridda", Apostasie) entwickelt und belegt ihn mit der Todesstrafe. In diesem Zusammenhang ist die Verfolgung der Bahai im Iran[84] oder das fatwa (Rechtsgutachten) Khomeinis gegen Salman Rushdi zu sehen.[85] Das Problempotential wird in dem gegenwärtig im Iran von einer machtgierigen Clique angestrengten Gerichtsverfahren deutlich, mit deren Hilfe tolerante Vertreter eines gleichzeitig prinzipienfesten und modernen Islam mundtot gemacht werden sollen.[86] Die Strafdrohung für ridda ergibt sich aber nicht aus dem Koran. Viele moderne Autoren verweisen darauf, daß die Verfolgung Glaubensabtrünniger auf die Sondersituation der islamischen Gemeinde in den kriegerischen Auseinandersetzungen mit den heidnischen Mekkanern und nach dem Tode Muhammads beschränkt sei. Damals waren viele zum Islam Bekehrte wieder abgefallen, das junge islamische Staatswesen sah sich vor seinem jähen Ende. Man deutet also den Vorwurf als weltlichen im Sinne von „Fahnenflucht" oder Hochverrat.[87] Ein eng an der klassischen Doktrin angelehnter Ansatz ist der des vormaligen Rektors der Azhar-Universität Mahmud Šaltut. Er führt aus, daß die Überlieferung, auf die sich die Todesstrafe stützt, nicht von hinreichendem

---

84 Vgl. *Esposito*, Islam and Politics, 4. Aufl. Syracuse 1998, 128f, 335f; zu den Bahai *Schmucker* in: Ende/Steinbach (Fn. 15) 678ff.

85 Zu Hintergründen vgl. die Darstellung bei *Ismail Patel*, Mis/Representations of Islam: A Study of Salman Rushdie's The Satanic verses, and „The Rushdie Affair", abgerufen am 5.6.2000 unter http://victorian.fortunecity.com/coldwater/439/rushdie.htm; zur folgenden Auseinandersetzung *Ahsan/Kidwai* (Hrsg.), Sacrilege versus Civility, Leicester 1991.

86 Vgl.: „Andersdenkende als Apostate", FAZ v. 20.10.2000, 7.

87 Vgl. *Krämer* (Fn. 28) 151ff; *Hadayatullah Hübsch*, Leserbrief, abgedruckt in Weißes Minarett 15 (1998), 55; *Muhibbu-Din*, Ahl Al-Kitab and Religious Minorities in the Islamic State, Journal of Muslim Minority Affairs 20 (2000), 111, 123.

Gewicht für diese Sanktion sei („sunnat al-ahad", Überlieferung nur von wenigen Gewährsleuten). Nicht der Unglaube sei Grund der Strafe, sondern nur die Bekämpfung der Gläubigen, der Angriff auf sie und der Versuch, sie vom Glauben abzubringen.[88] Der Tatbestand wird damit zum Staatsschutzdelikt. Außerhalb des islamisch beherrschten Territoriums kann er überhaupt nicht verwirklicht werden. Jedenfalls für Muslime außerhalb der islamischen Welt ergibt sich nach dieser Auffassung kein Gegensatz zur Religionsfreiheit. Aus einer vergleichbaren Linie argumentiert der gegenwärtige Großmufti von Ägypten Tantawi, der eine wissenschaftliche Antwort auf das Werk fordert und im übrigen darauf verweist, daß die Vollstreckung der Todesstrafe auf Verbrechen allein eine Angelegenheit der jeweiligen Regierung sei.[89]

Zudem sehen viele Autoren im Abfall vom Islam eine Tat, die sich ausschließlich im Verhältnis zwischen Mensch und Gott abspielt und die deshalb nur eine Strafe im Jenseits nach sich ziehen könne.[90] Der Jurist Abdullah Ahmad an-Naʿim begründet die Ablehnung der diesseitigen Strafe prägnant damit, daß das Tolerieren unorthodoxer und abweichender Meinungen von lebenswichtigem geistlichem und intellektuellem Nutzen für den Islam sei.[91] Der kuweitische Autor Ahmad al-Baghdadi erkennt in seinem Buch mit dem bemerkenswerten Titel „Erneuerung religiösen Denkens – eine Aufforderung zum Gebrauch des Verstandes"[92] in der Strafverfolgung für ridda schlicht eine Fehlauffassung, welche der im Koran festgelegten Religionsfreiheit widerspreche. Solche Auffassungen stehen in keinerlei Gegensatz zu westlichen Rechtsvorstellungen.

---

88 Vgl. *Šaltut,* Al-Islam ʿaqida wa šariʿa, 17. Aufl. Kairo 1997, 280f.

89 Nachweise bei *J. Elias* (Fn. 34) 159.

90 Vgl. *El-Baradie* (Fn. 9) 241 und öfter; *Hadayatullah Hübsch* (Fn. 87) 56 mit Argumentation aus Koran 4, 137 (Verszählung nach Paret).

91 *An-Na*ʿim (Fn. 58) 184.

92 *A. al-Baghdadi,* Tağdid al-fikr al-dini – daʿwat li-istikhdam al-ʿaql, Damaskus 1999, 123ff, insbes. 132f.

d) *Die Rechtsstellung der Frau*

Das wohl am heftigsten debattierte Thema ist die Rechtsstellung der Frau im Islam. Hier finden sich Aussagen und Verhaltensweisen, die aus gegenwärtiger Sicht zum Teil eine massive Benachteiligung von Frauen darstellen. Zu nennen sind das einseitige Recht des Ehemannes, bis zu vier Ehefrauen gleichzeitig zu haben (Form der Polygamie), das einseitige Recht, die Ehe durch Verstoßung aufzulösen (talaq), die weitreichende Bevorzugung beim Sorgerecht für Kinder, die Zumessung doppelter Erbanteile an Söhne im Verhältnis zu Töchtern und manches mehr (vgl. hierzu noch in Kap. V.1.c). Andererseits verweisen Muslime darauf, daß der Islam die Rechtsstellung der Frau gegenüber dem zuvor bestehenden Zustand ganz erheblich verbessert habe. Damit wird der Blick für den Umstand geöffnet, daß sich das religiöse Offenbarungsgeschehen in einem ganz bestimmten geschichtlichen und gesellschaftlichen Umfeld abgespielt hat. Nach den verfügbaren Quellen wurden in der vorislamischen Zeit neugeborene Mädchen oft getötet.[93] Der Koran gewährleistet erstmals ein (beschränktes) Erbrecht, schränkt Polygamie und Praktiken einseitiger Ehescheidung durch den Ehemann ein und läßt der Braut selbst anstelle ihres Vaters den Brautpreis zukommen.[94]

Insgesamt weist das Islamische Recht auch in seiner traditionellen Form der Frau durchaus einen hohen Stellenwert zu. Diese traditionelle Auslegung beruht auf einem Gesellschaftsmodell, in dem die Lebenssphären von Männern und Frauen weitgehend getrennt sind und in dem der Frau innerhalb der Großfamilie vor allem eine hochrespektierte Rolle

---

93 Vgl. die Hinweise in Sure 16, 58f; Sure 81, 8f; *Badawi*, The Status of Woman in Islam, Indianapolis 1972 (Nachdruck 1983), 14f.

94 Vgl. *A. Mayer*, Islam and Human Rights: Tradition and Politics, 3. Aufl. London 1999, 97f sowie die Übersicht in Ministerium für Arbeit, Gesundheit und Soziales des Landes Nordrhein-Westfalen (Auftraggeber), Türkische Muslime in Nordrhein-Westfalen, 3. Aufl. 1997, 26ff.

als Ehefrau und Mutter zukommt. Dabei ist zu bedenken, daß das klassische Islamische Recht in Lebensverhältnissen entwickelt wurde, in denen der wirtschaftliche und soziale Zusammenhalt in Großverbänden mehr oder weniger lebensnotwendig war. Das Recht pflegt – nicht nur im Orient – auf solche Lebensverhältnisse einzugehen, indem es dem Individuum vergleichsweise geringe eigene Entscheidungsmöglichkeiten für seine Lebensgestaltung eröffnet – die soziale Rolle in der Gemeinschaft geht dann vor. Man denke nur an die germanischen Rechte, nach denen Erbfälle in Teilen oder gänzlich unveränderbar zugunsten der (überlebenden) Sippe geregelt waren[95]; individuelle Erbregelungen mit Berücksichtigung liebgewonnener Menschen war also nicht oder nur sehr eingeschränkt möglich.

Die weitgehend individualistische Lebensgestaltung ist als Massenphänomen historisch neuartig und auf Gesellschaften beschränkt, in denen großer Wohlstand herrscht und in denen kollektive Sicherungssysteme den ökonomischen Zusammenhalt in Großfamilienverbänden abgelöst haben. Soweit sich solche Entwicklungen auch in islamischen Ländern ergeben, wird das Recht dies nicht ignorieren können. Andererseits ist davor zu warnen, bestehenden Rechtsordnungen strukturelle Ungerechtigkeit und Unveränderbarkeit zu unterstellen – „unser" Recht ist wie das anderer Länder und Zeitalter zu wesentlichen Teilen ein Produkt der Lebensumstände. Dies gilt es auch zu bedenken, wenn das schwierige Thema des rechtlichen Verhältnisses zwischen den Geschlechtern zu erörtern ist.

Die rechtliche Ungleichbehandlung der Geschlechter gründet sich auf mehrere Stellen im Koran, die z. B. die familien- und erbrechtliche Stellung der Frau oder ihre Eignung zur Zeugin betreffen. Eine zentrale Aussage in diesem Zusammenhang enthält Sure 4, 34. Die Übersetzung Parets[96] lautet:

---

95 Vgl. nur *Brunner/Heymann*, Grundzüge der deutschen Rechtsgeschichte, 7. Aufl. 1925, §§ 3, 57.

96 Der Koran (Fn. 14) 64.

„Die Männer stehen über den Frauen, weil Gott sie (von Natur vor diesen) ausgezeichnet hat und wegen der Ausgaben, die sie von ihrem Vermögen (als Morgengabe für die Frauen?) gemacht haben (...)."

Der Vorrang der Männer wird zum einen mit zu erbringenden Unterhaltsleistungen im weitesten Sinne begründet. Hiermit verbindet sich eine nur funktionale, nicht aber wesensmäßige Überlegenheit.[97] Wenn sich indes, wie in der modernen islamischen Welt, die Verhältnisse umkehren oder doch umkehren können, entfällt die Grundlage solcher „Höherstellung". Die „Auszeichnung" als zweite Begründung ist sehr vage formuliert. Sie wird als „Beschützerrolle" interpretiert, die sich aus überlegener Körperkraft ableitet.[98] Auch hierfür ist in vielerlei Hinsicht die Grundlage entfallen. Mit den Worten Balićs gleicht diese Koranstelle „einer soziologischen Feststellung, die den Zustand einer patriarchalischen Gesellschaft charakterisiert. Sie enthält keine Verhaltensregel."[99] Ähnlich läßt sich die koranische Aussage in Sure 2, 282 deuten, wonach die Aussage zweier Frauen der eines Mannes entspricht. Diese Regelung bezieht sich auf den Beweis bestimmter Vertragsschlüsse. Die moderne Ansicht verweist darauf, daß die Regelung mangelnde Versiertheit von Frauen in solchen Dingen voraussetzt. Wenn jedoch Frauen sich darin ebenso auskennen, sei ihr Zeugnis ebensoviel wert wie das von Männern.[100]

Manche Vorschriften erweisen sich zudem nicht zwingend als Benachteiligung. So ist die Zuweisung doppelter Erban-

---

97 *F. Rahman*, Major Themes of the Qur'an, Minneapolis u.a. 1980, 49.

98 Vgl. die englische Übersetzung „Men are the protectors And maintainers of women, Because God has given The one more (strength) Than the other, and because They support them From their means.", The Holy Qur-an, Text, Translation and Commentary by *Abdullah Yusuf Ali*, Ausg. Dar Al Arabia Beirut 1968, 190.

99 *Balić* (Fn. 37) 88, 90; zu im Ergebnis vergleichbaren neuen Interpretationen vgl. *M. Hofmann* (Fn. 17) 140f; vgl. auch *Karmi* (Fn. 57) 69, insbes. 80.

100 Vgl. *F. Rahman* (Fn. 97) 48f; *Balić* (Fn. 37) 90f. mwN; *Ph. Lewis*, Islamic Britain, London u.a. 1994, 139; *M. Hofmann* (Fn. 17) 149f.

teile an männliche Nachkommen mit Unterhaltsverpflichtungen verbunden, welche die weiblichen Nachkommen nicht treffen. Der zusätzliche Erbanteil ist also ein pauschaler Ausgleich für Unterhaltspflichten. Freilich kann man zweifeln, ob diese Pauschalierung noch gerechtfertigt ist, wenn in der sozialen Wirklichkeit von Frauen oft erhebliche Anteile des Familieneinkommens erwirtschaftet werden. Tunesien hat hierauf bereits reagiert und entsprechende Unterhaltspflichten für Frauen eingeführt.[101] Das Erbrecht wird hiervon nicht unberührt bleiben können.

Konkret richten sich Vorschläge auf die Zulassung von Frauen zu Staatsämtern und gegen patriarchalische Restriktionen z. B. im Paß- und Reiserecht sowie auf Veränderungen im Familien- und Erbrecht.[102] Entsprechende Vorschriften werden als zeitgebunden und damit wandelbar qualifiziert. Weitreichende Übereinstimmung in der modernen Gesetzgebung auf der Grundlage der Scharia herrscht in den Zielen, die Minderjährigenheirat abzuschaffen[103], für Frauen Freiheit bei der Wahl des Ehepartners zu gewährleisten, die Polygamie zurückzudrängen[104], das einseitige Scheidungsrecht des Ehemannes zu beschneiden[105], Frauen das Antragsrecht auf Ehescheidung einzuräumen[106] und ihre Stellung im Unterhalts-

---

[101] Vgl. Art. 23 Abs. 5 und 47 des tunesischen Familiengesetzbuchs in der Fassung vom 12. 7. 1993.

[102] Vgl. „Islamischer Feminismus durch eine Politikerin im Aufwind", SZ v. 4. 3. 1997, 9.

[103] Vgl. z. B. *Cammack/Young/Heaton*, Legislating Social Change in an Islamic Society – Indonesia's Marriage Law, AJCL 44 (1996), 45 und ff mwN; *Anderson*, Islamic Law in the Modern World, New York 1959, 48 mwN sowie schon Artt. 4–7, 52 des osmanischen Familiengesetzbuchs von 1917.

[104] Vgl. *Anderson* (Fn. 103) 48 ff; *Tellenbach*, Änderungen im marokkanischen Familienrecht, StAZ 1994, 943, 945; *Kamali*, Islamic Law in Malaysia: Issues and Developments, Yearbook of Islamic and Middle Eastern Law 4 (1997–1998), 153, 159 ff.

[105] Vgl. *J. Nasir*, The Status of Women under Islamic Law, 2. Aufl. London u. a. 1994, 74 f.

[106] Vgl. zu alledem *Bergmann/Ferid*, Int. Kindschafts- und Eherecht Bd. 1, Loseblattslg., Das islamische Eherecht 4.

recht und bei der Sorge für eheliche Kinder zu verbessern.[107] Auch im Erbrecht wird die Gleichbehandlung von Mann und Frau vorangetrieben.[108] Schlaglichtartig sei der Vorwurf des Reformers Muhammad Iqbal gegen das traditionelle Ehescheidungsrecht herausgegriffen. Iqbal weist darauf hin, daß im Punjab Frauen den Abfall vom Islam erklärt hätten, um auf diese (einzig mögliche) Weise von ihren unerträglichen Ehemännern loszukommen. Daran knüpft er die Frage, ob die für maßgeblich gehaltenen Regeln aus dem 12. Jahrhundert A. D. dazu geeignet seien, den Glauben in diesem Lande zu befördern.[109] In der Endphase des Osmanischen Reichs kam es zu Reformbestrebungen, weil Männer von auswärts auf Arbeitssuche in Istanbul dortige Frauen heirateten und diese nach Beendigung der Tätigkeit zurückließen, ohne die Scheidung auszusprechen. Solche Frauen hatten auch bei fehlenden Unterhaltszahlungen bis dahin keine Möglichkeiten, sich scheiden zu lassen, um eine andere Ehe eingehen zu können.[110] Der Reformbedarf liegt auf der Hand.

Die Teheraner Parlamentsabgeordnete Fa'izeh Hašemi zählt die Vorschriften des Erb- und Scheidungsrechts schlechthin zu den zeitgebundenen und daher wandelbaren Regelungen.[111] Die Zulassung etwa der Polygamie beruhe auf der besonderen historischen Situation des frühen Islam, in dem wegen der Vielzahl kriegerischer Auseinandersetzungen Männerknappheit herrschte.[112] Die Polygamie wird damit als

---

107 Vgl. z. B. zu den Reformen des tunesischen Gesetzgebers *Forstner*, Veränderungen im tunesischen Ehe- und Kindschaftsrecht, StAZ 1995, 1 ff zu Reformen in Marokko *Tellenbach* (Fn. 104) 943.

108 Vgl. zu den kontroversen Ansichten des tunesischen Gesetzgebers und des prominenten Juristen *Yusuf al-Qaradawi* (Fn. 49) 87 ff.

109 *Iqbal*, The Reconstruction of Religious Thought in Islam, Reprint Lahore 1986, 169 unter Verweis auf die einschlägigen Ausführungen in der hidayat des al-Marginani; vgl. *Ph. Lewis*, Islamic Britain, 132.

110 *El Alami/Hincliffe*, Islamic Marriage and Divorce Laws of The Arab World, London u. a. 1996, 29 f.

111 Vgl. „Islamischer Feminismus durch eine Politikerin im Aufwind", SZ v. 4. 3. 1997, 9.

112 Vgl. *Balić* (Fn. 37) 95.

Form sozialen Schutzes für unversorgte Hinterbliebene begründet. Die Voraussetzungen für diese Art von Schutz seien aber, so ein zeitgenössischer Autor, „in zivilisierten Ländern" mit der dort gewährleisteten sozialen Sicherung nicht mehr gegeben.[113]

Die Haltung des Islam zur polygamen Eheschließung ist nicht eindeutig. Das islamisch geprägte Tunesien hat sie schon 1957 verboten.[114] Die Begründung dafür bewegt sich in durchaus systemimmanenten Bahnen. Hierbei werden die Aussagen zweier Koranverse miteinander in Verbindung gebracht, wonach einerseits Polygamie nur zulässig ist, wenn der Ehemann seine Frauen gleich und gerecht behandelt[115], und wonach es dem Ehemann trotz innigen Wunsches nie gelingen könne, gerecht unter seinen Frauen zu sein.[116] Nach gegenwärtigem Stand sei die erforderliche Gleichbehandlung nicht möglich und Polygamie deshalb verboten.[117] Ein moderner Autor bemerkt hierzu, bereits im Koran sei die Ablehnung der Polygamie angelegt[118], deren Abschaffung in einem Zuge sei jedoch nicht möglich gewesen.[119] (Es sei aber auch die etwas ketzerische Bemerkung erlaubt, daß bei aller Problematik die rechtliche Stellung der Ehefrau in einer polygamen Ehe sicherer ist als die einer Geliebten in einer außerehelichen Beziehung mit einem verheirateten Partner. Das Institut der Polygamie soll damit gleichwohl nicht gerechtfertigt werden. Man sollte sich aber vor unangebrachter Selbstgerechtigkeit hüten.)

---

113 *Abdul Rahman Röseler*, Betrachtungen eines deutschen Muslim über den Islam, Islamisches Zentrum Hamburg 1978, 17.

114 Vgl. Art. 18 Personenstandsgesetz v. 1.1.1957; hierzu *Anderson* (Fn. 103) 49, 61 ff; *Weeramantry/Hadiyatullah*, Islamic Jurisprudence, London 1988, 69; *Forstner* (Fn. 107) 1 ff.

115 Sure 4, 129.

116 Sure 4, 3. Vgl. auch *Weeramantry/Hadiyatullah* (Fn. 114) 69.

117 Vgl. hierzu *Poulter*, Ethnicity, Law, and Human Rights: the English Experience, Oxford 1998, 195, 231; *Akashe-Böhme*, Die islamische Frau ist anders, 1997, 32.

118 Vgl. das Zusammenspiel von Sure 4, 3 und 4, 129.

119 *F. Rahman* (Fn. 97) 48.

In einer Entscheidung aus dem Jahre 1997[120] hat der ägyptische Verfassungsgerichtshof ausgesprochen, daß eine Frau ihren ehelichen Unterhaltsanspruch nicht verliert, wenn sie entgegen der Aufforderung ihres Ehemannes berufstätig bleibt. Die Ehefrau sei Lebenspartner des Ehemannes; ein Verbot der Berufstätigkeit könne eine Härte darstellen, ihr das Leben erschweren, die – gesellschaftlich nützliche – Arbeit öffne die Tür zu sinnvoller Aktivität durch Lernen und Erreichen neuer Horizonte. Die Angst davor, daß Frauen dadurch in Versuchungen geführt werden könnten, beruhe auf der irrigen Annahme, ihre Religion könne sie vor dergleichen nicht bewahren und berücksichtige nicht die Gleichheit von Mann und Frau, abgesehen von ihren natürlichen Unterschieden. Die Pflichten des Ehemannes schüfen kein Recht, die Ehefrau seinem Willen und seiner Autorität zu unterwerfen, weil Frauen wie Männer aufgerufen seien, sich an der Förderung des gesellschaftlichen Wohls zu beteiligen. Es finde sich keine interpretationsfeste Rechtsquelle, die den Unterhaltsanspruch der berufstätigen Ehefrau regle. Demnach habe der Gesetzgeber die Befugnis zu solcher Regelung.

Hieran zeigt sich, daß vorauseilender Gehorsam gegenüber vermeintlichen Religionsgeboten durchaus fehl am Platze ist. In England z. B. hat sich eine geschiedene kinderlose und arbeitsfähige Muslimin in einem Rechtsstreit[121] darauf berufen, daß es nach den für sie geltenden religiösen Geboten unangemessen sei, einer außerhäuslichen Tätigkeit nachzugehen. Eine solche Haltung mag es geben.[122] Sie wird aber nicht vom Islamischen Recht vorgeschrieben. Der Bundesgerichtshof (BGH)[123] hatte über die Frage zu entscheiden, ob die Mit-

---

120 Urteil v. 3. 5. 1997 (El Sayed Mohamed Moustafa v. The President of the Republic), Yearbook of Islamic and Middle Eastern Law 4 (1997–1998), 250.

121 *Khan v. Khan* [1980] 1 AllER, 497, 499.

122 Vgl. *Poulter* (Fn. 117) 209. Allerdings ist der muslimischen Frau eine solche Argumentation ohnehin nicht zu empfehlen. Man könnte sie nämlich darauf hinweisen, daß nach islamischem Unterhaltsrecht ihr Anspruch sehr schnell endet.

123 BGH NJW 1999, 135.

übernahme einer Zahlungsverpflichtung seitens einer türkisch-muslimischen Ehefrau wegen Ausnutzung innerfamiliären Drucks als sittenwidrig zu qualifizieren ist. Die Behauptung, in einer „typisch moslemischen Ehe" gelebt zu haben, läßt, so das Gericht, für sich genommen nicht auf einen konkreten Eingriff in die Entscheidungsfreiheit schließen.

Auch die Teilhabe beider Geschlechter am öffentlichen Leben ist ein wichtiges rechtspolitisches Thema der islamischen Welt. Im Februar 1999 wurde im Emirat Qatar mit dem Zentralen Gemeinderat (al-mağlis al-baladi) die Vorstufe zu einem parlamentarischen System mit aktivem und passivem Wahlrecht für Frauen eingeführt.[124] Widerständen der Orthodoxie trat der Emir mit der Bemerkung entgegen, der Islam unterscheide hier nicht zwischen Männern und Frauen.[125] Der obengenannte Hasan al-Turabi formuliert auf ähnlicher Linie in einem Interview, Demokratie, Parteien und freie Wahlen seien mit dem Islam gut vereinbar. Auch sei ein Ausschluß von Frauen aus der Politik islamisch nicht zu begründen. Vielmehr hätten Frauen auch in der islamischen Geschichte eine große Rolle gespielt.[126] Auch die türkische islamistische Tugend-Partei (Fazilet Partisi) ist im Parlament seit der Wahl vom 18. April 1999 mit drei weiblichen Abgeordneten vertreten.[127] Bemerkenswert erscheint hier, daß in den neunziger Jahren gleichzeitig drei Frauen in der islamischen Welt das Amt des Ministerpräsidenten bekleidet haben (Tansu Ciller, Türkei; Benazir Bhutto, Pakistan; Khalida Zia,

---

124 Vgl. „Ein erster Schritt auf dem Weg zu einer Parlamentswahl", FAZ v. 8.3.1999, 8; „Erfolglose Kandidatinnen", FAZ v. 10.3.1999, 10. Trotz hoher Beteiligung von Wählerinnen scheiterten indes die wenigen Kandidatinnen.

125 Vgl. „Volksvertretung nach westlichem Vorbild", FAZ v. 24.11.1998, 10.

126 „Eine Theokratie wird es nicht geben", Interview in Der Spiegel 21/1998, 190, 191, 194.

127 Vgl. „raqm qiyasi li-l-nisa' fi-l-barlaman al-turki al-ğadid", Al-Šarq al-Awsat v. 27.4.1999, 2.

Bangladesh), während dies im demokratischen Deutschland und in den meisten westlichen Ländern nach Abschaffung der Monarchie noch nie der Fall war.

Insgesamt eröffnet der Islam also einen breiten Spielraum für Interpretationen, die von der rigiden Zurückdrängung von Frauen in den häuslichen Bereich bis hin zur Gleichberechtigung in allen politischen, wirtschaftlichen und gesellschaftlichen Funktionen einschließlich der Übernahme der Regierungsgewalt reichen.[128] Wie im Christentum finden sich Belege für alle vertretenen Auffassungen. Die biblische Aussage „Die Weiber seien untertan ihren Männern als dem Herrn. Denn der Mann ist des Weibes Haupt, gleichwie auch Christus das Haupt ist der Gemeine (...) Aber wie nun die Gemeine ist Christo untertan, also auch die Weiber ihren Männern in allen Dingen" ist nicht mehr Grundlage moderner Rechtsetzung.[129] Vielmehr werden im Christentum, aber auch im Islam mehr und mehr die Aussagen in den Vordergrund gerückt, welche einen gleichberechtigten und respektvollen Umgang der Geschlechter miteinander fordern. („Ihr Männer, liebet eure Weiber, gleichwie Christus auch geliebet hat die Gemeine und hat sich selbst für sie gegeben"[130]; „Und die gläubigen Männer und Frauen sind untereinander Freunde"[131]; „Und sie [d. h.: die Frauen] sind für euch [d. h.: die Männer], und ihr für sie (wie) eine Bekleidung"[132]).

Hierbei soll nicht die unterschiedliche Texteinschätzung – Gottes eigenes Wort oder von Gott inspiriertes, von Menschen formuliertes Wort – verwischt werden. Jedoch entgeht auch die Auffassung der Texte als Gottes eigenes Wort nicht der Notwendigkeit, Textstellen unterschiedlichen Inhalts

---

128 Vgl. *Balić* (Fn. 37) 92f mwN.

129 Epheser 5, 22f; vgl. auch 1 Korinther 7, 4 (Das Weib ist ihres Leibes nicht mächtig, sondern der Mann); 11, 3 (der Mann aber ist des Weibes Haupt); 14, 34 (Schweigen in der Gemeinde) und schon 1 Mose 3, 16 (dein Verlangen soll nach deinem Manne sein, und er soll dein Herr sein).

130 Epheser 5, 25.

131 Sure 9, 71.

132 Sure 2, 187.

zum selben Gegenstand auszulegen und zueinander in Beziehung zu setzen. Aus rechtlicher Sicht ist dabei nicht der Text als solcher entscheidend, sondern seine Auslegung. Diese aber wird von Menschen besorgt. Immerhin können diejenigen, die sich um eine Besserstellung der Frauen bemühen, sich auf die unter Muslimen allgemein anerkannte Feststellung stützen, daß der Islam selbst eine weitreichende Verbesserung der Lebenssituation der Frauen mit sich gebracht habe. Die neuen Vorschriften zugunsten der Frauen werden gar als „feministischer Grundrechtekatalog" idealisiert.[133] Dieses Bestreben müsse nun durch zutreffende Interpretation nur noch zum Abschluß gebracht werden. Der wirkungsmächtige sudanesische „Islamist" Hasan al-Turabi formuliert, daß den Frauen durch Segregation und Isolation von der allgemeinen Gesellschaft die größte Ungerechtigkeit angetan werde.[134] In einem Bericht zu „100 Tage Frauenbeauftragte des Zentralrats der Muslime in Deutschland" weist der Zentralrat im selben Zusammenhang auf die Schwierigkeiten der Muslime hin, „daß wir gegen althergebrachte unislamische Sitten, Gebräuche und ‚Volkstraditionen' im eigenen Lager kämpfen müssen, die im Bewußtsein vieler Muslime unberechtigterweise den Status von ‚religiösen Traditionen' erlangten".[135]

Vor diesem Hintergrund kann man die in den Niederlanden entflammte Diskussion über religiös-kulturelle Gründe für Schwangerschaftsabbrüche nur als absonderlich bezeichnen. Die Gesundheitsministerin Borst hat im Jahre 1997 die Ansicht vertreten, daß Abbrüche – insbesondere im Hinblick auf ausländische Frauen – auch dann akzeptiert werden könnten, wenn das Embryo nicht das gewünschte Geschlecht habe.

---

[133] So bei *Minai*, Schwestern unterm Halbmond, 1984, 19.

[134] *Al-Turabi*, Women, Islam and Muslim Society, London 1991, 40; hierauf beruft sich *M. Hofmann* (Fn. 17) 147.

[135] „Muslimische Frauen in Deutschland – Theorie und Wirklichkeit", abgerufen am 7.9.2000 unter http://www.islam.de/D400_bibliothek/430_Publikationen/431_Zmd/im30.htm.

Der niederländische Muslim-Rat erklärte dazu, ein solcher Schwangerschaftsabbruch sei unakzeptabel. Frauen, die dadurch (d. h.: Schwangerschaft mit einem Mädchen) in Probleme geraten, müsse man auf andere Weise helfen.[136]

Andererseits bestehen natürliche Unterschiede zwischen den Geschlechtern, die auch von der Rechtsordnung zu berücksichtigen sind. Der Gleichbehandlungsgrundsatz fordert, Gleiches gleich zu behandeln, aber auch, Ungleiches ungleich zu behandeln. Man denke an die Befreiung von Frauen vom Militär- oder Feuerwehrdienst. Aus rechtlicher Sicht ist alleine bedeutsam, zwischen zu beachtenden natürlichen Unterschieden einerseits und abzulehnender kulturell bedingter Diskriminierung zu unterscheiden.

Das Islamische Recht ist wie gezeigt in der Lage, durch systemimmanente Rechtsneuinterpretation die Gleichberechtigung der Geschlechter durchzusetzen.[137] Die genannte iranische Parlamentarierin Fa'izeh Hašemi[138] formuliert, nicht der Koran verhindere die völlige rechtliche Gleichstellung von Mann und Frau, sondern das in der iranischen Gesellschaft herrschende Patriarchat. Dies ist ein wichtiges Ergebnis für Muslime auch in Deutschland und Europa. Wenn schon im Diskurs innerhalb der islamischen Welt die Gleichberechtigung der Geschlechter zu begründen ist[139], so kann ein „Leben" solcher Gleichberechtigung unter der Herrschaft

---

136 Vgl. „Streit über Abtreibung in Holland", SZ v. 21. 1. 1997, 9.

137 Vgl. zu den Grenzen der islamistischen Interpretation und ihrer Unvereinbarkeit mit den Menschenrechten jüngst *Aldeeb Abu Sahlieh*, Les mouvements islamistes et les droits de l'homme, 1998, 36 ff; für Muslime in Deutschland die gegenüber traditionellen Auffassungen kritische Stellungnahme von *v. Denffer*, Die Rechte und Pflichten von Mann und Frau im Islam, in: *ders.* (Hrsg.), Islam hier und heute, 3. Aufl. Köln 1991, 157, 158, 174 und öfter.

138 Tochter des vormaligen Staatspräsidenten Rafsandschani.

139 Vgl. zur Reform auch *Anderson*, Law Reform in the Muslim World, London 1976, 38 ff; *Balić*, Die innerislamische Diskussion zu Säkularismus, Demokratie und Menschenrechten, in: Ende/Steinbach (Fn. 15) 590 ff; *Lorenz Müller*, Islam und Menschenrechte, 1996, insbes. 193 ff, 213 ff, 239 ff, 321 ff; *M. Hofmann* (Fn. 17) 133 ff; *Karmi* (Fn. 57) 69, 80 ff.

einer anderen Rechtsordnung nicht unislamisch sein. Die Lebensumstände von muslimischen Frauen in Europa, aber auch z. B. in Tunesien, Syrien, oder der Türkei zeigen, daß die Position der Frau nicht vom Islam schlechthin bestimmt wird, sondern von den konkreten Lebensumständen in bestimmten Gesellschaftsschichten, Bildungsniveaus und Regionen.

Abschließend ist festzuhalten, daß die hier erörterten „Reizthemen" allesamt nicht notwendig zum rechtskulturellen Konflikt führen. Der Islam selbst läßt Interpretationen zu, die sich mit den Auffassungen freiheitlicher demokratischer Rechtsordnungen decken. Solche Interpretationen werden in islamischen Ländern, aber auch nicht zuletzt in der islamischen Diaspora entwickelt. Es gibt also keine strukturelle Unvereinbarkeit von Islam einerseits und dem demokratischen, den Menschenrechten verpflichteten Rechtsstaat andererseits. Damit bietet sich eine gute Grundlage für ein friedvolles Zusammenleben.

III. Die Muslime in Deutschland und Europa

Die muslimische Bevölkerung in den Ländern Europas ist nicht von einheitlicher Herkunft.[140] Auch unterscheiden sich die Anteile an der Gesamtbevölkerung deutlich. Weitgehend werden keine Statistiken nach der Religionszugehörigkeit der Bevölkerung geführt, so daß Schätzungen notwendig werden. Solche Schätzungen sind aber in der Größenordnung recht verläßlich, weil die zugewanderten Muslime meist aus Ländern stammen, in denen Muslime den größten Teil der Bevölkerung ausmachen – der Rückschluß von der Nationalität auf die Religionszugehörigkeit ist also sinnvoll.

In Deutschland leben annähernd drei Millionen Muslime. Gestützt auf die neuesten statistischen Angaben zum 31.12.1998 sind darunter fast 2,1 Mio. Muslime türkischer Staatsangehörigkeit, also ca. 2/3 der Gesamtzahl. Hinzu kommen jeweils ca. 100000 bosnische und iranische Muslime, 80000 marokkanische, 70000 afghanische, einige 10000 libanesische und palästinensische und 25000 tunesische Muslime; eine weitere beträchtliche Zahl stammt aus verschiedenen anderen nahöstlichen und afrikanischen Staaten. Die Zahl der albanischen Muslime schwankt aufgrund der aktuellen Entwicklung sehr stark. Von den Muslimen deutscher Staatsangehörigkeit sind mehrere Zehntausend bis 100000 deutscher Herkunft.[141] Hinzu treten mehr als

---

140 Vgl. *Landman*, Der Islam in der Diaspora: Europa und Amerika 1, in: Ende/Steinbach (Fn. 15) 556ff.

141 Angaben abgerufen am 11.4.2000 unter http://www.bma.bund.de/de/arbeit/auslaender/stat/bev2.htm; vgl. auch *Spuler-Stegemann*, Muslime in Deutschland, 41ff. Letztere Publikation ist v. a. nützlich im Hinblick auf das gesammelte und aufbereitete Datenmaterial.

200000 in den letzten Jahren eingebürgerte Muslime.[142] Mit der erfolgten Änderung des deutschen Staatsangehörigkeitsrechts ist damit zu rechnen, daß die Zahl deutscher Muslime in wenigen Jahren die Millionengrenze überschreiten wird.

Der Anteil der Türken ist also sehr gewichtig, die übrigen Muslime sind aber eine keineswegs zu vernachlässigende Größe. Zudem wird der Anteil türkischer Nationalität voraussichtlich durch Erwerb der deutschen Staatsangehörigkeit erheblich abnehmen.

Das Bild wird noch bunter dadurch, daß die Muslime unterschiedlichen Glaubensrichtungen innerhalb des Islam angehören. Unter den türkischen Staatsangehörigen mag ca. 1/5 bis 1/4 der schiitisch-alevitischen Richtung angehören (es gibt keine verläßlichen Zahlen), die Mehrheit zu den Sunniten unterschiedlicher Präferenzen zwischen strengem Schriftglauben und eher mystischen Richtungen zu zählen sein. Die iranischen Muslime sind fast ausschließlich Schiiten, die übrigen ganz überwiegend Sunniten, abgesehen von den Libanesen, bei denen ein größerer schiitischer Anteil zu vermuten ist. Eine beträchtliche Zahl von Muslimen pflegt eine eher lose religiöse Bindung, Atheisten mit islamischem kulturellem Hintergrund sind allerdings selten. Der Anteil religiös orientierter Muslime steigt nach neuesten Erkenntnissen gerade in der nachwachsenden Generation. Dies ergibt z. B. eine jüngst vorgelegte Untersuchung der Ausländerbeauftragten des Senats von Berlin.[143] So wird einerseits ein gerade in der jüngeren Generation ansässiger Türken wachsendes Interesse am Erwerb der deutschen Staatsangehörigkeit festgestellt; andererseits führt breit vorhandene Integrations-

---

142 Nach Angaben des Zentrums für Türkeistudien Essen in einer Pressemitteilung vom 7. 1. 1999 (http://www.uni-essen.de/zft/news/mitteilung/d_pm-99-01-07.html) haben alleine ca. 220000 türkische Zuwanderer die deutsche Staatsbürgerschaft angenommen.

143 Senatsverwaltung für Arbeit, Soziales und Frauen Berlin, die Ausländerbeauftragte, „Türkische Berlinerinnen und Berliner", Pressemitteilung v. 13. 1. 2000 zu einer repräsentativen Umfrage vom November/Dezember 1999.

bereitschaft nicht zum Verzicht auf religiöse Bindungen. Die Berliner Ausländerbeauftragte John deutet diese Erkenntnisse überzeugend so, daß hierin kein Rückzug ins kulturelle oder religiöse Ghetto liege, sondern eine Form autonomer Lebensgestaltung von Menschen, die in der deutschen Gesellschaft integriert sind, die ihre Identität aber auch in der Weiterführung kultureller Traditionen finden wollen.[144] Dies schlägt sich beispielsweise darin nieder, daß der regelmäßige Moscheebesuch in der Altersgruppe unter 30 Jahren binnen 6 Jahren von 28,3 % auf 37,9 % angestiegen ist.[145]

Parallelen zur Situation in Deutschland finden sich etwa in Frankreich (ca. 3,5 Mio. Muslime), Spanien (ca. 400000 Muslime[146]), dem Vereinigten Königreich („Großbritannien"; ca. 2,5 Mio. Muslime), den Niederlanden (ca. 700000 Muslime), Belgien (ca. 300000 Muslime) und Österreich (ca. 200000 Muslime). Dort repräsentieren die Muslime zwischen ca. 3 und 7 % der Bevölkerung.[147] Ähnlich wie in Deutschland ist der größte Teil der Muslime in Belgien und Österreich nach dem Zweiten Weltkrieg aus der Türkei, in Spanien in den letzten Jahren aus Nordafrika zunächst zur Arbeitsaufnahme zugewandert. In den ehemaligen Kolonialstaaten finden sich starke Anteile an Muslimen aus den vormaligen Kolonien, so vor allem Muslime vom indischen Subkontinent im Vereinigten Königreich, Muslime aus Nord- und Westafrika in Frankreich sowie Muslime aus dem heutigen Indonesien in den Niederlanden. Zu erheblichen Teilen besitzen sie die Staatsangehörigkeit des Aufenthaltslandes. In ganz Europa leben mehr als 30 Millionen Muslime.[148] Teilweise stellen sie seit vielen Jahrhunderten die Bevölkerungsmehrheit, so in

---

144 Vgl. auch *Şen/Goldberg*, Türken in Deutschland, München 1994, 74 und ff.

145 AaO, Frage 17, S. 19.

146 Telephon. Angaben von Herrn Abdul Hasib von der Comunidad Islámica en España vom 22.8.2000, gestützt auf Zahlen des spanischen Innenministeriums.

147 Angaben nach Der Spiegel 48/1998, 171.

148 Angaben nach Der Spiegel 48/1998, 171.

Albanien, im tatarischen Siedlungsgebiet Rußlands, in der Türkei und in Teilen von Bosnien-Herzegowina.

Summarisch ist festzustellen, daß in Deutschland und den Mitgliedstaaten der EU bemerkbare muslimische Bevölkerungsanteile erst seit Mitte des 20. Jahrhunderts existieren[149] und daß sie im Schnitt weniger als 5 Prozent der Gesamtbevölkerung ausmachen. Die Entwicklung der letzten 10 Jahre läßt den Schluß zu, daß eine nennenswerte Steigerung des Anteils durch dauerhafte Zuwanderung (also abgesehen von Kriegsflüchtlingen wie den überwiegend wieder zurückgekehrten Bosniern und Kosovo-Albanern) nicht zu erwarten ist. Einer gesicherten Erkenntnis aus der Migrationsforschung zufolge pflegt sich auch die Kinderzahl den in der Umgebung vorherrschenden Verhältnissen anzupassen, nicht zuletzt dem nach dem herrschenden Niveau von Bildung und sozialer Absicherung. Einziger „Unsicherheitsfaktor" insbesondere aus der Sicht Deutschlands, Österreichs, der Niederlande und Belgiens ist die seit dem Beschluß von Helsinki am 10.12.1999 im Grundsatz mögliche Vollmitgliedschaft der Türkei in der EU.[150] Sollte hier in absehbarer Zeit die Freiheit zur Arbeitsaufnahme und zur Niederlassung eingeräumt werden, ist eine erhebliche Zahl von Zuwanderern in Länder mit jetzt schon starkem Anteil an Türken zu erwarten. Dies könnte Folgen für die Integration der bereits ansässigen Türken haben. Die Gefahr einer Ghettobildung würde dadurch nicht eben geringer. Auch hier scheint das Erfordernis geregelter Zuwanderung noch an Bedeutung zu gewinnen. So wenig es im Interesse Deutschlands und anderer europäischer Staaten liegen kann, sich einer (geregelten) Zuwanderung zu verschließen, so wenig ist es angebracht, den Integrationspro-

---

149 Vgl. zur Zuwanderung einzelner in früheren Zeiten die einschlägigen Beiträge in *Höpp* (Hrsg.), Fremde Erfahrungen. Asiaten und Afrikaner in Deutschland, Österreich und in der Schweiz bis 1945, Berlin 1996.

150 Vgl. zu dieser Entwicklung *Steinbach*, Die Außenpolitik der Türkei, in: Landeszentrale für politische Bildung Baden-Württemberg (Hrsg.), Die Türkei vor den Toren Europas, Der Bürger im Staat Heft 1/2000, 50ff.

zeß durch zahlenmäßige Überforderung zu behindern oder gar auszuschließen. Dabei ist zu bedenken, daß ein erheblicher Teil der von den Ansässigen zu erbringenden Integrationsleistungen auf die finanziell und sozial eher schlechter situierten und weniger gebildeten Bevölkerungsanteile in den Großstädten entfällt.[151]

---

151 Vgl. Deutsche Shell AG (Hrsg.), Jugend 2000, Opladen 2000, 239f.

IV. Grundlagen und Formen rechtlicher Koexistenz zwischen Muslimen und Nichtmuslimen

1. Modelle rechtlicher Koexistenz

Wenn Zuwanderer auf eine ansässige Bevölkerung treffen, sind im Grundsatz vier modellartige Formen des Zusammenlebens denkbar.[152] Das erste Modell ist das der *Assimilation*: Die Zuwanderer geben ihre abweichende kulturelle Identität auf und passen sich den Ansässigen in vollem Umfang an. Das Gegenmodell hierzu wäre die kulturelle *Überlagerung*, welche den bisherigen kulturellen Kontext grundlegend verändert. Ein drittes Modell ist die *Segregation:* Einheimische und Zuwanderer bleiben weitgehend getrennt und wahren ihre jeweilige Identität. Ein nicht völlig gegensätzliches Modell hierzu ist das der *Akkulturation:* Hierbei wandeln sich Ansässige und Zuwanderer und ihre jeweiligen Kulturen in einem Prozeß gegenseitiger Verständigung.[153]

Das „Modell" der Überlagerung würde aus rechtlicher Sicht bedeuten, daß die bestehende Rechtsordnung durch die

---

[152] Vgl. zu den unterschiedlichen Handlungsmodellen in Europa *Schnapper*, Muslim Communities, Ethnic Minorities and Citizens, in: Lewis/Schnapper (Hrsg.), Muslims in Europe, London 1994, 148, 149ff; *Foblets*, Community Justice among Immigrant Family Members in France and Belgium, in: Kuppe/Potz (Hrsg.), Law & Anthropology 7 (1994), 371; *Abdulrahim*, Islamic Law, Gender and the Policies of Exile. The Palestinians in West-Berlin, in: Mallat/Connors (Hrsg.), Islamic Family Law, London 1990, 181 ff.

[153] Vgl. hierzu *Heckmann*, Nation und Integration von Migranten in Deutschland, in: Türkei-Programm der Körber-Stiftung (Hrsg.), Was ist ein Deutscher? – Was ist ein Türke?, Deutsch-türkisches Symposium 1997, Hamburg 1998, 181 ff.

der Zuwanderer ersetzt wird. Es kann für weitere Überlegungen ausscheiden, weil es keine Grundlagen in der Lebenswirklichkeit findet. Geschichtliche Beispiele für Überlagerung finden sich in der Regel bei gewaltsamer Übernahme der Herrschaft durch zugewanderte Gruppen oder bei zahlenmäßiger Überlegenheit der Zuwanderer (z. B. in der Völkerwanderungs- und Kolonialzeit). Von beidem kann in Deutschland und Europa nicht die Rede sein, abgesehen davon, daß die Zuwanderer keineswegs eine in sich geschlossene Gruppe bilden (vgl. schon Kap. III).

Viele Alteingesessene mögen dem Modell einer vollständigen Assimilation den Vorzug geben. Veränderungen werden scheinbar überflüssig, Gewohntes bleibt erhalten. Die alte Forderung, sich in Rom wie ein Römer zu verhalten („when in Rome, do as the Romans do"), besitzt ja auch einen plausiblen Kern. Die bestehenden Rechtsordnungen in Deutschland und anderen europäischen Ländern unterstützen dieses Modell jedoch aus gutem Grund nur teilweise. Zutreffend daran ist, daß die Verfassungsordnungen europäischer Staaten einen territorialen Anspruch erheben: Alle Menschen, die sich auf dem Territorium eines Staates aufhalten, unterliegen im Grundsatz denselben Rechtsregeln (vgl. zum Kern der deutschen Rechtsordnung Kap. V.2.h)aa); zu Ausnahmen Kap. V.1.c). Das bedeutet auch, daß es auf der Ebene der obersten Rechtssätze keine Gleichberechtigung mit Rechtsgrundsätzen anderer Herkunft gibt: Der jeweilige Aufenthaltsstaat entscheidet allein, ob und inwieweit „fremdes" Recht Anwendung finden kann. Die Rechtsordnung ist also nicht „multikulturell". Dies heißt aber keineswegs, daß fremde Rechtssätze und kulturelle Prägungen generell ferngehalten werden. Im Gegenteil eröffnen die liberalen Verfassungen Europas und nicht zuletzt Deutschlands breite Freiräume für eine individuelle, nicht staatlich bestimmte Lebensgestaltung und für die Wahrung eigener vertrauter Maßstäbe in der Lebensführung. Man kann von einer „kulturoffenen Verfassung" sprechen, deren Grundlagen jedoch einem beliebigen Wettbewerb der Rechtsvorstellungen verschlossen sind.[154] Zu diesen unverzichtbaren Grundlagen zählen die Unantastbarkeit der Menschenwürde, das Demokratie-, Rechts- und Sozialstaatsprinzip mit Rechtsbindung aller Staatsgewalt, Gewaltenteilung, Herrschaft auf Zeit, Mehrheitsentscheidung und Minderheitenschutz sowie die wesentlichen Elemente der Grundrechte wie z. B. die Gleichberechtigung der Geschlechter, die Meinungs-, Glaubens- und Bekenntnisfreiheit, der Schutz von Ehe und Familie usw.

Für das hier behandelte Thema sind zwei Bereiche von zentraler Bedeutung: zum einen die verfassungsrechtlich garantierte Religionsfreiheit, zum anderen die sonstigen Grundrechte, welche dem einzelnen die Gestaltung seiner Lebensverhältnisse nach eigenen religiösen oder ethischen Maßstäben ermöglichen. Die bestehenden Rechtssysteme bilden also ein Mischsystem aus Assimilationsforderung und Akkulturation – so werden sich Alteingesessene an den Anblick von Moscheen gewöhnen müssen, wenngleich die Rechtsordnung keinen Freibrief für die Errichtung von Moscheen jeder Gestalt und an jedem Ort ausstellt (hierzu Kap. V.2.a).

Rechtspolitisch vorstellbar wäre schließlich auch ein Segregationsmodell, das in einzelnen Fragen auch tatsächlich umgesetzt ist. So führen die Regelungen des Internationalen Privatrechts bei grenzüberschreitenden Rechtsfragen in einer Vielzahl von Fällen (z. B. bei gemischt-nationalen Ehen) zur Anwendung ausländischen, auch islamisch geprägten Sachrechts (vgl. Kap. V.1.c). In anderen Bereichen wie dem Strafrecht ist solches „Entgegenkommen" ausgeschlossen (vgl. Kap. V.2.i). In vielen Ländern des islamischen Kulturkreises existiert bis heute ein solches Trennmodell. Wichtige Bereiche des Rechts, insbesondere Personenstands-, Familien- und Erbrecht, werden von den Religionsgemeinschaften geregelt und verwaltet. Christen schließen und führen also z. B. ihre Ehen nach maronitischem, römisch-katholischem, grie-

---

[154] *Kirchhof*, Offenheit und Gebundenheit des demokratischen Rechtsstaats, in: Hailbronner u. a. (Hrsg.), Multikulturelle Gesellschaft und Wertegesellschaft 1, 6.

chisch-orthodoxem oder syrisch-orthodoxem Recht, Muslime nach islamischem Recht in der jeweiligen geltenden Ausprägung. Auf solche Formen der Koexistenz aufbauend wird in Deutschland gelegentlich von türkischer Seite gefordert, die türkische Bevölkerungsgruppe als nationale Minderheit anzuerkennen, wobei nicht selten Türkentum und Islam einfach (und fälschlich) gleichgesetzt werden.

Die Einführung einer religiös orientierten Mehrrechtsordnung für Deutschland und die Mitgliedstaaten der EU stellt jedoch keine realistische oder auch nur wünschenswerte Option dar. Hierbei entstünden mehrere parallel geltende Sachrechtsordnungen auf zunächst gleicher Ebene. Solche Ordnungen mögen sinnvoll und historisch vielleicht sogar vorbildlich sein, wenn Rechts- und Gesellschaftsordnungen an die Religionszugehörigkeit der Betroffenen anknüpfen und diesen Freiheitsrechte einräumen, welche ansonsten verloren wären. Insoweit wird der religiös begründete Verzicht auf eine einheitliche Rechtsordnung zum Friedens- und Integrationsfaktor.

Jedoch ergeben sich dabei in jedem Falle Probleme eines interreligiösen Kollisionsrechts. Welche von mehreren in Betracht kommenden Rechtsordnungen soll über Fälle entscheiden, an denen Angehörige unterschiedlicher Religionsgruppen beteiligt sind? Die politisch mächtigste Religionsgruppe wird das Letztentscheidungsrecht ihrer Rechtsordnung durchsetzen. In Ägypten führt dies beispielsweise zu dem kuriosen Ergebnis, daß das im Familienrecht dominierende islamische Recht auch über familienrechtliche Beziehungen zwischen Christen unterschiedlicher Konfession herrscht.[155] Ein solches Letztentscheidungsrecht ließe sich

---

155 Vgl. *Bergmann/Ferid* (Fn. 106) Länderbericht Ägypten, 8f; *Wähler*, Internationales Privatrecht und interreligiöses Kollisionsrecht, IPRax 1981, 163f; zum Selbstverständnis des Islamischen Rechts als herrschendes Recht in Familienbeziehungen *Demosthenous-Pashalidou*, Rechtskollisionen bei der Auflösung von Mischehen zwischen Muslimen und Andersgläubigen, Der Islam 76 (1999), 313, 315ff.

auf der Grundlage deutschen und europäischen Verfassungsrechts kaum etablieren. Bereits die Religionszugehörigkeit als Anknüpfungspunkt für bürgerlich-rechtliche Rechtsverhältnisse wäre bedenklich. Jedenfalls aber könnte das Islamische Recht – in seinen einzelnen Ausprägungen – rechtspolitisch nicht als gleichberechtigte Materie aufgenommen werden. Im Inland geschlossene polygame Ehen, die teils weitreichende Vormundschaft männlicher gesetzlicher Vertreter für die Braut, einseitige Ehescheidung durch den Ehemann, weitestgehende pauschale Zuordnung der Vermögenssorge und weitgehende Zuordnung der Personensorge für minderjährige Kinder an den Vater oder die pauschale Halbierung der Erbanteile von weiblichen Nachkommen als Ausgleich für mangelnde Unterhaltspflichten stehen den Grundsätzen europäischer Rechtsordnungen entgegen (hierzu noch ausführlicher in Kap. V.1.c). Dies gilt ungeachtet der erheblichen Entwicklungspotentiale des Islamischen Rechts, das in diesen Bereichen eine erhebliche Verbesserung der Rechtsposition von Frauen mit sich gebracht hat (hierzu oben Kap. II.2., 3.d). Wäre ein solches Recht nämlich erst einmal etabliert, könnte auch eine sehr unwahrscheinliche, aber nicht gänzlich auszuschließende extremistische Binnenentwicklung nur noch unter großen Schwierigkeiten verhindert werden. Eine Übernahme verfassungskonformer Institute des Islamischen Rechts nach spanischem Muster ist damit nicht ausgeschlossen (hierzu Kap. V.1.c).

Die Voraussetzungen für die generelle Anerkennung religiös orientierter Zivilrechtsordnungen liegen in den Mitgliedstaaten der EU nicht vor. Anders als in den Staaten mit religiösen Mehrrechtssystemen besteht in den Mitgliedstaaten der EU eine mittlerweile jahrhundertealte *juristische* Leitkultur (der thüringische Ministerpräsident Vogel spricht treffend von der für alle geltenden „Hausordnung"). Die sinnvolle und wünschenswerte Anerkennung rechtskultureller Unterschiede erfolgt im Rahmen des Kollisionsrechts (Internationalen Privatrechts), soweit es nicht an den Aufenthalt der Betroffenen, sondern an ihr Herkunftsrecht anknüpft (vgl.

Kap. V.1.c). Zudem sind Entwicklungen eines islamisch orientierten Zivilrechts in dem weiten vom Bürgerlichen Recht gespannten Gestaltungsrahmen ohne weiteres möglich und finden bereits statt (vgl. Kap. V.1.a). Zusätzlich können bei Bedarf punktuelle Reformen durchgeführt werden (hierzu Kap. V.1.c).

Zudem ist zu bedenken, daß die – in sich durchaus heterogene – Gruppe von Muslimen türkischer Staatsangehörigkeit[156] weniger als 3/4 der Muslime in Deutschland ausmacht; andere Gruppen kommen hinzu. Festzuhalten bleibt also, daß für eine Vielzahl von Fragen der rechtlichen Integration nicht die „Türken", sondern die „Muslime" bzw. einzelne muslimische Gruppierungen wie Sunniten, Schiiten, Aleviten oder Ahmadis[157] die zutreffende Bezugsgruppe darstellen. So scheidet die Anerkennung von Muslimen als nationale Minderheit schon wegen der Heterogenität dieser Bevölkerungsgruppe aus. Welcher Minderheit sollten auch die Muslime deutscher Staatsangehörigkeit zuzurechnen sein?

Nach alledem kommt für die *rechtliche* Position der Muslime nur ein Kombinationsmodell aus Assimilation und Akkulturation in Betracht. Die eigentliche Schwierigkeit liegt darin, das Mischungsverhältnis im einzelnen rechtskonform und rechtspolitisch akzeptabel auszutarieren. Plakativ zugespitzt läßt sich die Frage formulieren, ob das deutsche Recht „islamisiert" wird oder ob der Islam in Deutschland eine

---

[156] Vgl. nur *Şen/Goldberg* (Fn. 144) 73; *Şen,* Die Folgen zunehmender Heterogenität der Minderheiten und der Generationsaufspaltung, in: Heitmeyer/Dollase (Hrsg.), Die bedrängte Toleranz, Frankfurt a. M. 1996, 261 ff.

[157] *Schmucker* (Fn. 84) 667 ff, 681 ff; *Endreß,* Der Islam, 3. Aufl. 1997, 47 ff; *Halm,* Der schiitische Islam, 1994; die Nachweise in Fn. 15; Artikel Nusayriyya (Alewiten, *H. Halm*), Ahmadiyya (*W. C. Smith*), Shi'a (*W. Madelung*) in: Encyclopedia of Islam II, Leiden 1986; vgl. auch Jonker (Hrsg.), Kern und Rand. Religiöse Minderheiten aus der Türkei in Deutschland, 1999; zur Selbstdarstellung der Ahmadis *Nasir Ahmad,* Ahmadiyya, eine Bewegung des Islams, Frankfurt 1993.

deutsche Prägung annimmt. Es wird sich jedoch zeigen, daß es zu solcher Zuspitzung überhaupt nicht kommen muß. Dabei dürfte schon vorab unstreitig sein, daß im Recht wie beim Modell der Akkulturation insgesamt in aller Regel nicht gleichgewichtige Veränderungen auf seiten der Ansässigen und der Zuwanderer erwartet werden können. Wer neu hinzukommt, trägt meist den größten Teil der Anpassungslast. Nach einer Umfrage in Deutschland aus dem Jahr 2000[158] – noch vor der aktuellen politischen Debatte, zu der hier nicht Stellung genommen werden kann – sprechen sich fast 2/3 der Befragten aller Altersgruppen für die Anerkennung einer „deutschen Leitkultur" aus, wobei Sitten und religiöse Überzeugung zugewanderter Ausländer größtmögliche Toleranz genießen sollen (!); nur 1/4 der Befragten wendet sich gegen eine solche – ja gerade durch weitreichende Anerkennung kultureller Unterschiede geprägte – „Leitkultur". Dies ist fast allen Zuwanderern zu allen Zeiten klar gewesen, und sie richten sich auch weitgehend danach. Allerdings gelingt diese weitgehende Annäherung an die Aufnahmegesellschaft in der Regel nur dann, wenn der Zuwanderer in seiner Persönlichkeit anerkannt wird. Hierzu zählt nicht zuletzt die religiöse Prägung, solange sie sich friedlich artikuliert. Hier liegt das eigentliche Spielfeld der rechtlichen Anerkennung des Islam in Deutschland und Europa (zur rechtlichen Seite der Leitkultur-Debatte vgl. insbesondere die Ausführungen zu Moscheebau und Gebetsruf in Kap. V.2.a). Die europäischen Rechtsordnungen als grundlegende Kulturelemente zeichnen sich gerade dadurch aus, daß sie innerhalb eines festen äußeren Rahmens kulturelle Vielfalt ermöglichen.

Zugleich ist davor zu warnen, erkennbare Integrationsdefizite ohne weiteres auf die religiöse Vorprägung zurückzuführen.[159] Eines der wesentlichsten Hemmnisse für die Integra-

---

158 „Von Luftballons und Schicksalsfragen", FAZ v. 19.4.2000, 5 (Umfrage des Instituts für Demoskopie Allensbach – Dr. R. Köcher).

159 Auch eine vielzitierte, in ihrem methodischen Ansatz teilweise an-

tion im Sinne einer Teilhabe am gesellschaftlichen Leben sind mangelnde Kenntnisse der deutschen Sprache. Mit Religionsfragen hat das nichts zu tun. Auch wird die Integration z. B. junger türkischstämmiger Menschen stark davon abhängen, ob sie im Sportverein, in der Schulklasse, im Jugendhaus oder am Eingang zur Diskothek an ihrer individuellen Person oder aber an Haarfarbe, Gesichtsschnitt oder Kleidung gemessen werden. Integration verlangt ja einerseits die Bereitschaft, sich einzufügen, aber gleichermaßen auch die Möglichkeit, überhaupt „hineingelassen" zu werden. Dies wiederum setzt voraus, daß Muslime sich von immer wieder formulierten pauschalen Vorurteilen (darin einig mit links- und rechtsradikalen Systemkritikern) gegenüber einer angeblich durch und durch materialistischen, selbstsüchtigen und unmoralischen Umwelt[160] lösen. Wer für sich in Anspruch nimmt, an eigenen Überzeugungen und am eigenen Verhalten und nicht an Stereotypen gemessen zu werden, muß diese

---

greifbare Untersuchung aus jüngerer Zeit (*Heitmeyer u.a.*, Verlockender Fundamentalismus, Frankfurt a. M. 1997) differenziert zwischen einer eher befriedenden Rolle eines eigenen religiösen Überlegenheitsanspruchs, der religiösen Ummäntelung sozial motivierter Gewaltbereitschaft und religiös motivierter Gewaltbereitschaft (aaO, 131 f); zur Kritik an der Studie vgl. *Alacacioglu,* Deutsche Heimat Islam, Münster u. a. 2000, 15ff; *Kecskes*, Soziale und identifikative Assimilation türkischer Jugendlicher, Berliner Journal für Soziologie 1/2000, 61 („wissenschaftlich konstruierte(r) Überschuß an ethnisch-kulturellen Konflikten"); Zentralinstitut Islam-Archiv Deutschland eV, Moslemische Revue 21 (2000), 145 mit abweichenden Ergebnissen eigener Umfragen (deren Befragtenzahl leider nicht benannt wird).

160 Vgl. nur die Äußerungen von *Syed Abul Hasan Ali Nadwi*, abgedruckt in The Role and Responsibilities of Muslims in the West, Leicester 1993, 13, sowie die unsäglichen Äußerungen in einem muslimischen Aufsatzwettbewerb in Großbritannien zum Thema Strafrecht (*Abdullah Mohammed* in: The Federation of Students Islamic Societies, Essays on Islam, Essay Competition, Winning Entries 1995, Leicester 1995, 14, 37): dort wird vom Träger des ersten Preises ein muslimischer Autor mit der Aussage zitiert, Europäer hätten Angst vor der Anwendung islamischer (Straf-)Rechtsnormen, weil sie selbst von krimineller Natur seien und darauf bestünden, nicht zu rechtfertigende Verbrechen zu begehen.

Bereitschaft zur Differenzierung auch selbst aufbringen. Beispielhaft hierfür sei der Appell der engagierten Muslimin Nura Ğa'abillah genannt, die Mäßigung und Gerechtigkeit in der Beurteilung der umgebenden Gesellschaft fordert und dringend dazu rät, sich von der für die Kindererziehung nachteiligen Illusion einer Rückkehr ins Herkunftsland zu lösen.[161] Bereitschaft zur gegenseitigen Verständigung und zur individuellen Wahrnehmung darf sich von der unauslöschlichen Universalität der Dummheit nicht entmutigen lassen; es soll nicht das arabische Sprichwort letzte Geltung haben, welches besagt, daß es für jede Krankheit ein Heilmittel gebe außer für die Dummheit, welche noch denjenigen anstecke, der sie zu heilen sucht.

All diese Fragen sind bedeutsam, jedoch nicht Gegenstand dieses Buchs. Wichtig ist aber die Erkenntnis, daß es zumeist nicht religiöse Gründe sind, welche einer Integration im Wege stehen.[162] Daß die anderen Gründe, die durchaus bei allen Beteiligten zu suchen sind, möglichst beseitigt werden sollten, ist selbstverständlich.

2. Grundlagen und Reichweite der Religionsfreiheit

In Deutschland und den anderen Mitgliedstaaten der EU sowie den meisten anderen Staaten Europas herrscht Religionsfreiheit. In den Vertragsstaaten der Europäischen Menschenrechtskonvention (EMRK) gilt deren Artikel 9[163]:

---

161 *Nura Ğa'abillah*, al-tawasul bayna al-ağyal fi dawʿ waqiʿ al muslimin fi al-gharb, Al-Europiya Nr. 21 (Oktober 2000), 17,19.

162 Selbst die sehr islamkritische Heitmeyer-Studie (vgl. Fn. 159) sieht wesentliche Ursachen für religiös fundierte Gewaltbereitschaft in fremdenfeindlicher Gewalt und Verweigerung einer kollektiven Identität durch die Mehrheitsgesellschaft, konkrete Diskriminierungserfahrungen und negative Folgen der gesellschaftlichen Modernisierungsprozesse (aaO, 183 f).

163 Vgl. die Texte und Erläuterungen bei *Frowein/Peukert*, Europäische Menschenrechtskonvention, Kommentar, Kehl u. a. 1985.

1. *Jedermann hat Anspruch auf Gedanken-, Gewissens- und Religionsfreiheit; dieses Recht umfaßt die Freiheit des einzelnen zum Wechsel der Religion oder der Weltanschauung sowie die Freiheit, seine Religion oder Weltanschauung einzeln oder in Gemeinschaft mit anderen öffentlich oder privat, durch Gottesdienst, Unterricht, Andachten und Beachtung religiöser Gebräuche auszuüben.*
2. *Die Religions- und Bekenntnisfreiheit darf nicht Gegenstand anderer als vom Gesetz vorgesehener Beschränkungen sein, die in einer demokratischen Gesellschaft notwendige Maßnahmen im Interesse der öffentlichen Sicherheit, der öffentlichen Ordnung, Gesundheit und Moral oder für den Schutz der Rechte und Freiheiten anderer sind.*

Da der Religionsschutz der deutschen Verfassung eher weiter reicht als derjenige der EMRK, soll diese hier nicht weiter erläutert werden.

Das Maß an Trennung zwischen Staat und Religion ist in Europa nicht völlig einheitlich. Der sehr strikten Trennung in Frankreich einerseits und den Staatskirchenverfassungen anderer europäischer Staaten andererseits steht ein Mischsystem in Deutschland gegenüber, das als „hinkende" Trennung zwischen Staat und Religion charakterisiert wird. Bereits der Gottesbezug in der Präambel des Grundgesetzes (vgl. im folgenden unter 3.) macht den Stellenwert der Religion auch in einem säkularen, dem Neutralitätsgebot verpflichteten Staatswesen deutlich. Das Gebot zur Neutralität wird seinerseits vor allem vor dem Hintergrund jahrhundertelanger, konfessionell begründeter Verfolgung und Kriege in Europa verständlich.[164] Dieses Neutralitätsgebot ist eine Errungenschaft, die eine über bloße Toleranz hinausgehende Gleichberechtigung und damit erst wirkliche Religionsfrei-

---

164 Vgl. nur *Link*, Die „Kruzifix"-Entscheidung des Bundesverfassungsgerichts, NJW 1995, 3353.

heit ermöglicht. Nach der zutreffenden Formulierung von H. Bielefeldt ist die säkulare rechtsstaatliche Ordnung unerläßliche Voraussetzung für volle Religionsfreiheit.[165]

Zentrale Verfassungsnorm in Deutschland ist Art. 4 GG, dessen erste beiden Absätze hier maßgeblich sind:

Abs. 1 Die Freiheit des Glaubens, des Gewissens und die Freiheit des religiösen und weltanschaulichen Bekenntnisses sind unverletzlich.

Abs. 2 Die ungestörte Religionsausübung wird gewährleistet.

Nach wohl einhelliger Meinung genießen alle Religionen, also nicht nur die traditionell im Lande vertretenen, verfassungsrechtlichen Schutz. Dies gilt im Grundsatz auch in anderen europäischen Staaten.[166] Durch Art. 4 GG erhält nicht nur die innere religiöse Überzeugung, sondern auch die religiös motivierte, von anderen wahrnehmbare Betätigung verfassungsmäßigen Schutz. Glaubensfreiheit ist also – gerade auch im säkularen Rechtsstaat – mehr als bloße religiöse Toleranz.[167] Sie beschränkt sich auch nicht auf die religiöse Praxis im „stillen Kämmerlein", sondern umfaßt auch „das Recht des einzelnen, sein gesamtes Verhalten an den Lehren seines Glaubens auszurichten und seiner inneren Glaubensüberzeugung gemäß zu handeln"[168]. Dies schließt auch religiöse Überzeugungen ein, die eine ausschließlich religiös motivierte Reaktion in einer konkreten Lebenssituation zwar nicht zwingend erfordern, die diese Reaktion aber für das beste Mittel zur Bewältigung dieser Situation halten.[169] Nach gefestigter Rechtsprechung des deutschen Bundesverfassungsgerichts besteht der Schutz des Art. 4 GG unabhängig

---

165 *Bielefeldt*, Muslime im säkularen Rechtsstaat (Hrsg. Die Ausländerbeauftragte des Landes Bremen), 1999, insbes. 6.

166 Vgl. für die Schweiz BGE 119, Ia 178 = EuGRZ 1993, 400.

167 Vgl. *Bielefeldt* (Fn. 165).

168 BVerfG NJW 1972, 327, 329.

169 Fn. 168.

von der zahlenmäßigen Stärke oder der sozialen Relevanz einer religiösen Vereinigung.[170]

Wie die anderen verfassungsmäßigen Grundrechte ist auch die Religionsfreiheit als subjektives Abwehrrecht gegen mögliche Eingriffe des Staates entstanden.[171] Jedoch bildet sie auch ein Element der objektiven Rechtsordnung und wirkt damit auch in privatrechtliche Verhältnisse wie z. B. Arbeitsverträge hinein (sog. „Drittwirkung" der Grundrechte).[172] Erst recht gilt dies für den Staat im Verhältnis zu seinen Bediensteten. Davon sind auch Beamte nicht ausgenommen, denen zu Recht eine besondere Loyalitätspflicht abverlangt wird. Das Grundrecht auf Religionsfreiheit weist einen unmittelbaren Bezug zur Menschenwürde auf.[173] Zumindest aus diesem Grund kann sich auch der Beamte individuell darauf berufen.

In mehreren Entscheidungen hat das Bundesverfassungsgericht zudem bekräftigt, daß sich die Religionsfreiheit nicht in diesen Wirkungen erschöpft. Vielmehr ist der Staat verpflichtet, selbst Raum für die aktive Betätigung der Glaubensüberzeugung zu sichern.[174] Den verfassungsrechtlichen Schutz genießen nicht nur Individuen. Er steht in weitem Umfang auch inländischen juristischen Personen (z. B. eingetragenen Vereinen) zu, welche die Pflege oder Förderung eines religiösen Bekenntnisses oder die Verkündigung des Glaubens ihrer Mitglieder zum Zweck haben.[175] Auch solche Vereinigungen

---

[170] Fn. 168 mwN.

[171] Vgl. v. Münch/Kunig- *v. Münch*, Grundgesetz-Kommentar, 4. Aufl. 1992, Art. 4 Rn. 3; *Zippelius*, Bonner Kommentar (Loseblattslg.), Art. 4 Rn. 63.

[172] Vgl. v. Münch/Kunig- *v. Münch* (Fn. 171) Art. 4 Rn. 5; *Steiner*, Der Grundrechtsschutz der Glaubens- und Gewissensfreiheit, JuS 1982, 157, 164.

[173] Vgl. BVerfGE 35, 366, 376; *Kästner*, Religiös akzentuierte Kleidung des Lehrpersonals staatlicher Schulen, in: Kästner (Hrsg.), Festschrift für Martin Heckel, Tübingen 1999, 359, 361 mwN; *Halfmann*, Der Streit um die „Lehrerin mit Kopftuch", NVwZ 2000, 862, 863.

[174] BVerfGE 41, 29, 49; *Heckel*, Religionsunterricht für Muslime?, JZ 1999, 741, 744.

[175] BVerfGE 19, 129, 132; vgl. auch v. Münch/Kunig-*v. Münch* (Fn. 171) Art. 4 Rn. 8 ff.

können demnach eigenständig ihre Rechte gegen den Staat geltend machen.[176]

Wer sich auf das Grundrecht der Religionsfreiheit beruft, muß bei rechtlichen Streitigkeiten nötigenfalls darlegen können, daß die Motive seines Begehrens auf einer bindenden *religiösen* Verpflichtung beruhen. Der Inhalt der religiösen Verpflichtung und der hierdurch ausgelöste mögliche Gewissenskonflikt muß hinreichend konkret und objektiv nachvollziehbar sein.[177] Rein subjektive oder nicht in der Religion begründete Vorstellung genießen nicht den Schutz des Art. 4 GG. Andererseits darf der Staat – also auch die Gerichtsbarkeit – keine Bewertung von Glaubenshaltungen oder eine Überprüfung der theologischen „Richtigkeit" vornehmen.[178] Es kommt also nicht darauf an, ob eine religiöse Überzeugung nur von einer kleinen Zahl von Gläubigen vertreten wird oder ob sie die Mehrheitsmeinung widerspiegelt (zu Einzelfällen solcher Abwägung insbesondere bei den Vorschriften über die Schlachtung von Tieren vgl. Kap. V.2.e). Die gesellschaftlichen Auswirkungen der Glaubenshaltung beeinträchtigen grundsätzlich nicht die Schutzfähigkeit der religiösen Überzeugung, sind also aus rechtlicher Sicht unbeachtlich (vgl. zum möglichen Problemfall der Bekleidungsvorschriften unten Kap. V.2.c). Anderes gilt nur dann, wenn solche Auswirkungen im Widerspruch zu anderen Wertentscheidungen der Verfassung stehen und das Gemeinwesen oder Grundrechte Dritter dadurch fühlbar beeinträchtigt werden.[179]

Geschützt ist auch die Freiheit, nicht religiös zu sein und dies nach außen deutlich zu machen. Die Pflicht des Staates zu religiös-weltanschaulicher Neutralität bedeutet jedoch

---

176 Vgl. BVerfGE 53, 366, 387f; v. Münch/Kunig-*v. Münch* (Fn. 171) Art. 4 Rn. 15f.

177 Vgl. BVerwGE 41, 261, 268 (zum Gewissenskonflikt); BVerwG NVwZ 1994, 578, 579; OVG Münster NVwZ 1992, 77, 78; für die Schweiz BGE 119, Ia 178 = EuGRZ 1993, 400.

178 Vgl. BVerfGE 35, 366, 376; BVerwG NVwZ 1994, 578, 579; OVG Münster NVwZ 1992, 77, 78f; OVG Lüneburg NVwZ 1992, 79, 80.

179 Vgl. BVerfGE 33, 23, 39; OVG Lüneburg NVwZ 1992, 79, 80.

nicht den völligen Rückzug aus religiösen Angelegenheiten. Eine solche Haltung wäre eine ungerechtfertigte Privilegierung des Religionslosen. Religiös-weltanschauliche Neutralität bedeutet also keineswegs die Entfernung des Religiösen aus Öffentlichkeit und Schule. Religiöse und Areligiöse müssen sich in ihren jeweiligen Rechten respektieren, können aber nicht verlangen, daß der Staat sie von der Begegnung mit der jeweils anderen Auffassung fernhält. Wieviel guter Wille hierbei nötig ist, zeigt der unselige Streit um Kruzifix und Kreuz im Klassenzimmer.[180] Immerhin verleiht sogar das Strafrecht dem religiösen und weltanschaulichen Bekenntnis einen Mindestschutz. Wer öffentlich oder durch Verbreiten von Schriften den Inhalt des religiösen oder weltanschaulichen Bekenntnisses anderer in einer Weise beschimpft, die geeignet ist, den öffentlichen Frieden zu stören, wird nach § 166 StGB mit Freiheitsstrafe bis zu drei Jahren oder mit Geldstrafe bestraft. Auch die verfassungsmäßig garantierte Freiheit der Kunst findet hier gewisse äußere Grenzen, wenngleich das Strafrecht nicht zum Zweck religiös motivierter Zensur mißbraucht werden darf.

Allerdings gilt das Grundrecht der Religionsfreiheit wie alle anderen Grundrechte nicht uneingeschränkt. Dies gilt insbesondere dort, wo die religiöse Betätigung auf die Umwelt einwirkt. Das Recht, ein Gebetshaus zu errichten, berechtigt z. B. nicht zur Ausführung sicherheitsgefährdender Konstruktionen; die Bekenntnisfreiheit rechtfertigt keine religiöse Indoktrination von Schülern[181]; die Auslegung religiöser Schriften verleiht nicht das Recht, die Zahlung von Steuern und Abgaben für mißliebige Zwecke[182] oder für Stromlieferungen aus Atomkraftwerken zu verweigern[183].

---

[180] Vgl. hierzu statt vieler *Link* (Fn. 164), 3353.

[181] Vgl. VG Stade InfAuslR 1983, 117 (Hetzpropaganda in einer Koranschule).

[182] Vgl. die Nachweise bei v. Münch/Kunig-*Mager*, GG-Kommentar, 5. Aufl. 2000, Art. 4 Rn. 65.

[183] BVerfG NJW 1983, 32; AG Hamburg NJW 1979, 2315f; abwegig aA AG Stuttgart NJW 1979, 2047.

Der strafrechtliche Schutz vor Religionsbeschimpfung nach § 166 StGB berechtigt nicht zur Selbstjustiz.

Unstreitig erfüllt der Islam den (inhaltlich nicht restlos geklärten) Begriff der „Religion" im Sinne des Verfassungsrechts. Jedoch wird gelegentlich die Befürchtung geäußert, der Islam sprenge die Grenzen der verfassungsmäßig geschützten Religionsfreiheit. Er beanspruche nicht nur religiöse Geltung, sondern auch Durchsetzung in allen rechtlichen und gesellschaftlichen Fragen.

Daß der Islam sich als für alle Muslime verbindliche Richtschnur versteht, die alle Aspekte des Lebens regeln will, ist allerdings selbstverständlich und unterscheidet ihn nicht von anderen Weltreligionen wie dem Christentum oder dem Judentum [184]. Daß man weitergehend auch in seriösen Quellen auf die Behauptung stößt, der Islam könne überhaupt nicht zwischen Religion und Recht trennen, wurde bereits erwähnt (vgl. Kap. II.1 und sogleich im folgenden unter 3.). Diese Aussage findet sich in islamwissenschaftlicher Literatur, wird aber vor allem auch von muslimischen Extremisten [185] propagiert. Soweit damit gesagt werden soll, daß sämtliche religiösen *und rechtlichen* Vorschriften des Islam für alle Muslime an allen Orten verbindlich seien, entsteht ein Konflikt mit der deutschen Rechtsordnung. Dieser Konflikt wird etwa im Jahr 2000 in Karlsruhe angelaufenden Strafverfahren gegen den selbsternannten „Kalifen" Metin Kaplan deutlich. [186]

---

184 Vgl. nur die Feststellungen in BGH NJW 1980, 1221 zum römisch-katholischen Kirchenrecht und zum mosaisch-talmudischen Recht; zum Islam statt vieler *Arkoun* (Fn. 8), insbes. 39ff.

185 Vgl. z. B. die Schrift „Die islamische Verfassung" der Ümmet-i Muhammed, Düsseldorf 1995, 23 und öfter; zu solchen Rechtungen vgl. auch *Hillgruber,* Islamismus in Deutschland – eine Gefahr für die freiheitliche demokratische Grundordnung in: Bundesamt für Verfassungsschutz – 50 Jahre im Dienst der inneren Sicherheit, Köln u. a. 2000, 333, insbes. 240ff.

186 Vgl. „Gottesstaat ohne Territorium", FAZ v. 9.2.2000, 4; „Anhänger des ‚Kalifen von Köln' sorgten für Eklat vor Gericht", Erlanger Nachrichten v. 9.2.2000, 3; „Anklage erhebt schwere Vorwürfe", FAZ v. 1.1.2000, 8; „Freispruch für Kaplan gefordert", FAZ v. 8.11.2000, 6; intellektuell

Seine Organisation „Hilafet Devleti" („Der Kalifatsstaat", d. Verf.) erkennt alleine das islamische Recht an und akzeptiert das deutsche wie auch das türkische Recht nicht. Im Gerichtssaal kam es zum Tumult unter seinen Anhängern.

Eine solche Sicht ist mit der deutschen Rechtsordnung keinesfalls vereinbar. Der territoriale Geltungs- und Ausschließlichkeitsanspruch des deutschen Rechts steht über der Selbstdefinition verbindlicher Normen durch einzelne, dies auch dann, wenn solche Selbstdefinition religiös motiviert ist.[187] Die Grenzziehung, welche Gebote oder Verbote den Schutz der Religionsfreiheit nach Art. 4 GG genießen und welche zum Bestand von (grundsätzlich territorial geltenden) Rechtsvorschriften zählen, liegt alleine beim verfassungsgebundenen Gesetzgeber und in der Praxis bei den Instanzen, die für die Auslegung der Verfassungsnormen zuständig sind. Bei alledem sollte jedoch nicht vergessen werden, daß Extremisten wie Kaplan zwar zweifellos gefährlich sein können und entsprechender Reaktionen staatlicher Behörden bedürfen, daß aber der räumliche Herrschaftsbereich dieses Kalifen mit einer Zelle im Karlsruher Untersuchungsgefängnis doch vergleichsweise überschaubar ist. Der Zentralrat der Muslime in Deutschland bezeichnet die von derlei Extremisten eingenommene Haltung als „Reise in das Land Absurdistan"[188].

Selbst innerhalb der islamischen Welt sind vielfältige Bestrebungen erkennbar, pluralistische und demokratische Herrschaftsformen durchzusetzen. Muhammad Hatami, Prä-

---

sehr dürftige Ausführungen dieser Organisation können unter http://hilafet.de/almanca/frau/tfr.htm nachgelesen werden.

187 Vergleichbar *Loschelder*, Der Islam und die religionsrechtliche Ordnung des Grundgesetzes, in: Marré u.a. (Hrsg.), Essener Gespräche zum Thema Staat und Kirche 20 (1986), 149, 152.

188 Vgl. die dahingehende vom Zentralrat der Muslime in Deutschland wiedergegebene Stellungnahme aus dem Rundbrief der Deutschen Muslim-Liga e.V. unter FAQ-Liste VIII. Muslime in Deutschland, Nr. 5 a.E., abgerufen am 24.7.2000 unter http://www.islam.de/D400_bibliothek/460_Faq/461_FAQ.html (S. 40).

sident des modernistischen Rechtsneuerungen unverdächtigen Iran, ruft öffentlich dazu auf, kulturelle und politische Freiheiten zu verteidigen, Religion und Freiheit zu versöhnen und eine Zivilgesellschaft zu errichten, die sich auf den Respekt vor Gesetz und Grundfreiheiten im Rahmen der Verfassung gründet.[189] So wird z. B. im Iran die Bestrebung, Parteien zu gründen, mit der These untermauert „Gott will Pluralismus".[190] Die ebenso einfache wie schlagende Begründung ist die, daß Gott unterschiedliche Menschen mit unterschiedlichen Meinungen geschaffen hat (vgl. schon Kap. II.1). Der Machtkampf zwischen den unterschiedlichen Vertretern des Islam im Iran ist zwar keineswegs ausgestanden. Anlaß zu vorsichtigem Optimismus gibt jedoch beispielsweise der Umstand, daß ehemals extremistische Besetzer der US-Botschaft in Teheran heute zusammen mit eher säkular gesinnten Kräften Reformen einfordern.[191]

Manche sehen dennoch einen unüberwindbaren Gegensatz zwischen einer demokratischen, vom Volk ausgehenden Gesetzgebung und dem Islam, in dem Gott allein „Gesetzgeber" ist. Diese Sicht ist allzu idealtypisch. Die nach muslimischem Selbstverständnis gottgegebenen Vorschriften sind fast durchweg in hohem Maße auslegungsfähig und auslegungsbedürftig. Die Ausführungsbestimmungen aber sind schon nach klassischer Rechtslehre Menschenwerk und daher den Notwendigkeiten der Zeit anzupassen (vgl. oben Kap. II). Andererseits haben auch das Volk und seine gewählten Repräsentanten nicht das Recht, grundlegende Verfassungswerte anzutasten, die sich letztlich aus einem jüdisch/christ-

---

189 „Le président iranien plaide pour la défense des libertés", Le Monde v. 26.5.1998, 5; „Kommunalwahl stärkt Stellung des Präsidenten Chatami", FAZ v. 2.3.1999, 6.

190 „Gott will Pluralismus. Parteiengründungen in Iran", SZ v. 28.5. 1998, 11; vgl. auch *Balić* (Fn. 139) 590, insbes. 594; *Y. Haddad*, Islamists and the Challenge of Pluralism, Georgetown 1995, insbes. 7ff.

191 *Sejjed Morteza Mardiha*, Wir sind die Revisionisten der islamischen Revolution, in deutscher Übersetzung (Susanne Baghestani) abgedruckt in FAZ v. 31.8.1999, 31.

lich-abendländischen oder auch alleine aus der Vernunft abgeleiteten Naturrechtskonzept ergeben (vgl. Art. 79 Abs. 3 GG). Der ehemalige Richter am Bundesverfassungsgericht Böckenförde hat treffend formuliert, daß auch der freiheitliche säkularisierte Staat von geistigen Voraussetzungen lebt, die er weder selbst zu schaffen noch zu garantieren vermag.[192] Eine freiheitliche demokratische Verfassungsordnung steht also keineswegs in einem natürlichen Gegensatz zu Grundprinzipien des Islam (hierzu sogleich im folgenden).

3. Islam und Grundgesetz – kann sich ein gläubiger Muslim in die freiheitliche demokratische Verfassungsordnung einfügen?

Die Muslime stehen vor der Aufgabe, das Verhältnis zwischen der Souveränität ihres Aufenthaltsstaats und den religiösen Normen, an die sie sich gebunden fühlen, auszuloten. Diese Aufgabe stellt sich sowohl aus der Sicht der deutschen Rechtsordnung als auch aus der islamischen Glaubensüberzeugung heraus. Die in Kap. II.1 genannten Aleviten werden hierbei auf keinerlei Probleme stoßen, weil ja die äußeren Gebote der Scharia für sie nicht gelten.

Für das Islamische Recht stellt der freiwillige Aufenthalt von Muslimen in einem mehrheitlich nicht-islamischen Land eine neue Sondersituation dar. Im klassischen Islamischen Recht war der Aufenthalt von Muslimen außerhalb des islamisch beherrschten Territoriums nur eine Randfrage. Erörtert wurden vor allem Aufenthalte zu Zwecken des Kriegführens, des Handels und des Freikaufs von Sklaven.[193] Hingegen ist die dauerhafte Existenz von Muslimen unter nicht-islamischer Herrschaft ein Phänomen, das sich dem klassischen Islamischen Recht zunächst unter den Vorzei-

---

192 *Böckenförde*, Staat, Gesellschaft, Freiheit, Frankfurt 1976, 42, 60.
193 Exemplarisch *al-Qayrawani*, ʿAbdallah Ibn Abi Zayd, kitab al-ǧihad min kitab al-nawadir wa al-ziyada (Hrsg. V. Bredow), Stuttgart 1994.

chen eigener kultureller und machtpolitischer Überlegenheit gestellt hat. Später wurde der Verbleib in Gebieten problematisiert, die im Zuge der christlich-abendländischen Rückeroberung wieder verlorengegangen waren oder die unter westliche Kolonialherrschaft gerieten.[194] Äußerungen dazu sind insgesamt eher selten und oft in Erörterungen von Detailfragen verborgen.[195]

Etwas ausführlicher wird die Frage des „Auslandsaufenthalts" unter dem Aspekt des nützlichen Handeltreibens erörtert. Alle Schulen des klassischen Islamischen Rechts lassen solche Aufenthalte zu. Hanafiten gehen sogar so weit, die Anwendbarkeit des Islamischen Rechts auf Muslime im „Ausland" gänzlich auszuschließen.[196] Dies hat allerdings den Widerspruch der meisten anderen Juristen herausgefordert.[197] Viele, wenngleich nicht alle[198] der tendenziell strengen Malikiten raten von längeren Aufenthalten ab. Grund hierfür ist die Befürchtung, daß die Muslime dort von der Erfüllung ihrer Pflichten abgehalten werden könnten.[199] Derlei Stellungnahmen finden sich auch noch bei sehr traditionsverhafteten

---

194 Vgl. hierzu Koran Sure 4, 97–100; *Abou El Fadl*, Islamic Law and Muslim Minorities, Islamic Law and Society 1994, 141ff; *Lewis*, Legal and Historical Reflections on the Position of Muslim Populations under Non-Muslim Rule, in: Lewis/Schnapper (Hrsg.), Muslims in Europe, London u.a. 1994, 1–18; *Hagemann/Khoury*, Dürfen Muslime auf Dauer in einem nicht-islamischen Land leben?, 1997, 70ff. mwN; *Turki*, Pour ou contre la légalité du séjour des musulmans en territoire reconquis par les chrétiens, Islam de France 1 (1998), 43ff.

195 Vgl. zur Übersicht *Khoury*, Toleranz im Islam, 2. Aufl. 1986, 124ff, insbes. 128–133 mwN.

196 Vgl. *al-Sarakhsi*, kitab al-mabsut, Bd. 10, 96 („liannahum ghayr multazamin ahkam al-Islam fi dar al-harb"); *al-Tabari*, kitab al-ğihad, Ed. Josef Schacht, Leiden 1933, 22.

197 Vgl. *Salem*, Islam und Völkerrecht, 1984, 150f.

198 Vgl. *Miller*, Muslim Minorities and the Obligation to Emigrate to Islamic Territory, Islamic Law and Society 7/2000, 256, 258 und ff.

199 Vgl. *Ibn Rušd*, al-muqaddimat al-mumahhida, Kairo 1325/1907, Bd. 2, 286f; z.T. noch enger die Aussagen bei *al-Qayrawani* (Fn. 193) 486f; *Miller* (Fn. 198) 256ff. mwN; *Khoury*, Islamische Minderheiten in der Diaspora, München 1985, 128 f.

Juristen der Gegenwart.[200] Immer geht es also um die Befürchtung, der islamische Herrschaftsbereich könnte durch Migrationsvorgänge geschwächt werden. Das dahinterstehende Bild ist das zweier sich grundsätzlich feindselig gegenüberstehender Lager. Komplementär hierzu verboten christliche spanische Herrscher ihren muslimischen Untertanen zeitenweise die Auswanderung.[201] Der bedeutende mittelalterliche Jurist al-Qayrawani[202] bringt es für die muslimische Seite bei der Erörterung von Gebetsvorschriften auf den Punkt: Es kann keinen festen Aufenthalt außerhalb des islamisch beherrschten Territoriums geben. Dies aber entspricht offenbar nicht mehr der Realität: Nach einer neueren Schätzung lebt ein Drittel aller Muslime außerhalb islamischer Staaten.[203] Viele zeitgenössische muslimische Autoren[204] halten die Trennung zwischen den Sphären für schlechthin verfehlt; sie finde keine Stütze in Koran oder Sunna. Es handle sich um nichts weiter als eine Erfindung der klassischen Juristen.

Schon das klassische Islamische Recht wird jedoch nicht von einer strengen Polarität zwischen islamischem Territorium und Feindesland beherrscht. Eine dauerhafte Aufenthaltsperspektive außerhalb der islamischen Welt wird dann eröffnet, wenn das nicht-islamische Territorium als stabiler Partner eines Friedensvertrages (dar al-sulh/dar

---

200 Vgl. den Nachweis aus Saudi-Arabien bei *Heine*, Die Bestattung von Muslimen außerhalb der islamischen Welt als Problem des Islamischen Rechts, in: Höpp/Jonker (Hrsg.), In fremder Erde. Zur Geschichte und Gegenwart der islamischen Bestattung in Deutschland, Berlin 1996, 11ff.

201 Vgl. *Miller* (Fn. 198) 256, 260f mit Fn. 17, aber auch van Koningsveld/Wiegers, The islamic statute of the Mudejars in the light of a new source, al-Qantara – Revista de Estudios Árabes – 17 (1996), 19, 44ff.

202 *Al-Qayrawani* (Fn. 193) 373: „dar al-harb laysat bi-dar iqamat".

203 *M. Ali Kettani*, Muslim Minorities in the World Today, London 1986, 18; vgl. auch *Abedin*, Muslim Minority Communities in the World Today, Islamochristiana 16 (1990), 1f.

204 Z. B. *Rafiq Zakaria*, Is Islam Secular?, Aligarh 1989, 54; *M. S. al-*ʿAwwa, al-fiqh al-islami fi tariq al-taǧdid, 2. Aufl. Beirut u. a. 1998, 196ff, 199; vgl. auch die Nachweise bei *Shadid/Van Koningsveld*, Religious Freedom and the Position of Islam in Western Europe, Kampen 1995, 3.2.

al-ʿahd[205]) qualifiziert werden kann. Wenn der Muslim vom Gastland sichere Aufenthaltsbedingungen erhält, so muß er sich den dortigen Gesetzen unterwerfen. Er muß insbesondere Verträge einhalten und Schädigungen vermeiden.[206] So betont der 1997 von prominenten Muslimen geschaffene Europäische Rat für Rechtsgutachten und Studien, die in nicht-islamischen Ländern lebenden Muslime seien (aus Sicht der Scharia) verpflichtet, Person, Ruf und Vermögen der Nichtmuslime als unantastbar zu betrachten. Diese Pflicht entspreche dem erteilten Recht zum Aufenthalt im betreffenden Land.[207] Unter anderem wird hierbei auf die Auswanderung einer Gruppe von Muslimen zu Lebzeiten Muhammads aus dem noch vorislamischen Mekka in das christliche Äthiopien verwiesen. Dies sei ein Vorbild für den Aufenthalt in einer nicht-islamischen, aber gerechten Umwelt.[208] Die ausländische Herrschaft wird also als nützlich qualifiziert und verdient deshalb Respekt. Aus muslimischer Sicht war und ist dabei bedeutsam, daß die unerläßlichen Vorschriften des Islam dort eingehalten werden können.

Wer sich also an die Regeln der Scharia auch hier gebunden fühlt, muß nach ebendiesen Regeln die Gesetze des Aufenthaltslandes achten, wenn ihm nur die Praktizierung seiner Religion möglich ist.[209] Für Deutschland und die Staaten der

---

205 Vgl. zur Konzeption *Ramadan* (Fn. 29) 168 ff; Artikel „dar al-ʿahd", in: wizarat al-awqaf wa al-šu'un al-islamiya (Hrsg.), al-mawsuʿat al-fiqhiya, Bd. 20, 2. Aufl. Kuweit 1990; *Khalid* ʿAbd al-Qadir, fiqh al-aqalliyat al-muslima, Tripoli 1419/1998, 59 ff sowie die Nachweise in Encyclopaedia of Islam II, 4. Aufl. 1991 unter dar al-sulh *(Macdonald)*.

206 Vgl. *al-Šaybani*, kitab al-siyar al-kabir, Bd. 2 Nrn. 775 ff; Bd. 4 Nr. 2270; Nr. 2416 f; *al-Qayrawani* (Fn. 193) 409 f; *al-Bahuti*, kaššaf al-qinaʿ, Kairo 1366/1947, Bd. 3, 85 sowie die kenntnisreiche Darstellung bei *Abou El Fadl* (Fn. 194) 141 ff.

207 Al-maǧlis al-urubi li-l-ifta' wa al-buhuṯ, fatawa, Bd. 1, Kairo o.J., 19 f.

208 AaO, 27.

209 Vgl. zur klassischen Auffassung die Nachweise in Fn. 206. Ebensolche moderne Stellungnahmen finden sich bei *Muhammad Taqi al-ʿUṯmani*, buhuṯ fi qadaya fiqhiya muʿasira, Damaskus 1419/1998, 329 ff; *Khalid Abd al-Qadir* (Fn. 205) 606 ff mwN.

EU scheint dies in der Tat fast ausnahmslos angenommen zu werden.[210] Hierzu gibt es eindeutige Stellungnahmen der wichtigsten muslimischen Organisationen in Deutschland und anderen europäischen Ländern. Hervorzuheben ist dabei, daß auch diese Stellungnahmen unter „Religion" die „individuellen gottesdienstlichen Verpflichtungen"[211] verstehen, also gerade nicht die staatlich geschaffene Rechtsordnung. Ein islamischer Staat – was immer das im einzelnen sein mag – wird auch von schariatreuen Muslimen nur für Gesellschaften mit muslimischer Mehrheit in Betracht gezogen.[212]

Beispielhaft ist die von der islamischen Religionsgemeinschaft Hessen eV herausgegebene Darstellung der Grundlagen des Islam.[213] Sie definiert die Scharia als „Gesamtheit der im Quran und Sunna des Gesandten enthaltenen göttlichen Gebote für die Muslime" von prinzipiell allumfassendem und zeitlosem Charakter. Die Scharia selbst unterscheide aber zwischen Rechtsnormen des islamischen Staatswesens einerseits und individuellen Geboten andererseits. Die Geltung der Rechtsnormen sei auf die Staatsgebiete islamischer Staaten beschränkt. Für Muslime in Hessen sei deshalb die Beachtung der Rechtsnormen des deutschen/hessischen Rechtssystems legitim und obligato-

---

210 Vgl. die dahingehende Stellungnahme des Vorsitzenden des Zentralrats der Muslime in Deutschland e. V. *Nadeem Elyas* „Demokratie leben. Muslime im Kontext des europäischen Pluralismus", abgerufen am 2.8.1999 unter http://www.islam.de/D400_bibliothek/430_Publikationen/431_Zmd/im11.html unter III; *Spuler-Stegemann* (Fn. 141) 289; *T. Ramadan*, Die jungen Muslime Europas befreien sich aus der Isolation, abgerufen am 9.5.2000 unter http://www.hgdoe.de/pol/ramadan04–00.htm, 2.

211 Abgerufen am 15.2.2000 über die homepage des wohl größten muslimischen Verbands in Deutschland, des ZMD, unter http://www.islam.de/D400_bibliothek/460_Faq/461_Faq.html unter 11. „Muslime in nichtislamischen Ländern".Vgl. auch *T. Ramadan*, Les musulmans dans la laïcité, 2. Aufl. Lyon 1998, 171.

212 Vgl. nur *Elyas*, Integration ist keine Einbahnstraße, in: Hafez/Steinbach (Hrsg.), Juden und Muslime in Deutschland, Hamburg 1999, 16, 19.

213 Erschienen in Frankfurt a. M. 1999 (IRH-Schriftenreihe Nr. 1, ISBN 3-933793-00-0).

risch. Die zu achtenden individuellen Gebote sind solche, die auch nach deutscher Rechtssicht dem Bereich der Religion zuzuordnen sind und deshalb den Schutz der Religionsfreiheit genießen (zB „Arkan-ul-Islam" – Die fünf Säulen des Islam, Bekleidungsgebote, Ernährungsgebote, Fragen von Ethik und Moral).[214]

Damit decken sich die Ansprüche des Islamischen Rechts und die Freiheiten des Grundgesetzes wie auch anderer europäischer Verfassungsordnungen. Selbst wenn der einzelne nicht in der Lage sein sollte, diese Verpflichtungen zu erfüllen oder gezwungen würde, gegen sie zu verstoßen, solle er „seine Freiheit durch Überzeugung oder durch Auswanderung" erlangen. Demnach bietet der Islam selbst keine Grundlage für eine Mißachtung von Rechtsregeln.[215] Einen plakativen Ausdruck findet diese Lage in der Situationsbeschreibung des Präsidenten der Vereinigung Islamischer Organisationen in Europa Ahmad al-Rawi: „Europa ist unsere Heimat und der Islam ist unsere Religion."[216]

An der Glaubhaftigkeit solch eindeutiger Stellungnahmen wird gelegentlich gezweifelt. Begründet wird dieses Mißtrauen mit einer sogenannten „Verstellungslehre" (taqiyya), die es dem Muslim erlaube, jeden Nicht-Muslim zum eigenen Vorteil zu täuschen[217]. Nun gibt es im schiitischen Islam in der Tat eine taqiyya-Lehre; sie hat allerdings nicht den behaupteten Inhalt. Vielmehr wurde sie zum Schutz der Schiiten vor Bedrohungen aus einer feindlich gesonnenen sunnitischen Mehrheitsgesellschaft entwickelt. Der Schiit darf demnach seine spezifische schiitische Glaubensrichtung ver-

---

214 AaO, 19ff.

215 Exemplarisch die dahingehenden Stellungnahmen des Vorsitzenden des Zentralrats der Muslime in Deutschland eV *Nadeem Elyas* (Fn. 210); Islamische Religionsgemeinschaft in Hessen eV, Darstellung der Grundlagen des Islam, 1999, 20f; Al-mağlis al-urubi (Fn. 207) 26f.

216 „Uruba watanuna wa al-Islam dinuna", al-Europiya, Heft Juli 1999, 16, 18.

217 In diese Richtung z.B. *Hillgruber*, der deutsche Kulturstaat und der muslimische Kulturimport, JZ, 1999, 538, 546 mwN.

bergen, um Gefahr von sich abzuwenden. Es handelt sich also um eine innerislamische Verhaltenslehre zum Zweck der Selbsterhaltung. Ein wissenschaftlich haltbarer Nachweis dafür, daß eine Lehre im oben geschilderten weiten Sinne bestehe, ist bislang nirgends geführt worden. Möglicherweise von einzelnen Extremisten getroffene Aussagen, deren Kontext noch zu überprüfen wäre, geben keine hinreichende Grundlage für eine allgemeine „Lehre" ab.[218] Deshalb kann vor einem durch nichts zu begründenden pauschalen Verdacht der Unaufrichtigkeit von Muslimen gegenüber Nicht-Muslimen nicht genug gewarnt werden. Er würde die dringend erforderliche Auseinandersetzung mit den tatsächlich zu bewältigenden rechtlichen und gesellschaftlichen Aufgaben und Problemen ohne Not belasten.

Für viele Muslime ist es indes bedeutsam, in einem Staat zu leben, in dem die Religion nicht in die Hinterzimmer verbannt wird. Die Trennung zwischen religiösem Leben und der Ausübung staatlicher Funktionen wird dabei von den allermeisten akzeptiert. Dies gilt auch im Hinblick auf diejenigen, die für islamische Länder eine stärkere Rolle der Religion im politischen Leben wünschen. Hierbei empfinden es viele als Erleichterung, daß auch das Grundgesetz der Bundesrepublik Deutschland in seiner Präambel einen Gottesbezug herstellt („Im Bewußtsein seiner Verantwortung vor Gott und den Menschen [...] hat sich das Deutsche Volk kraft seiner verfassungsgebenden Gewalt dieses Grundgesetz gegeben").[219] Man mag es als Ironie der Geschichte empfinden, daß gerade nicht-christliche Mitbewohner unseres Landes wieder das Augenmerk auf eine Kernaussage jüdisch/christlich-abendländischen Kulturverständnisses lenken, die bislang eher ein Schattendasein geführt hat. Andererseits bestehen auch für Muslime in nicht-islamischen Ländern mit

---

218 Vergleichbar *Heine* in Khoury/ Heine/ Oebbecke, Handbuch Recht und Kultur des Islams, Gütersloh, 2000, 62f.

219 Vgl. z. B. die Stellungnahme des Generalsekretärs der VIKZ *Cavdar*, 50 Jahre Grundgesetz und die Muslime, Al-Islam 5/1999, 4, 6.

strenger Trennung zwischen Staat und Religion keine Integrationshindernisse. Entscheidend ist nicht, daß der Staat die Religion fördert, sondern allein, daß er ihre Ausübung zuläßt. Aus diesem Grund ist auch das Bestehen einer Staatskirche kein Integrationshemmnis, solange auch Muslime ihre Religion praktizieren können.

V. Konkrete Rechtsfragen

Konkrete den Islam betreffende Rechtsfragen treten in allen Bereichen des Rechts auf. Das Bürgerliche Recht, welches im wesentlichen Rechtsverhältnisse unter Privatpersonen regelt, ist ebenso betroffen wie das Öffentliche Recht einschließlich des Strafrechts, bei dem es im Kern um den staatlichen Umgang mit Privatpersonen und Organisationen geht.

1. Bürgerliches Recht

a) Wirtschaftsrecht

Im Wirtschaftsrecht herrscht weitreichende Gestaltungsfreiheit. Sie ermöglicht es den Muslimen in Deutschland und Europa, wirtschaftsrechtliche Beziehungen so zu gestalten, wie es ihrer Glaubens- und Rechtsüberzeugung entspricht.

Das klassische Islamische Recht beinhaltet zwei Vorschriften, die mit den international üblichen Formen des Wirtschaftslebens kollidieren können. Zum einen wird im Koran[220] ein Gegensatz zwischen erlaubtem Handeltreiben und Verbot des „riba" gebildet. Was „riba" genau ist, wird nicht definiert und ist deshalb der Auslegung zugänglich (vgl. hierzu Kap. II.2).[221] Während eine zunehmende Zahl von Rechtsgelehrten darunter nur das Verbot von Wucherzinsen versteht, ist wohl noch die Mehrheit der Überzeugung, es werde damit jegliche Zinsnahme untersagt.[222] Diese Sicht

---

220 Sure 2, 275.

221 Vgl. *Muslehuddin* (Fn. 26) 40f mwN.

222 Vgl. zum riba-Verbot *Wichard*, Zwischen Markt und Moschee, 1995,

steht den Erfordernissen des kapitalorientierten Wirtschaftsverkehrs offensichtlich entgegen. Deshalb haben muslimische Juristen schon in der Frühzeit des Islam Rechtskniffe (sog. „hiyal") entwickelt, welche den wirtschaftlichen Notwendigkeiten Rechnung getragen haben.[223]

Neuzeitliche Juristen interpretieren das riba-Verbot nach seinem erkennbaren Sinn und berücksichtigen den Zeitwert von Kapital. So sollen z. B. Zinsanteile, die nur den Wertverlust des Kapitals durch Inflation oder Verwaltungskosten abdecken, nicht als verbotener riba gelten.[224] Zinsen für verspätete Leistung (Verzugszinsen) werden als legitimer Schadensersatz anerkannt.[225] Auch die Kreditkartennutzung in nicht-islamischen Ländern ohne islamische Banken erklärt der Europäische Rat für Rechtsgutachten (vgl. Kap. IV.3) als (religiös) erlaubt.[226] Der Mufti von Ägypten Tantawi hat 1989 ein Rechtsgutachten abgegeben, nach dem verzinsliche Staatsschatzbriefe nicht gegen das riba-Verbot verstoßen. Allerdings gibt es auch Gegenbewegungen, so vehementen Protest gegen Tantawis Gutachten.[227] Nach einer Pressemeldung aus dem Jahre 1994 hat eine islamistische ägyptische Terrororganisation alle Bankkunden aufgefordert, ihre der Verzinsung unterliegenden Konten aufzulösen, weil der Islam Zinsen verbiete.[228] Die Haltung der Muslime

---

180ff; *Amereller*, Hintergründe des „Islamic Banking", 1995, 133ff; *Lohlker*, Das islamische Recht im Wandel. Ribâ, Zins und Wucher in Vergangenheit und Gegenwart, 1999; *Saleh*, Unlawful Gain and Legitimate Profit in Islamic Law, 2. Aufl. London u. a. 1992, 39ff.

223 Vgl. nur *Wichard* (Fn. 222) 81 ff.

224 *Balić* (Fn. 37) 67.

225 Kassationsgerichtshof Dubai Urt. No. 321/99 v. 19. 12. 1999, wiedergegeben in Al Sharif Advocates & Legal Consultants Legal Bulletin No. 17 (4/2000), 3.

226 Al-mağlis al-urubi (Fn. 207) 40ff.

227 Vgl. *Skovgaard-Petersen*, Defining Islam for the Egyptian State, Leiden u. a. 1997, 295ff.

228 Vgl. „Neue Drohung ägyptischer Fundamentalisten", FAZ v. 22. 2. 1994, 6. Die agierende „Ḏama'a Islamiya" hat zur Unterstreichung ihrer Aufforderungen Bomben vor Banken gelegt.

zu Zinsgeschäften ist also immer noch höchst unterschiedlich.

Zum anderen kann das klassische islam-rechtliche Verbot von Spekulationsgeschäften (sog. „gharar") zum Problem werden. Es verhindert eine Vielzahl von Bankgeschäften (Geschäfte über Futures u. a.) sowie den Abschluß komplexer Verträge mit noch nicht im einzelnen feststehenden Vertragsleistungen, wie sie im internationalen Wirtschaftsverkehr üblich sind (Konzessionsverträge, Verträge über Großbauprojekte u. ä.). Zudem werden bei strenger Anwendung Versicherungsverträge in Zweifel gezogen. Auch hier finden sich vielfach moderne Interpretationen, die zwischen sinnvollen und unterstützenswerten Geschäften z. B. zur Streuung von für einzelne ruinösen Risiken einerseits und abzulehnenden Geschäften wie Glücksspiel und ähnlichem andererseits unterscheiden. Beispielsweise ist nach neuem kuweitischem Recht der Handel mit Futures zulässig.[229] Auch der Versicherungsvertrag wird zunehmend akzeptiert. Ein „spekulatives" Element ist ja nur in einer verengten Betrachtung des Einzelvertrags zwischen Versicherer und Versicherungsnehmer erkennbar – der versicherte Schadenseintritt ist nämlich höchst ungewiß. Hingegen ändert sich die Beurteilung, wenn die Gesamtheit der Versicherten mit berücksichtigt wird. Im Hinblick auf das Netzwerk aller Versicherungsverträge ist mit Wahrscheinlichkeit vom Eintritt irgendwelcher Schäden auszugehen. Damit entfällt das spekulative Element des Einzelvertrages; der Versicherungsschutz ist als echte Gegenleistung zu qualifizieren.[230] Rechtstechnisch gerät die Gemeinschaft der Versicherten somit in die Nähe der klassischen

---

229 Vgl. „Kuwait Introduces Futures Trading", Al Sharif Advocates & Legal Consultants, Legal Bulletin 3/1998 (Dubai), 8.

230 So die Argumentation von Dr. El-Fatih Hamid, General Counsel & Director des Legal Department der Islamic Development Bank, Jeddah/Saudi-Arabien, bei einer Tagung über Islamic Law and its Reception by the Courts in the West vom 22.–24. 10. 1998 in Osnabrück.

islam-rechtlich zulässigen Gesellschaftsform der mudaraba, die auch in den Formen des deutschen Gesellschaftsrechts Entsprechungen findet. Freilich finden sich auch hierbei Verfechter einer engeren Interpretation.

Diejenigen, die an der traditionalistischen Sicht festhalten wollen, können dies mit Hilfe der Wiederbelebung traditioneller islam-rechtlicher Geschäfts- und Gesellschaftsformen tun. Auch die genannte hiyal-Tradition ermöglicht ein Wirtschaften unter islam-rechtlicher „Flagge", ohne daß die Bedürfnisse des Wirtschaftsverkehrs vernachlässigt werden müßten. So mag man Zinsen gefälliger als „Gebühren" ausweisen oder Versicherungsverträge mit „Gegenseitigem Einstehen" umschreiben. Puristen gefällt solches Vorgehen freilich nicht; außerhalb der hanafitischen Rechtsschule war es zu allen Zeiten umstritten. So mag man statt einer Umgehung rigider Zinsvorschriften lieber gleich eine – unstreitig erlaubte – Kapitalbeteiligung an Unternehmen anstreben.

Der Wirtschaftsverkehr hat bereits auf die Bedürfnisse wirtschaftsrechtlich traditionell denkender Muslime reagiert. So haben z. B. deutsche und Schweizer Banken „islamische" Aktienfonds zur Geldanlage aufgelegt, bei denen eine Beteiligung an solchen Unternehmen ausgeschlossen wird, die das Geschäft mit Glücksspiel, Alkohol, Tabak, verzinslichem Kredit, Versicherungen oder religiös illegitimer Sexualität zum Gegenstand haben.[231] Erzielte Gewinne werden nicht ausgeschüttet, sondern sofort wieder investiert.[232] Schon werden die Börsenwerte in der „Dow Jones Islamic Index Group" gemessen und können der Konkurrenz offenbar durchaus standhalten.[233]

---

231 Vgl. „Islamischer Aktienfonds in Deutschland", Freitagsblatt 2/2 Februar 2000, 13 zu rechtlichen Fragen *K. Bält,* Islamic Investment Funds in Germany, Akhbar-Newsletter of the Arab Regional Forum of the International Bar Association Section on Business Law Vol 7 No 2 Dez. 2000, 7.

232 Vgl. „Nicht nur für Fundis", prisma 14/2000, 14.

233 Vgl. „Das Geschäft mit islamischen Fondsanlegern wächst kräftig", FAZ v. 20.12.1999, 35.

b) *Arbeitsrecht*

Das Grundrecht der Religionsfreiheit entfaltet in gewissem Umfang auch mittelbar „Drittwirkung" auf private Rechtsbeziehungen wie Arbeitsverträge. Deshalb können sich auch muslimische Arbeitnehmer oder Arbeitgeber bei der Interessenabwägung in rechtlichen Konfliktfällen auf religiöse Vorschriften berufen. Freilich kann der rechtliche Schutz der Religionsfreiheit hierbei nicht entfernt denselben Umfang annehmen wie im Verhältnis zum Staat. Privatpersonen – auch Arbeitgeber – sind ihrerseits Grundrechtsträger und können ihre geschäftlichen Interessen in eigener Entscheidungsfreiheit verfolgen.[234] Hierbei gibt es allerdings Einschränkungen aus der mittelbaren Drittwirkung der Grundrechte, beispielsweise bei der Auslegung, wann ein „wichtiger Grund" vorliegt, welcher die außerordentliche Kündigung (also ohne Einhaltung der vorgesehenen Vertragslaufdauer oder Kündigungsfrist) rechtfertigen kann. Eine noch um einiges weiterreichende Besserstellung von Arbeitnehmern könnte sich ergeben, falls der Richtlinienvorschlag der Kommission der Europäischen Gemeinschaften „zur Festlegung eines allgemeinen Rahmens für die Verwirklichung der Gleichbehandlung in Beschäftigung und Beruf" vom 25.11. 1999[235] umgesetzt werden sollte.

Praktische Rechtsprobleme entstehen insbesondere dann, wenn betriebliche Bedürfnisse und die Einhaltung religiöser Vorschriften miteinander kollidieren. Ein prägnantes Beispiel ist das Gebot fünfmaligen täglichen Gebets zu bestimmten, je nach Sonnenstand wechselnden Zeiten oder das Gebet am

---

[234] Vgl. LAG Düsseldorf JZ 1964, 258; *Rupp*, Verfassungsprobleme der Gewissensfreiheit, NVwZ 1991, 1033, 1037f.

[235] KOM(1999) 565 endgültig; 1999/0225 (CNS), insbes. Art. 1 der Richtlinie und Erwägungsgründe 2, 9; zur offenbar vergleichbaren schon bestehenden Lage in den Niederlanden vgl. *van Bijsterveld*, The Legal Status of Islam in the Kingdom of the Netherlands, in: Ferrari/Bradney (Hrsg.), Islam and European Legal Systems, Aldershot u.a. 2000, 125, 133.

Freitagmittag, das in der (Freitags-)Moschee verrichtet werden soll. Diesem Gebet kommt eine besondere Rolle zu, weil sich die gesamte Moscheegemeinde zu diesem Anlaß trifft und der Vorbeter eine Ansprache (khutba) hält, in der auch wichtige Gemeindebelange zur Sprache kommen können. Der Wunsch nach Teilnahme kann hier besonders dringlich sein. Weitere wichtige Aspekte sind das Fasten im Monat Ramadan und die abschließenden Feierlichkeiten des Fastenbrechens sowie das Opferfest im Monat Ḏu al-Hiǧǧa, die auch eine wichtige soziale Rolle spielen. Für Frauen kann der Wunsch nach Tragen eines Kopftuchs bedeutsam werden. Von praktisch geringerem Gewicht sind Kollisionen mit religiösen Speisevorschriften wie dem Verbot des Konsums von Schweinefleisch oder Alkohol oder der Wunsch, die für Vermögende vorgeschriebene Wallfahrt nach Mekka auszuführen. Auch die Einhaltung des Zinsnahmeverbots (vgl. oben a) wirft meist keine größeren Probleme auf. Sozialrechtliche Folgefragen stellen sich, wenn aus religiösen Gründen eine bestimmte mögliche Beschäftigung nicht übernommen bzw. aufgegeben wird (hierzu Kap. V.2.g).[236]

In der konkreten Rechtsanwendung stehen in solchen Fällen meist das Direktionsrecht des Arbeitgebers und der Wunsch des Arbeitnehmers auf Freistellung von der Arbeit (z. B. durch Gewährung von Urlaub oder entsprechende Einrichtung der Arbeitszeiten) zu einer bestimmten Zeit oder von bestimmten Arten von Arbeit gegeneinander. Im Ergebnis stellt sich die Frage, ob die Verweigerung der angewiesenen Arbeit zur außerordentlichen Kündigung führen kann bzw. ob der Arbeitnehmer wegen seiner Bedürfnisse zur Kündigung berechtigt ist[237], in anderen Konstellationen kann die Frage aufkommen, ob die religiösen Bedürfnisse eines arbeitsuchenden Muslim ein Grund für die Verweigerung der Ein-

---

236 Vgl. hier nur BVerfG NJW 1984, 912.

237 Vgl. *Bosch/Habscheid*, Vertragspflicht und Gewissenskonflikt, JZ 1954, 213, 214 mwN; krit. A. *Blomeyer*, JZ 1954, 309ff; vermittelnd *Wieacker*, JZ 1954, 466ff.

stellung sein können. Dasselbe gilt im Grundsatz auch für Staatsbedienstete.[238]

Die Abwägung, ob (sachlich begründete) betriebliche Bedürfnisse oder die (ebenso sachlich begründeten) Bedürfnisse des einzelnen Arbeitnehmers vorgehen, hängt von den jeweiligen Umständen des Einzelfalles ab. Einzelheiten können hier nicht dargestellt werden.[239] Jedoch ist es möglich, sich an der breiter vorhandenen Rechtsprechung zu Konfliktfällen zu orientieren, in denen es um die Einhaltung christlicher Religionsgebote oder weltanschaulicher Überzeugungen ging. Insgesamt wird den Bedürfnissen des Arbeitnehmers besonderes Gewicht zukommen, wenn es sich um ein besonders gewichtiges religiöses Bedürfnis handelt (auch der Islam kennt Abstufungen), wenn der Arbeitgeber dieses Bedürfnis schon bei der Einstellung kannte und/oder wenn er dem Bedürfnis ohne größeren Aufwand Rechnung tragen kann. Letzteres wird insbesondere dann der Fall sein, wenn es sich um einen Großbetrieb handelt und/oder wenn die Arbeitsleistung des Betreffenden leicht durch andere Kollegen oder zeitlich verschoben erbracht werden kann. Insbesondere in Fällen, in denen erst eine Änderung der betrieblichen Tätigkeit oder des konkreten Einsatzes im Betrieb den religiösen Konflikt auslöst, werden Schutzbedürfnisse des Arbeitnehmers im Vordergrund stehen.

Umgekehrt werden betriebliche Bedürfnisse besonders gewichtig, wenn eine Berücksichtigung der Interessen des Arbeitnehmers erheblichen Aufwand bereitet, seine Tätigkeit deutlich entwertet oder wenn es sich um weniger bedeutsame Gebote handelt. Als Beispiel sei der englische Fall genannt, in dem ein muslimischer Busfahrer auf der Einhaltung

---

238 Vgl. für einen praktischen Fall aus England (Lehrer) Ahmad v. Inner London Education Authority, [1978] 1 AllER 574.

239 Am Lehrstuhl des Verfassers entsteht gegenwärtig eine Dissertation, die sich solchen Fragen widmet; vgl. aus der Rechtsprechung LAG Düsseldorf JZ 1964, 258 sowie die kurze Übersicht in Ministerium für Arbeit, Gesundheit und Soziales des Landes Nordrhein-Westfalen (Auftraggeber), Türkische Muslime in Nordrhein-Westfalen, 3. Aufl. 1997, 81 ff.

der täglichen Gebetszeiten bestand; die Kündigung wurde für gerechtfertigt erklärt.[240] Ein Ruhen des öffentlichen Verkehrs zu den Gebetszeiten ist zweifellos nicht zumutbar – auch in den meisten islamischen Ländern findet es im übrigen nicht statt, was den Schluß zuläßt, daß die Einhaltung der täglichen Gebetszeiten nicht über den Erfordernissen des täglichen Lebens steht. Auch hier wird oft das Koranzitat genannt, wonach Gott es den Menschen leicht macht und nicht schwer. Besonders gewichtige betriebliche Bedürfnisse sind weiterhin Sicherheitsbelange, z. B. im Hinblick auf Kleidungserfordernisse. Auch dann, wenn der Arbeitnehmer erst nach Einstellung im Verlauf der Zeit seine religiösen Überzeugungen ändert, wird für eine gewisse Übergangszeit ein betrieblicher Bedarf oft das Übergewicht haben. Allerdings kann das Recht des Arbeitnehmers auf Änderung seiner Überzeugungen mit Wirkungen für die Arbeitstätigkeit nicht dauerhaft eingeschränkt bleiben. Weniger Schutz verdient der Arbeitnehmer schließlich auch dann, wenn er die Arbeitsstelle trotz vorhersehbarer Konflikte mit seinen religiösen Überzeugungen übernommen hat.[241]

Insgesamt ist eine tragfähige Grundlage für Kompromißlösungen gegeben. Hilfreich die allgemeine koranische Aussage, daß Gott den Menschen nichts abverlangt, das ihre Kräfte übersteigt (Sure 2, 286). So darf ein arbeitstätiger Muslim die täglichen Pflichtgebete außerhalb der vorgesehenen Zeiten „zusammenziehen" bzw. nachholen.[242] Andererseits kann daraus nicht abgeleitet werden, daß die Verrichtung der Gebete überhaupt kein berücksichtigenswerter Belang ist. Hilfslösungen aus Gründen äußerer Notwendigkeit haben für die Betroffenen nicht dieselbe Qualität wie das „eigentlich" gebotene Verfahren.

Insbesondere die gewünschte Teilnahme am Freitagsgebet sollte nach Möglichkeit gewährleistet werden. Sie fällt ohne-

---

240 Bericht bei *Shadid/Van Koningsveld* (Fn. 204) 102.
241 Vgl. BAG NZA 1986, 21, 22.
242 Vgl. *Balić* (Fn. 37) 70.

hin in die Mittagszeit, in der häufig Arbeitspausen vorgesehen sind. Vor- oder Nacharbeiten werden meist möglich sein.

Die Beteiligung an Feierlichkeiten wie zu Ende des Ramadan oder die Wallfahrt nach Mekka können wohl in der Regel durch bezahlten oder unbezahlten Urlaub sichergestellt werden.

Der Kontakt mit Schweinefleisch oder Alkohol wird sich in der Regel vermeiden lassen. Im Falle mangelnder Vermeidbarkeit – beispielsweise bei Produktionsvorgängen mit alkoholischen Substanzen oder bei Tätigkeiten in der Gastronomie – ist es ein Unterschied, ob solche Substanzen verzehrt werden müssen oder ob man damit nur auf andere Weise in Kontakt kommt. Letzteres wird in der Regel zumutbar sein. Vergleichbares gilt für die Ausführung verzinslicher Geschäfte, beispielsweise als Angestellter im Kreditgewerbe oder in der Buchhaltungsabteilung von Unternehmen.

Das vielleicht schwierigste Problem mag in der Beschäftigung von Frauen liegen, die aus religiösen Gründen ein Kopftuch tragen möchten, sofern ihre Tätigkeit publikumsorientiert ist.[243] Anders als im Verhältnis zum Staat (vgl. Kap. V.2.c) gelten die Grundrechte unter Privaten nicht unmittelbar: Auch der mögliche Verpflichtete ist ja seinerseits Träger von Grundrechten wie dem Recht auf freie Entfaltung der Persönlichkeit und auf Berufsfreiheit (vgl. Artt. 2 Abs. 1, 12 Abs. 1 GG). So mag ein Arbeitgeber vor dem Problem stehen, daß er zwar selbst das Tragen eines Kopftuchs ohne weiteres akzeptiert, die Kundschaft dies aber anders sieht. In der Regel wird man ihn derzeit nicht dazu zwingen können, seine legitimen geschäftlichen Interessen unbeachtet zu lassen und die Kunden zu toleranterem Verhalten zu bewegen (sie werden vermutlich eher den Geschäftskontakt beenden). Die Verweigerung einer Einstellung wird daher in Deutschland –

243 Vgl. zu Kündigungen wegen aus religiösen oder weltanschaulichen Gründen getragener Kleidung LAG Düsseldorf DB 1985, 391; ArbG Hamburg ArbuR 1996, 243.

anders als z. B. in Dänemark[244] – regelmäßig ohne rechtliche Folgen bleiben. Eine Kündigung aus wichtigem Grund bzw. eine verhaltensbedingte Kündigung im Anwendungsbereich des Kündigungsschutzes kann hingegen nicht ohne weiteres ausgesprochen werden[245]; allerdings wird die Arbeitnehmerin es sich möglicherweise gefallen lassen müssen, in weniger publikumswirksame Unternehmensbereiche umgesetzt zu werden. Das Arbeitsrecht stößt hier insgesamt an seine Grenzen: Größere Akzeptanz läßt sich meist nicht durch rechtliche Maßnahmen erzwingen.

Angesichts der skizzierten möglichen Probleme mag der Gedanke naheliegen, daß Muslime eigene Betriebe gründen, in denen die strikte Einhaltung aller denkbaren religiösen Gebote möglich wird, in denen also die betrieblichen Verhältnisse weitestgehend an solche Gebote angepaßt werden. Arbeitsplätze in solchen Betrieben gibt es bereits in geringem Umfang, beispielsweise in Betrieben im Umfeld von Moscheen. Künftig werden sicherlich noch die eine oder andere karitative Einrichtung, vielleicht auch muslimische Krankenhäuser, Pflegeheime oder ähnliches hinzukommen, wie sie in vergleichbarer Weise auch von den Kirchen betrieben werden. Muslime mögen die Einrichtung solcher Betriebe als Erleichterung empfinden. Jedoch erschiene die breitflächige Gründung religionsgebundener Betriebe auch außerhalb religiöser Einrichtungen im engeren Sinne nicht unproblematisch. Eine religionsbezogene Eingrenzung würde zugleich zur Ausgrenzung führen. Sie ist in Deutschland und anderen europäischen Ländern außerhalb religiöser Institutionen auch unüblich und könnte leicht „Abwehrreaktionen" provozieren. Man denke nur an die höchst problematische zioni-

---

244 Hier hat ein Gericht einer abgewiesenen muslimischen Praktikantin Schadensersatz in Höhe von 10000 Kronen (ca. 2.700 DM) gewährt; vgl. den Nachweis in NJW 35/2000, XLVII.

245 Vgl. ArbG Frankfurt a. M. AiB 1993, 472; für Belgien Tribunal du Travail de Charleroi, Urt. v. 26. 10. 1992, abgedruckt bei *Panafit*, Quand le droit écrit l'islam, Bruxelles 1999, 531.

stische Politik in Palästina seit den zehner Jahren des 20. Jahrhunderts, auf „jüdischem" Land nur jüdische Arbeiter zu beschäftigen.[246] Interreligiöse „Durchlässigkeit" ist – bei Wahrung der jeweiligen Identität – eine der großen Errungenschaften westlicher Gesellschafts- und Rechtsordnungen.

In der mir zugänglichen Rechtspraxis noch nicht aufgetaucht ist die umgekehrte Konstellation, in der ein islamisch ausgerichteter institutioneller Arbeitgeber das Arbeitsverhältnis mit einem Mitarbeiter wegen erheblicher Verstöße gegen wesentliche Glaubensgrundsätze kündigt. Hier wird in Anlehnung an die Arbeitsverhältnisse mit christlichen Trägern darauf abzustellen sein, ob die Glaubwürdigkeit der Institution es erfordert, den Verstoß durch Kündigung zu ahnden.[247]

c) Familien- und erbrechtliche Fragen in gemischtnationalen Ehen und Familien

ca) Einführung

Es mag Erstaunen auslösen, daß in einem Buch über die rechtliche Behandlung des Islam und der Muslime in Deutschland und anderen europäischen Staaten die Anwendbarkeit islamisch geprägten Familien- und Erbrechts zum Thema wird. Der Grund hierfür findet sich im Gesetz selbst. Keine Rechtsordnung der Gegenwart beansprucht für sich uneingeschränkte territoriale Geltung. Im Bereich des Bürgerlichen Rechts, das im wesentlichen die Rechtsbeziehungen zwischen Privatpersonen regelt, steht das Wohl dieser

---

246 Vgl. hierzu *Waltz/Tschiesche,* Die Erde habt ihr uns genommen, Berlin 1986, insbes. 62ff. Th. Herzl schreibt zu diesem Thema am 12.6.1895 in sein Tagebuch: „Die arme Bevölkerung trachten wir unbemerkt über die Grenze zu schaffen, indem wir ihr in den Durchzugsländern Arbeit verschaffen, aber in unserem eigenen jede Arbeit verweigern. (...) Das Expropriationswerk muß mit Zartheit und Behutsamkeit erfolgen", zit. nach *Kogelfranz,* Geschlagen, vertrieben, verraten, Der Spiegel 39/1982, 154, 156.

247 Vgl. die Übersicht bei v. Münch/Kunig-*v. Münch* (Fn. 171) Art. 4 Rn. 50 „Kündigung".

Personen im Vordergrund. Hat jemand sein Leben auf die Gegebenheiten einer bestimmten Rechtsordnung ausgerichtet, so verdient diese Lebensplanung auch dann Schutz, wenn der Betreffende seinen Aufenthalt wechselt. Demnach muß das vertraute „Heimatrecht" auch nach Grenzübertritt fortgelten. Andererseits liegt es im Interesse der Rechtsgemeinschaft, daß in bestimmten Angelegenheiten dasselbe Recht für jeden im Lande Befindlichen gilt.

Die Frage, ob inländisches oder ausländisches Sachrecht (Vorschriften des materiellen Rechts) anzuwenden ist, bestimmt sich nach den Vorschriften des Internationalen Privatrechts (Kollisionsrechts), die in Deutschland zum großen Teil im Einführungsgesetz zum Bürgerlichen Gesetzbuch (Artt. 3 ff. EGBGB) enthalten sind. Diese Vorschriften treffen eine Abwägung zwischen den eben skizzierten Interessen. Im Bereich des Familien- und Erbrechts (Voraussetzungen und Rechtsfolgen der Eheschließung, Voraussetzungen und Rechtsfolgen der Eheauflösung, Rechtsbeziehungen zwischen Eltern, Kindern und anderen Familienangehörigen einschließlich von Unterhaltsansprüchen, Adoption, Vormundschaft und Betreuung, erbrechtliche Beziehungen) ist häufig das „Heimatrecht" Beteiligter anzuwenden, wobei die „Heimat" durch die Staatsangehörigkeit definiert wird. Konkret heißt dies beispielsweise, daß sich die Scheidung einer zwischen Jordaniern in Jordanien geschlossenen Ehe in Deutschland grundsätzlich nach den Vorschriften des jordanischen Familiengesetzbuchs richtet. Schließt eine Deutsche mit einem Marokkaner die Ehe in Deutschland und ist eine dauerhafte Übersiedlung nach Marokko geplant, so wird marokkanisches Familienrecht über die Ehewirkungen befinden.

Hierbei ist generell festzustellen, daß das Islamische Recht seine Vormachtstellung gerade im Bereich des Ehe- und Familienrechts weitgehend bewahrt hat.[248] Dies ist dadurch zu erklären, daß das Islamische Recht in diesem Bereich die größte

---

[248] Vgl. z. B. *Dilger*, Tendenzen der Rechtsentwicklung, in: Ende/Steinbach (Fn. 15) 187 ff.

Regelungsdichte mit den ranghöchsten Rechtsquellen (Koran und „sunna" – Prophetentradition; vgl. Kap. II.1) aufweist.

cb) Probleme der Anwendbarkeit islamisch geprägten Familien- und Erbrechts

Aus der eben skizzierten Anwendbarkeit islam-rechtlich geprägter Rechtsregeln können Rechtsprobleme entstehen, wenn ihre Anwendung zu einem Ergebnis führt, das mit wesentlichen Grundsätzen des deutschen Rechts einschließlich der Grundrechte offensichtlich unvereinbar ist (Verstoß gegen den sog. „ordre public", vgl. Art. 6 EGBGB). In solchen Fällen wird dann doch (meist) deutsches Sachrecht anstelle des eigentlich berufenen ausländischen Sachrechts angewendet.[249]

Rechtliche Kollisionsfälle sind nicht selten: Die Zahl in Deutschland geschlossener bi-nationaler Ehen stieg von 3,6 % im Jahre 1950 auf 12,7 % im Jahre 1997. Als Ehemänner waren dabei am häufigsten solche türkischer, marokkanischer oder algerischer Staatsangehörigkeit beteiligt.[250] Die Türkei hat sich allerdings mit der Übernahme des Schweizer Zivilgesetzbuchs im Jahre 1926 explizit von der islam-rechtlichen Tradition abgewandt. Nach türkischer Gerichtspraxis verstoßen einige Kerninstitute des klassischen Islamischen Rechts wie die Polygamie sogar gegen den türkischen ordre public.[251]

---

[249] Vgl. aus der jüngeren Rechtsprechung BGHZ 120, 29 = NJW 1993, 848, 849; BGH NJW-RR 1993, 962; BGH NJW 1997, 3024, 3025; OLG Düsseldorf FamRZ 1997, 882; OLG Stuttgart FamRZ 1997, 882, 883; OLG Düsseldorf FamRZ 1998, 1113, 1114; sehr differenziert OLG Frankfurt a. M. NJW-RR 1992, 136; OLG Bremen NJW-RR 1992, 1288; OLG Hamm FamRZ 1993, 111.

[250] Vgl. „Immer mehr Deutsche im Ausland auf Brautschau", SZ v. 5.6.1998, 12.

[251] Vgl. *Tekinalp*, Milletlerarasi Hukuk Bağlama Kurallari, Istanbul 1992, 212f, zit. bei *Serozan*, Das türkische Erbrecht verglichen mit dem deutschen Erbrecht: mehr Gemeinsamkeiten als Besonderheiten, ZEV 1997, 473, 474.

Aus Sicht des deutschen Rechts sind deshalb nur noch solche Vorschriften z. B. des türkischen Rechts anstößig, die an einem (aus der Schweiz „importierten"!) patriarchalischen Ehe- und Familienverständnis festhalten.[252]

Als problematisch erweist sich bei islam-rechtlich geprägten Vorschriften insbesondere die Gleichberechtigung der Geschlechter und der Religionen.[253] Dabei unterscheiden sich die einzelnen Rechtsvorschriften in den verschiedenen Staaten der islamischen Welt erheblich voneinander (vgl. Kap. II.3.d). Mehr als ein sehr allgemeiner Überblick kann hier aus Raumgründen nicht gegeben werden. Für Einzelfragen wird man meist auf Fachgutachten zurückgreifen müssen.

Aus europäischer Sicht anstößig sind Rechtsregelungen, welche Eheschließung oder Erbnachfolge[254] aus Gründen der Religionsverschiedenheit verbieten. Nach den meisten Rechtsordnungen der islamischen Welt besteht für Musliminnen ein absolutes Eheverbot im Hinblick auf nichtmuslimische Männer, gestützt auf die Auslegung von Koran Sure 2 Vers 221 („Und gebt nicht [gläubige Frauen] an heidnische Männer in die Ehe, solange diese nicht gläubig werden").[255] Vereinzelte Stellungnahmen von Muslimen[256], im Koran als der maßgeblichen Quelle finde sich kein Anhaltspunkt für ein solches Verbot, haben sich bislang nicht durchsetzen können. Solche religiös begründeten Eheverbote verstoßen nach deutschem Recht gegen Artt. 4 und 6 GG und damit bei hin-

---

[252] Vgl. z. B. den väterlichen Stichentscheid bei der Sorge für eheliche Kinder nach Art. 148 ZGB, BGH NJW 1997, 3024, 3025.

[253] Weiterführend hierzu *Rohe*, Rechtsfragen bei Eheschließungen mit muslimischen Beteiligten, Das Standesamt 2000, 161 ff.

[254] Wie hier *St. Lorenz*, Islamisches Ehegattenerbrecht und deutscher ordre public, IPRax 1993, 148, 149 mwN; eher krit. *Dilger* in: Haarmann/Bachmann (Hrsg.), Festschrift Roemer, Beirut 1979, 81, 92.

[255] Als weiterer Beleg dient Sure 60, 10. Vgl. zur Praxis OLG Oldenburg IPRspr. 1967 Nr. 68; OLG Koblenz FamRZ 1994, 1262, 1263; AG Kaiserslautern IPRspr. 1992 Nr. 105 sowie die Nachweise bei *Kotzur*, Kollisionsrechtliche Probleme christlich-islamischer Ehen, Tübingen 1988.

[256] Nachweise bei *Spuler-Stegemann* (Fn. 141) 323 f.

reichendem Inlandsbezug auch besonders nachhaltig gegen den deutschen ordre public.[257] Deshalb reicht schon ein vergleichsweise schwacher Inlandsbezug aus, um das Ehehindernis unbeachtet zu lassen – die Ehe kann also geschlossen werden.

Der nötige Inlandsbezug liegt in jedem Falle dann vor, wenn mindestens einer der Eheschließungswilligen die deutsche Staatsangehörigkeit besitzt oder seinen gewöhnlichen Aufenthalt in Deutschland hat. Zu beachten ist aber auch, daß interreligiöse Paare sich nicht selten gerade deshalb ins Ausland begeben, um die im Heimatstaat aus religiösen Gründen verbotene Ehe eingehen zu können. So heiraten nach meiner Kenntnis zahlreiche religionsverschiedene Libanesen[258] in Zypern oder anderen Ländern, wohl wissend, daß sich gemäß libanesischem Kollisionsrecht ihre künftigen Familienrechtsbeziehungen nach dem Recht des Eheschließungsorts richten.[259] Der Wille zur Eingehung einer solchen Ehe unter dem Schutz der Grundsätze der deutschen Rechtsordnung sollte vor diesem Hintergrund ausreichen, um das religiöse Ehehindernis des ausländischen Sachrechts auszuschalten. „Hinkende" (im Herkunftsland nicht anerkannte) Rechtsverhältnisse sind gewiß problematisch; ihre Handhabung sollte aber doch in die Hände der Betroffenen gelegt werden. Freilich empfiehlt sich hier dringend ein Hinweis auf mögliche Rechtsfolgen im Herkunftsland.

Muslimische Männer dürfen auch nach klassischem Islamischem Recht Angehörige der sogenannten Schriftreligionen („ahl al-kitab"[260]) heiraten. Dies mag überraschend sein,

---

257 Vgl. BGHZ 56, 180 (Vorschriften des jüdischen Rechts); OLG Hamm NJW 1977, 1596; MünchKomm BGB-*Coester* 3. Aufl. 1998 Art. 13 EGBGB Rn. 62 mwN; aA OLG Oldenburg IPRspr. 1967 Nr. 68.

258 Vgl. zum interreligiösen Eheverbot für Musliminnen *Bergmann/Ferid* (Fn. 106), Länderbericht Libanon, 18 (Stand 31.5.1996).

259 Auskunft von Dr. Thomas Scheffler, Referent am Orient-Institut der DMG in Beirut bei einem Vortrag über „Libanon – der globale Staat" am 25.2.1999 in Erlangen.

260 Vgl. nur *Kotzur*, (Fn. 255) 17ff mwN.

denn in Koran Sure 2 Vers 221 findet sich ein exakt gleichlautendes Eheverbot für Muslime wie das genannte Verbot für Musliminnen („Und heiratet nicht heidnische Frauen, solange sie nicht gläubig sind"). Hieran zeigt sich, wie sehr patriarchalische Vorstellungen die Glaubensinhalte überlagern können – die „heidnische" Frau ist ein Zugewinn für den (dominierenden) Ehemann und die Muslime, die an einen „Heiden" verheiratete Frau ist – samt ihren späteren Kindern – ein nicht hinzunehmender „Verlust" für die Muslime.[261]

Ein „Anschlußproblem" kann sich ergeben, wenn ein Ehegatte nach wirksamer Eheschließung vom Islam abfällt. Solche Apostasie führt nach Islamischem Recht zur Auflösung der Ehe.[262] Indes verstößt die Eheauflösung nach Abfall vom Islam zweifellos gegen den ordre public. Der „Zwangsgeschiedene" gilt also in Deutschland als weiterhin verheiratet, solange er nicht auf anderem Wege wirksam geschieden wurde.

Das Islamische Recht schiitischer Prägung hat die Eheschließung auf Zeit (mutʿa-Ehe) als Institut entwickelt. Zulässig ist diese Eheform für Schiiten etwa im Iran[263] und im Libanon[264]. Im Inland scheitert eine solche Eheschließung schon an Art. 13 Abs. 3 S. 1 EGBGB, weil eine Befristung auch einen Formaspekt beinhaltet.[265] Bei rein materiellrechtlicher Qualifikation würde die mut'a-Ehe trotz des sehr stark liberalisierten Scheidungsrechts gegen den Grundsatz der unbefristeten Ehe (vgl. § 1311 S. 2 BGB) als Element des ordre public verstoßen.

Ein weiterer möglicher Anwendungsfall des ordre public

---

[261] So sinngemäß auch die rechtfertigende Argumentation des islamistischen Vordenkers Sayyid Qutb, fi zilal al-qur'an, Bd. 1, 7. Aufl. Beirut 1971, 351.

[262] Vgl. nur den Fall Nasr Abu Zayd in Ägypten; hierzu *Bälz*, IPRax 1996, 353 sowie OLG Köln IPRspr. 1982 Nr. 43.

[263] Artt. 1075–1077 ZGB, abgedruckt bei *Bergmann/Ferid* (Fn. 106) Länderbericht Iran, 23 f.

[264] Vgl. *Bergmann/Ferid* (Fn. 106), Länderbericht Libanon, 18 (Stand 31.5.1996).

[265] Staudinger-*v. Bar/Mankowski* Art. 13 Rn. 794.

ist die in vielen islamisch geprägten Rechtsordnungen noch zulässige, wenngleich restringierte Polygamie.[266] Im Inland kann keine polygame Ehe begründet werden. Art. 6 Abs. 1 GG (besonderer Schutz von Ehe und Familie) ist nach fast allgemeiner Meinung dem Prinzip der Einehe verpflichtet. In § 1306 BGB hat dieses Prinzip eine ausdrückliche Regelung erfahren. Die polygame Eheschließung verstößt auch dann gegen den ordre public, wenn die Heimatrechte aller Beteiligten solche Eheschließungen zulassen. Hierbei ist die Vorfrage, ob eine Vorehe bereits besteht, selbständig anzuknüpfen, also nach dem Heimatrecht des betroffenen Eheschließungswilligen zu beurteilen.[267] Tauchen Zweifel darüber auf, ob eine Vorehe nach dem Heimatrecht eines Beteiligten aus einem islam-rechtlich geprägten Land wirksam geschlossen wurde, so ist in der Tendenz von der Wirksamkeit der Eheschließung auszugehen. Dies hängt damit zusammen, daß illegitime Verhältnisse mit drastischen rechtlichen und gesellschaftlichen Konsequenzen nach Möglichkeit vermieden werden. Ist also beispielsweise eine Eheschließung entgegen den Vorschriften des Heimatrechts nicht registriert worden, so wird regelmäßig allenfalls eine anfechtbare, aber doch wirksame Eheschließung vorliegen.

Auch ein Ausweichen ins Ausland nur zur Umgehung der inländischen Vorschriften (z. B. bei ausschließlich deutschen Beteiligten) führt nicht zu einer im Inland wirksamen (polygamen) Ehe. Allerdings werden ansonsten die nach ausländischem Sachrecht wirksam geschlossenen polygamen Ehen auch nach deutschem Recht teilweise anerkannt.[268] Dabei ist

---

[266] Vgl. *Anderson* (Fn. 103) 48 ff; *Yehia*, Neue Aspekte im Islamischen Recht, in: Österreichische Akademie der Wissenschaften, Philosophisch-Historische Klasse, Sitzungsberichte Bd. 408, Wien 1983, 31, 35 ff.

[267] Vgl. BGH FamRZ 1997, 543; OLG Nürnberg NJW-RR 1998, 2, 4; Palandt-*Heldrich* BGB, 59. Aufl. 2000, Art. 13 EGBGB Rn. 6 mwN auch zur aA.

[268] Vgl. hierzu nur LG Frankfurt a. M. FamRZ 1976, 217 mwN; LG Osnabrück NJW-RR 1998, 582; AG Bremen StAZ 1991, 232, 233; Staatsanwaltschaft bei dem LG München I IPRspr. 1996 Nr. 62; VGH Kassel NVwZ-RR 1999, 274, 275.

eine Differenzierung zwischen vornehmlich öffentlich-rechtlichen Aspekten – wie Aufenthalts- und Sozialrecht einerseits und privaten Aspekten wie den familiären Rechtsbeziehungen im Unterhaltsrecht oder Adoptionsrecht andererseits – angebracht. Die privatrechtliche Anerkennung aus Gründen des Vertrauensschutzes gebietet nicht notwendig die gleichzeitige Anerkennung im Hinblick auf öffentlich-rechtliche Vorschriften (hierzu Kap. V.2.g und h).

Weitere praktische Probleme haben sich im Hinblick auf das weitreichende einseitige Ehescheidungsrecht des Ehemannes („talaq", „Verstoßung") und die nur sehr eingeschränkten Möglichkeiten der Ehescheidung für die Ehefrau ergeben. Hier gilt auch für Fälle mit Inlandsbezug (z. B. durch die Staatsangehörigkeit oder den Aufenthalt eines Ehegatten) die Faustregel, daß der talaq dann als wirksam anerkannt wird, wenn auch nach deutschem Recht im konkreten Fall die Voraussetzungen für eine Scheidung (Zerrüttung im Sinne der §§ 1565 ff BGB) gegeben wären.[269] Umgekehrt wird der Ehefrau in solchen Fällen die Möglichkeit zum Scheidungsantrag gegeben, auch wenn sie nach ihrem Heimatrecht keinen solchen Antrag mit Erfolg stellen könnte.[270]

Anstößig ist ferner die weitgehend pauschale Zuweisung des Vermögens- und Personensorgerechts für Kinder zumeist an den Vater (nur die tatsächliche Personensorge für kleine Kinder verbleibt in der Regel der Mutter, und auch diese verliert sie bei erneuter Heirat oder Entfernung vom bisherigen Wohnort).[271] Sofern die Regelung des Herkunftsrechts dem Kindeswohl erheblich widerspricht, kann sie nicht zur Anwendung kommen.[272]

---

269 Vgl. BayObLG NJW-RR 1998, 1538; OLG Düsseldorf FamRZ 1998, 1113; OLG Köln FamRZ 2000, 895; AG Hamburg FamRZ 2000, 958; aA abwegig AG Frankfurt a. M. IPRax 1989, 237; für England Chaudhary v. Chaudhary, [1985] L. R. 19 (C.A.); In re Fatima, [1986] 1 A. C. 527 (H.L.).

270 Vgl. OLG Stuttgart FamRZ 1997, 882.

271 Vgl. OLG Bremen FamRZ 1999, 1520; AG Kerpen FamRZ 1997, 105.

272 Vgl. BGHZ 120, 29, 34ff; BGH NJW-RR 1993, 962, 963; OLG Karlsruhe IPRax 1993, 97; zweifelhafte Begründungen findet OLG Düsseldorf

Ein Problem bildet auch das Adoptionsrecht. Das Islamische Recht kennt, gestützt auf eine Aussage des Koran in Sure 33, 37, ein absolutes Verbot der Adoption. Hierin wird in der Regel – jedoch nicht durchgehend[273] – ein Verstoß gegen den deutschen ordre public gesehen.[274] So kann eine Adoption in Deutschland durchgeführt werden, die nach dem „eigentlich" anwendbaren ausländischen Sachrecht unwirksam ist. Man könnte jedoch in stärkerem Umfang internationalen Entscheidungseinklang herbeiführen, wenn rechtstechnisch unterschiedliche, aber funktional vergleichbare Institute des Islamischen Rechts anerkannt würden. Das Adoptionsverbot ist nicht ohne Sinn in einer Gesellschaftsordnung, die wesentlich auf Großfamilienstrukturen aufbaut: Die Aufnahme in die Familiengemeinschaft würde sich nicht nur auf die aufnehmende Kleinfamilie beschränken. Andererseits bietet das Islamische Recht andere Möglichkeiten, die Rechtsfolgen der deutschen Adoption mit Statusfolge wenigstens in wichtigen Bestandteilen oder sogar gänzlich (durch Vaterschaftsanerkenntnis) herbeizuführen. Für ein Kind, das sich nicht ausschließlich in Deutschland aufhält, wäre es sicherlich begrüßenswert, wenn sein personenrechtlicher Status auch in der anderen Rechtsumwelt anerkannt würde. Hier ist das spanische Beispiel zu nennen, welches für Muslime im Hinblick auf Sorgerechts- und Unterhaltsfragen einen funktionalen Adoptionsersatz („Aufnahme in die Familie") bereithält.[275]

Probleme können sich schließlich im Erbrecht stellen. Ent-

NJW-RR 1994, 7; kluge Zurückhaltung zeigt hingegen OLG Frankfurt a. M. NJW-RR 1992, 136.

[273] Das LG Osnabrück (NJW-RR 1998, 582) lehnte eine Beschwerde gegen die Versagung der vormundschaftsgerichtlichen Genehmigung (§ 1746 Abs. 3 BGB a.F.) einer Adoption ab, durch welche die deutsche Ehefrau eines Ägypters das mit dessen ägyptischer Zweitfrau gezeugte Kind adoptieren wollte. Da alle Beteiligten in Deutschland harmonisch zusammenlebten, sah das Gericht keinen Anlaß zur rechtlichen Trennung von der leiblichen Mutter aus Gründen des Kindeswohls.

[274] Vgl. AG Hagen IPRax 1984, 279.

[275] Vgl. Art. 173 Código civil, abgedruckt in *Bergmann/Ferid* (Fn. 106) Länderbericht Spanien (Stand 31.7.1998), 37ff.

sprechend einer Regelung des Koran entfällt regelmäßig auf männliche Erbberechtigte der doppelte Anteil weiblicher Erbberechtigter mit derselben Nähebeziehung zum Erblasser – z. B. Söhne im Verhältnis zu Töchtern, hinterbliebene Ehemänner im Verhältnis zu Ehefrauen. Da der Erblasser nur maximal ein Drittel seines Vermögens durch eigene Festlegung anderen Personen als den gesetzlichen Erben zuwenden kann, verbleibt eine Benachteiligung. Diese wird auch nicht durch die Befreiung von Unterhaltsansprüchen ausgeglichen (vgl. Kap. II.3.d), wenn sich die Unterhaltspflichten wie zumeist nach dem Aufenthaltsrecht bestimmen. Hierin kann im Einzelfall ebenso ein Verstoß gegen den ordre public vorliegen.[276]

Es finden sich noch weitere islam-rechtlich geprägte Vorschriften, welche den modernen westlichen Rechtsauffassungen über die Gleichberechtigung der Geschlechter oder anderen wesentlichen Prinzipien widersprechen, beispielsweise im Unterhaltsrecht. Sie werden jedoch nicht relevant, soweit sich ein betroffener Unterhaltsberechtigter im Inland aufhält, weil dann zumeist (außer in Fällen nachehelicher Unterhaltsbedürftigkeit) das am Aufenthaltsort geltende Sachrecht anzuwenden ist und nicht das (islam-rechtlich geprägte) Herkunftsrecht des Berechtigten oder Verpflichteten. Dies kann sich aber mit einer Verlegung des Aufenthalts in ein Land ändern, in dem Rechtsvorschriften nach islam-rechtlicher Tradition gelten. In aller Regel finden diese Vorschriften ungeachtet der Staatsangehörigkeit der Beteiligten schon dann Anwendung, wenn mindestens einer der Beteiligten Muslim ist. Dies gilt es z. B. bei der Eheschließung zu bedenken (hierzu noch unten cc).

Soweit nachehelicher Unterhalt sich nach dem Herkunftsrecht bestimmt, gelten die genannten Grundsätze über den ordre public. Seine Anwendung kann z. B. zu Unterhaltsan-

---

[276] Vgl. hierzu OLG Hamm FamRZ 1993, 111 (im entschiedenen Fall verneinend) mit krit. Anm. *St. Lorenz*, IPRax 1993, 148; LG Hamburg IPRspr. 1991 Nr. 142.

sprüchen einer geschiedenen Ehefrau führen, die kleine Kinder zu betreuen hat oder die aus gesundheitlichen Gründen keiner Erwerbstätigkeit nachgehen kann, auch wenn das eigentlich anwendbare, islam-rechtlich geprägte Recht keinen solchen Anspruch kennt.[277] Nur am Rande sei darauf hingewiesen, daß die Versagung solchen nachehelichen Unterhalts nach Ablauf einer kurzen Frist nicht den Schluß auf eine menschenunwürdige Grundauffassung zuläßt. Sie spiegelt vielmehr die rechtliche und soziale Gesamtlage wider, nach der zum einen die Ehefrau vor und während der Ehe das Recht hat, vom Ehemann bestimmte Zahlungen (auch zu Vorsorgezwecken) zu verlangen; zum anderen besteht noch eine vielfach intakte Großfamilienstruktur, die der Geschiedenen einen finanziellen und sozialen Rückhalt gewährleistet. Da sich aber solche Lebensverhältnisse grundlegend von der Regelsituation in Europa mit Systemen kollektiver Sozialsicherung unterscheiden, lassen sich auch die auf solche Situationen zugeschnittenen Rechtsregeln nicht übertragen.

Insgesamt zeigt sich, daß in der Anwendbarkeit von islamrechtlich geprägten Vorschriften bei der Eheschließung in Deutschland einige Probleme liegen können. Diese Probleme sind zu meistern, notfalls durch die Anwendung des ordre public. Zu warnen ist jedoch vor einer grundsätzlichen Ablehnung islam-rechtlicher Vorschriften; manches läßt sich ohne weiteres in den deutschen Rechtskontext integrieren. Auch innerhalb der islamischen Welt wird das Recht reformiert, wie es besonders prägnant das tunesische Beispiel zeigt.[278] Deshalb kommt es bei der Anwendung islam-rechtlich geprägter Vorschriften zunächst darauf an, ihren Inhalt und ihre konkreten Auswirkungen genau zu überprüfen, bevor man ihre Anwendung mit dem grobschlächtigen Instrument des ordre public ausschaltet. Hierbei ist nicht zuletzt zu bedenken, daß der Gesetzgeber die grundsätzliche Anwendbarkeit ausländischen Rechts aus gutem Grunde vorgesehen hat. Die

---

277 Vgl. OLG Zweibrücken FamRZ 2000, 32.

278 Vgl. zur Reform des tunesischen Familienrechts *Forstner* (Fn. 107) 1 ff.

Anwendung deutscher Vorschriften über den ordre public kann umgekehrt dazu führen, daß in Deutschland geschaffene Rechtsverhältnisse im Herkunftsland von Beteiligten nicht anerkannt werden. Auch dies ist ein Ergebnis, das man den Betroffenen nach Möglichkeit ersparen sollte. Einziger und vom Recht auch vorgegebener Ausweg ist der Blick auf die Umstände des Einzelfalles: Das Individuum und seine persönlichen Verhältnisse stehen im Mittelpunkt des Internationalen Privatrechts, und dort haben sie ihren Platz zu Recht.

cc) Gestaltungsmöglichkeiten

Sowohl die europäischen Rechtsordnungen als auch das Islamische Recht lassen in gewissem Umfang eine eigenverantwortliche Rechtsgestaltung der Betroffenen im Bereich des Familien- und Erbrechts zu. So können z. B. das Ehegüterrecht und das Erbrecht, nach Islamischem Recht auch das Recht der Ehescheidung in erheblichem Umfang abweichend vom gesetzlichen Modell bzw. durch Wahl einer von mehreren rechtlichen Optionen gestaltet werden. Hieraus ergeben sich zwei mögliche Gestaltungsrichtungen und -bedürfnisse. Zum einen kann es für Ehefrauen bedeutsam werden, ihre Rechtsposition im Hinblick auf islam-rechtlich geprägte Regelungen zu verbessern (hierzu sogleich im folgenden). Zum anderen können im Inland ansässige Muslime daran interessiert sein, ihre *bürgerlichen* Rechtsverhältnisse in Anlehnung an islam-rechtliche Vorschriften zu regeln. Zunächst soll auf die erste Fallgruppe – Verbesserung der Rechtsposition von Ehefrauen und weiblichen Hinterbliebenen – eingegangen werden.

Wird die Ehe in einem Land geführt, dessen Rechtsordnung die Gleichberechtigung der Geschlechter und Religionen durchsetzt, so besteht ein vergleichsweise geringer Bedarf an individuellen Regelungen. Allerdings wird bei Eheschließung meist noch nicht abzusehen sein, welches auf Dauer der Lebensmittelpunkt der Ehegatten sein wird. Stammt der Ehepartner aus einem Land, in dem die Bindungen in (Groß-)Familienstrukturen noch sehr eng sind, muß damit gerechnet werden, daß irgendwann der Wunsch auf Übersiedlung in dieses Land aufkommen wird. Zu diesem Zeitpunkt lassen sich jedoch die Rechtsverhältnisse nur noch unter Schwierigkeiten neu gestalten. Der geeignete Zeitpunkt für Regelungen ist also spätestens die Eheschließung. Dabei ist der dringlichste und praktisch häufigste Fall der, in dem ein Muslim aus einem islamischen Land eine europäische Nicht-Muslimin heiratet.

Bei alledem ergibt sich kein wesentlicher Unterschied daraus, ob der/die muslimischen Ehegatten deutsche Staatsangehörige sind oder nicht.[279] Dies gilt jedenfalls dann, wenn der Ehegatte (oder das Kind) weiterhin auch die Staatsangehörigkeit des Herkunftslandes besitzt. Die Herkunftsrechtsordnung ist auch im Hinblick auf diesen Personenkreis anwendbar, soweit die Betroffenen die alte Staatsangehörigkeit nicht aufgeben konnten. Viele islamische Länder entlassen in der Tat ihre Angehörigen nicht aus der Staatsangehörigkeit und behandeln sie dann auch nach ihrem Kollisionsrecht stets als Inländer.[280] Sobald sich also die Betroffenen im Herkunftsland des Ehemannes aufhalten, wird dieser ungeachtet seiner deutschen Staatsangehörigkeit wie ein Staatsbürger dieses Landes behandelt. Bei der Eheschließung sollte im Interesse der Beteiligten hierauf aufmerksam gemacht werden, weil insoweit nach meinen Erfahrungen weitestgehend Unkenntnis herrscht.

Dabei verfolgt das deutsche Recht eine durchweg ehefreundliche Haltung, die in Art. 6 GG vorgegeben ist und in

---

279 Vgl. zur Tendenz in der islamischen Welt, alle Muslime als Angehörige einer einzigen rechtlichen Gemeinschaft (umma) zu betrachten, *Déprez*, Droit international privé et conflits de civilisations, Académie de Droit International, Recueil des cours 1988 IV, Dordrecht u.a. 1990, 9, 342ff.

280 Vgl. nur *Kotzur* (Fn. 260) 40 mwN für Algerien, 50 mwN für Marokko; *Menhofer*, Religiöses Recht und internationales Privatrecht, Heidelberg 1995, 48ff, 53ff für Ägypten.

Normen wie Art. 13 Abs. 2 EGBGB fortgeführt wird. Auch dies gilt es in der Alltagspraxis zu bedenken: Juristen sind es gewohnt, zunächst die Probleme zu sehen. Im Grundsatz ist aber jede Eheschließung nicht nur für die Beteiligten, sondern auch für die Rechtsgemeinschaft Anlaß zur Freude. Daß wir auf die Probleme hinweisen, liegt gewiß auch im Institut der Ehe selbst begründet, das ja nicht nur für die guten Zeiten besteht, sondern sich gerade in den schlechteren Zeiten bewähren muß. Dabei sei der Hinweis erlaubt, daß der Verfasser eine ganze Anzahl im In- oder Ausland glücklich geführter Ehen zwischen Muslimen und Nicht-Muslimen kennt, aber auch von nicht wenigen anderen Fällen weiß. In der Regel führt dabei nicht die Religionsverschiedenheit zum Konflikt, sondern die unterschiedliche kulturelle oder soziale Prägung. Da meist nicht vorab verläßlich einzuschätzen ist, in welche Richtung sich die eigene Beziehung entwickeln wird, sollte doch Vorsorge auch für die denkbaren schlechteren Zeiten getroffen werden.

Vorsorge muß vor allem diejenige künftige Ehefrau treffen, die von den europäischen Lebensverhältnissen der Gegenwart geprägt ist und die sich nicht ohne weiteres in das eher archaische Rollenschema einfügen möchte, das dem Islamischen Recht in seiner traditionellen Form zugrunde liegt (vgl. Kap. II.3.d). Insbesondere ist zu bedenken, daß die in ein islamisches Land zugewanderte Ehefrau im Konfliktfall nicht auf eigene, vor Ort anwesende Familienangehörige zurückgreifen kann, denen im dortigen Lebensalltag eine wichtige Vermittler- und Hilfsfunktion zukommt. Insofern muß die vorsorgliche Rechtsgestaltung diejenigen Aufgaben übernehmen, welche auf gesellschaftlich-familiärer Ebene aus äußeren Gründen nicht gelöst werden können.

Demnach ergeben sich besondere Aufgaben für die Rechtsanwendung in Deutschland. Werden hier neue Rechtsbeziehungen geschaffen – insbesondere bei der Eheschließung, aber auch bei Scheidungen – so bedarf es zumindest hinreichender Information der Beteiligten, am besten durch Initiative der Betroffenen selbst. Standesbeamte sollten insbesondere dann, wenn eine mit einem muslimischen Ehemann aus einem islam-rechtlich geprägten Herkunftsland beabsichtigte Eheschließung angemeldet wird, auf die möglichen Probleme aus der Anwendbarkeit ausländischen Rechts und die mögliche ehevertragliche Vorsorge gegen Rechtsnachteile für die Ehefrau hinweisen. Zwar ist in vielen islamischen Ländern eine Tendenz zu beobachten, die Rechte der Frauen zu stärken; einige Nachteile bestehen jedoch fort (vgl. die wichtigsten oben cb) genannten Fälle).[281]

Entsprechende Beratung ist nicht etwa diskriminierend, sondern im Interesse aller Beteiligten sehr zu empfehlen. Solche Empfehlungen werden auch von muslimischen Autoren gegeben[282], dies sogar für Eheschließungen unter Muslimen aus unterschiedlichen Kulturregionen.[283] Derartige Eheverträge sind in der islamischen Welt wie auch außerhalb zumindest in gebildeteren Kreisen durchaus üblich.

Ein Beispiel für Regelungsvorschläge ist die vom Schweizerischen Institut für Rechtsvergleichung herausgegebene Broschüre „Gemischte Ehen zwischen Schweizern und muslimischen Ausländern"[284]. In Deutschland liegt eine ausführliche, nach Ländern gegliederte Empfehlung des Bundesverwaltungsamts vor.[285]

Nach klassischem Islamischem Recht ist die Vereinbarung eines sogenannten „mahr" oder „sadaq" (Zahlung des Bräutigams an die Braut) bei der Eheschließung geboten. Gleiches

---

281 Vgl. exemplarisch den Sachverhalt in OLG Hamm FamRZ 1981, 875, 876.

282 Vgl. zu Vereinbarungen anläßlich der Eheschließung („nikah-nama") unter indischen Muslimen *Ansari*, Muslim Women's Rights: Goals and Strategy of Reform, Islamic and Comparative Law Review XV–XVI (1995–96), 111, 115f.

283 Vgl. für indische Muslime *Ansari* (Fn. 282) 111, 115f; für Europa *Balić* (Fn. 37) 87; *Douallal/Rüschoff*, AL-ISLAM 1/1999, 13, 16 sowie die im Tatbestand der Entscheidung BGH NJW 1999, 574 wiedergegebene Vereinbarung.

284 Lausanne 1996, insbes. 28ff (S. Aldeeb).

285 Bundesverwaltungsamt, Merkblätter für Auslandstätige und Auswanderer, Islamische Eheverträge (J. Rieck), Stand 1996.

gilt für viele bestehende Rechtsordnungen in der islamischen Welt. Sozialer Hintergrund dieses Instituts ist die finanzielle Absicherung der Ehefrau zum Ausgleich für nur geringe nacheheliche Unterhaltsansprüche und weitgehend fehlende Alterssicherungssysteme. Auch kann durch die Vereinbarung von Zahlungspflichten unter der aufschiebenden Bedingung der Ehescheidung eine finanzielle Barriere gegen das verbreitete einseitige Scheidungsrecht des Ehemannes („talaq") errichtet werden: Die zu erwartenden Zahlungspflichten mögen Neigungen zu einer willkürlichen Verstoßung deutlich dämpfen.[286]

Erwägenswert ist die Aussetzung eines mahr insbesondere dann, wenn eine Lebensführung im Herkunftsland des Ehemannes nicht auszuschließen ist. Der mahr kann dann zum einen unterhaltsrechtliche Nachteile kompensieren. Zum anderen kann er die erwähnte Funktion übernehmen, die leichtfertige Ausübung des einseitigen Scheidungsrechts durch den Ehemann zu verhindern. Andererseits kann nicht unerwähnt bleiben, daß nach Erfahrungen aus der islamischen Welt der Gegenwart nicht zuletzt sehr hohe Brautgabenforderungen dazu geführt haben, daß viele junge Männer sich eine Eheschließung nicht mehr „leisten" können.[287] So finden sich schon gesetzliche, sogar strafbewehrte Regelungen zur Begrenzung der Brautgabenhöhe.[288] Verpflichtungen zu erheblichen Sofortzahlungen sind von daher je nach den Umständen des Einzelfalles nicht unproblematisch.

Regelungen des Unterhalts sind dann nicht vordringlich, wenn die Ehe in Deutschland oder anderen Ländern geführt werden soll, welche die Regelung des Unterhalts an das Recht des gewöhnlichen Aufenthaltsorts knüpfen. In den übrigen Fällen ist daran zu denken, den mahr mit der aufschie-

---

286 Vgl. nur OLG Hamm FamRZ 1988, 516, 517; OLG Celle FamRZ 1998, 374, 375.

287 Vgl. nur *Krüger* (Fn. 327) 66f; *Ebert*, Das Personalstatut arabischer Länder, Frankfurt a. M. u. a. 1996, 92f mwN.

288 *Krüger* (Fn. 327) 67 für die Vereinigten Arabischen Emirate.

benden Bedingung der Eheführung in einem Land mit islamrechtlich dominiertem Ehe- und Familienrecht und/oder der Ehescheidung zu verknüpfen.

Wichtig für Ehefrauen kann die Vereinbarung eines erweiterten Rechts auf Ehescheidung werden (sog. „khul'"[289]). Nachdem die meisten islamisch geprägten Rechtsordnungen der Ehefrau nur unter sehr engen Voraussetzungen ein Recht auf Ehescheidung einräumen, kommt einem solchen Recht erhebliche praktische Bedeutung zu. Es übernimmt funktional die Möglichkeit einer Ehescheidung wegen unheilbarer Zerrüttung ohne Verschuldensprüfung. Allerdings ist zu bedenken, daß die Ehefrau für die Scheidung im Wege des khul' meist einen hohen Preis zu zahlen hat, indem sie in aller Regel auf sämtliche gegen den Ehemann bestehenden Vermögensansprüche verzichten oder dafür sogar eine Zahlung leisten muß.

Ebenfalls kann festgelegt werden, daß bei einer späteren polygamen Eheschließung die Erstfrau ein uneingeschränktes Recht auf Ehescheidung erhält.[290]

Empfehlenswert sind weiterhin Regelungen über das Sorgerecht für Kinder aus der zu schließenden Ehe.[291] Nach vielen islamisch geprägten Rechtsordnungen erhält in der Regel nur der Ehemann die Vermögenssorge (walaya), während die tatsächliche Personensorge (hadana) je nach Alter und Geschlecht des Kindes regelmäßig zunächst der Mutter und ab einem bestimmten Alter dem Vater zusteht. Hier ließen sich ehevertragliche Modifikationen versuchen; allerdings kann nicht ausgeschlossen werden, daß bei Rechtsstreitigkeiten im Herkunftsland entsprechende Regelungen über den dortigen ordre public abgewehrt und damit faktisch unwirksam

---

289 Vgl. El *Alami/Hincliffe*, Islamic Marriage and Divorce Laws of the Arab World, London u.a. 1996, 27f sowie die im Tatbestand des Urteils BGH NJW 1999, 574 wiedergegebene Vereinbarung.

290 Vgl. hierzu *El-Alami*, The Marriage Contract in Islamic Law, London u.a. 1992, 130ff.

291 Exemplarisch für Problemfälle BGH NJW 1999, 1344.

werden.[292] Auch hier verbleibt also ein Rest von Unsicherheit.

Empfehlenswert ist es auch, die Religionszugehörigkeit der Kinder zu regeln und die Eintragung der Kinder in den Reisepaß der Mutter vorzunehmen, soweit möglich. Andernfalls wird eine Ausreise ohne Zustimmung des Vaters unmöglich.

Schließlich sind auch erbrechtliche Regelungen zu bedenken. Nach klassischem Islamischem Recht kann der Erblasser über maximal ein Drittel des Nachlasses Verfügungen treffen. Die feste Bindung von zwei Drittel des Nachlasses für bestimmte nahestehende Verwandte[293] dürfte angesichts der funktional vergleichbaren Pflichtteilsregelung in §§ 2303 ff BGB nicht anzugreifen sein. Um so wichtiger kann es werden, bereits zu Lebzeiten finanzielle Vorsorge zu treffen.

Zu denken ist auch an mögliche interreligiöse Erbverbote des ausländischen Sachrechts.[294] Dessen Regelungen sollten abbedungen werden, wenngleich die Durchsetzung einer solchen Vereinbarung im Herkunftsland schwierig werden könnte. Insofern empfiehlt sich zusätzlich der Rat, vorhandene Vermögenswerte auch außerhalb des Herkunftslandes anzulegen.

Im Bereich gerichtlicher Entscheidungen schließlich erscheint es angezeigt, bei einer Sorgerechtsentscheidung das Umgangsrecht eines ausländischen muslimischen Vaters von einer Erklärung abhängig zu machen, daß er die Entscheidung des deutschen Gerichts billigt. So ließe sich vielleicht eine ansonsten praktisch irreversible Kindesentführung in das Herkunftsland rechtlich auch dort angreifbar machen.[295]

Muslimen in Deutschland ohne deutsche Staatsangehörigkeit steht es zudem offen, ihre familien- und erbrechtlichen

---

[292] Nachweise *Krügers* (Fn. 327, 67 f) aus der Rechtsprechung der Vereinigten Arabischen Emirate zeigen allerdings, daß derlei Vereinbarungen auch im Rahmen des dort geltenden Rechts getroffen werden können.

[293] Vgl. nur *Spies/Pritsch* (Fn. 29) 220, 230 f; Koran Sure 4 Verse 11 ff, 33, 176; Sure 2 Verse 180, 240 f.

[294] Vgl. nur *Menhofer* (Fn. 280) 76 ff, 236 ff für Ägypten.

[295] Vgl. OLG Karlsruhe IPRax 1989, 249.

Verhältnisse den Regelungen des deutschen Rechts zu unterstellen, wenn sie dies wünschen, beispielsweise im Hinblick auf das Ehegüterrecht (vgl. Art. 15 Abs. 2 EGBGB) oder das Erbrecht an Immobilien (vgl. Art. 25 Abs. 2 EGBGB). Dabei sind in der Regel besondere Formvorschriften zu beachten.

In Deutschland oder anderen europäischen Ländern lebende Muslime können andererseits ein Interesse daran haben, ihre familien- und erbrechtlichen Verhältnisse islamrechtlichen Vorstellungen anzunähern. Dies ist überall dort möglich, wo das anwendbare Sachrecht den Beteiligten eigene Wahl- und Gestaltungsmöglichkeiten eröffnet. Dies kann insbesondere in solchen Familien von Vorteil sein, deren Lebensführung sich auch auf Länder mit islam-rechtlich geprägten Rechtsordnungen erstreckt oder die dorthin familiäre Beziehungen haben. Möglicherweise lassen sich in solchen Ländern Rechtsprobleme (z. B. in Erbschaftsfällen) besser lösen, wenn die Beteiligten ihre rechtlichen Beziehungen in Annäherung an dort geltende Vorschriften eingerichtet haben.

Ein Beispiel für eigenständige Rechtsgestaltung aus der jüngeren Rechtsprechung ist die Vereinbarung einer Brautgabe (mahr).[296] Generell sollten Muslime allerdings prüfen, ob eine Übertragung traditioneller islam-rechtlicher Vorstellungen wirklich geeignet ist, den erkennbaren Sinn islamrechtlicher Regelungen zu treffen. Ein konkretes Beispiel mag genügen. Wie oben in Kap. II.3.d erwähnt, hat die Bemessung der Erbquoten mit nur hälftiger Berücksichtigung weiblicher Nachkommen den Zweck, die grundsätzlich alleinige Unterhaltspflicht männlicher Nachkommen finanziell auszugleichen. Diese Funktion wird aber dann verfehlt, wenn das – weitgehend zwingende – im Aufenthaltsstaat anwendbare Unterhaltsrecht auch die weiblichen Nachkommen gleichermaßen zur Unterhaltsverpflichtung heranzieht. Würde ein Erblasser dennoch den Töchtern nur den halben Erbteil

---

296 Vgl. OLG Celle FamRZ 1998, 374, 375.

von Söhnen zumessen, so würde es sich gegen den Sinn der islam-rechtlichen Regeln wenden.

Insgesamt scheint hier eine der großen Aufgaben juristisch gebildeter Muslime in Ländern außerhalb der islamischen Welt zu liegen. Bislang ist nur in Ansätzen der Versuch erkennbar, ein islamkonformes bürgerliches Recht für Muslime in der Diaspora zu entwickeln, obwohl die Rechtsordnungen der westlichen Welt vielfältige Gestaltungsmöglichkeiten zulassen und obwohl die pauschale Übernahme von Vorschriften, die in ihren Einzelheiten für eine andere Weltregion und andere Zeiten entwickelt wurden, in der Praxis wenig Erfolg versprechen dürfte. Interessant erscheinen nicht zuletzt die vorrechtlichen Formen der Konfliktvermeidung und der Vermittlung im Konfliktfall auf gesellschaftlicher Ebene.

Als offenbar erfolgreiches Beispiel hierfür ist das seit 1980 bestehende Islamic Sharia Council in England zu nennen.[297] Es hat bis 1996 ca. 1.500 Rechtsfälle behandelt. Ihm ist keine offizielle Funktion zuerkannt; es übernimmt aber wichtige Mediationsaufgaben vor allem im Bereich des Personenstandsrechts. Dies betrifft in erheblicher Anzahl Fälle, in denen eine muslimische Ehefrau ein englisches Scheidungsurteil erwirkt hat und nun die „islam-rechtliche" Bekräftigung durch talaq (einseitige Scheidung) durch den Ehemann herbeiführen möchte.[298] Damit soll eine umfassende Akzeptanz der Entscheidung auch im sozialen Umfeld herbeigeführt werden.[299] Entscheidungen des Council, die nicht angegriffen

---

297 Vgl. *Ph. Lewis* (Fn. 100) 119f; *Pearl/Menski*, Muslim Family Law, 3. Aufl. London 1998, 3–81ff; zur Entwicklung in anderen europäischen Ländern *Foblets* (Fn. 152) 371ff.

298 Vgl. *Ph. Lewis* (Fn. 100) 119f; *Pearl/Menski* (Fn. 297) 3–81ff, insbes. 3–96ff.

299 Daß das Recht nicht zu sehr Avantgarde sein kann, zeigt das Beispiel der in der Türkei erst allmählich durchgesetzten Zivilehe. Die familienrechtlichen Folgen der vom Imam geschlossenen „Nichtehen" mußten fortwährend durch Amnestien aufgefangen werden; vgl. nur OLG Zweibrücken NJW-RR 1997, 1227. Vgl. auch *Abdulrahim* (Fn. 152) 181ff, 197f zu verkappten polygamen Beziehungen trotz „offizieller" Scheidung.

werden können, sind – unter Einpassung in das englische Rechtssystem – durch staatliche Gerichte durchzusetzen.[300] Auch hierdurch würde der Islam zur rechtlichen Normalität und damit dem Zugriff von Extremisten entzogen. Andererseits wäre die Oberherrschaft des Rechts des Aufenthaltsstaats nicht eingeschränkt. Wer sich also als Muslim nicht der Hilfe solcher islamischer Institutionen bedienen wollte, könnte selbstverständlich die allgemein geltenden Rechtsformen und Gestaltungsmöglichkeiten wählen.

In rechtspolitischer Perspektive sind noch weitere Möglichkeiten einer rechtskulturellen Liberalisierung ohne Aufgabe zentraler Wertvorstellungen erkennbar. Zwar ist es das gute Recht des Aufenthaltslandes, seine Grundvorstellungen hinsichtlich so sensibler Bereiche wie dem des Ehe- und Familienrechts bei hinreichendem Inlandsbezug durchzusetzen. So legt Art. 13 Abs. 3 S. 1 EGBGB fest, daß im Inland Ehen grundsätzlich nur in der hier vorgeschriebenen Form geschlossen werden können.[301] Andererseits ist zu überlegen, ob die standesamtliche Eheschließung zum unverzichtbaren Bestand des deutschen Rechts zählt. Spanien beispielsweise hat in seinem neuen Personenstandsrecht die islamische Form der Eheschließung als Option anerkannt; für die erforderliche Rechtssicherheit sorgen zwingende Vorschriften über die Registrierung.[302] Vergleichbar ließe sich an seit dem 18. Jahrhundert bestehende englische Sonderregelungen für Quäker und Juden anknüpfen.[303]

---

300 Informationen von The Honourable David Pearl, Judge in the High Court, London, gegeben auf einer Tagung über Islamic Law and its Reception by the Courts in the West in Osnabrück vom 22.–24. 10. 1998.

301 Vgl. hierzu *Rohe* (Fn. 253) 161 f.

302 Vgl. Art. 59 Código civil iVm der Verwaltungsvorschrift der Generaldirektion des Zivilregisters und des Notariats v. 10. 2. 1993, abgedruckt in *Bergmann/Ferid* (Fn. 106) Länderartikel Spanien (Stand 31. 7. 1998), 24 und 55. Für Ausländer stehen wahlweise die Formvorschriften der Heimatrechte zur Verfügung, vgl. Art. 50 Código civil, aaO, 23.

303 Vgl. *Poulter* (Fn. 117) 205 zum Marriage Act von 1753; *Berkovits*, Get and Talaq in English Law, in: Mallat/Connors (Hrsg.), Islamic Family Law, London 1990, 126 ff.

Auch könnte man in stärkerem Umfang internationalen Entscheidungseinklang herbeiführen, wenn rechtstechnisch unterschiedliche, aber funktional vergleichbare Institute des Islamischen Rechts anerkannt würden. Beispiel hierfür ist der teilweise Ersatz[304] für die im Koran verbotene[305] Adoption. Für ein Kind, das sich nicht ausschließlich in Deutschland aufhält, wäre es sicherlich begrüßenswert, wenn sein personenrechtlicher Status auch in der anderen Rechtsumwelt anerkannt würde. Auch hier ist das spanische Beispiel zu nennen, welches im Hinblick auf Sorgerechts- und Unterhaltsfragen einen funktionalen Adoptionsersatz („Aufnahme in die Familie") bereithält.[306]

2. Öffentliches Recht

a) Moscheebau und Gebetsruf

Moschee und Gebetsruf zählen zu den am deutlichsten wahrnehmbaren Erscheinungen des islamischen Glaubens. Beides fällt in den Schutzbereich der verfassungsmäßig garantierten Religionsfreiheit. Zwar kann ein Muslim die vorgeschriebenen täglichen Gebete grundsätzlich an jedem Ort verrichten; zumindest das freitägliche Mittagsgebet muß aber nach Möglichkeit in der Moschee ausgeführt werden.[307] Zudem erfüllt die Moschee wichtige soziale Funktionen. Häufig sind Läden, Cafés, Ausbildungsstätten oder sonstige Begegnungsräume angeschlossen. Die Moschee kann auch schlicht ein Ort der

---

304 Vgl. OLG Karlsruhe FamRZ 1998, 56, 57 mwN.

305 Vgl. Sure 33, 4f, 37; Art. „tabanni" in: wizarat al-awqaf (Fn. 205), Bd. 10, Kuweit 1987; zur gegenwärtigen Rechtslage in einigen islamischen Ländern vgl. *Pearl/Menski* (Fn. 297) 10–25ff sowie OLG Karlsruhe FamRZ 1998, 56, 57 mwN.

306 Vgl. Art. 173 Código civil, abgedruckt in *Bergmann/Ferid* (Fn. 102), Länderartikel Spanien (Stand 31.7.1998), 37ff.

307 Vgl. Sure 62, 9 und den Artikel „salat al-ğumʿa" (Freitagsgebet) in: wizarat al-awqaf (Fn. 205), Bd. 27, 2. Aufl. Kuweit 1990.

Ruhe und Besinnung in einer hektischen Umwelt sein – wer schon eine Moschee besucht hat, wird dort ruhebedürftige, mit Einkaufstaschen beladene Menschen oder sogar Schlafende angetroffen haben. All dies macht deutlich, daß Moscheen nicht durchweg an den Rand der Städte verbannt werden dürfen, wenn sie ihre Funktion erfüllen sollen.

Die Errichtung von Moscheen und insbesondere der Gebetsruf in den Zentren von Städten werden aber von nicht wenigen Alteingesessenen als Frontalangriff auf die christlich-abendländische Kultur verstanden. Fanatiker versteigen sich sogar zu Morddrohungen gegenüber Menschen, die der Errichtung von Moscheen offen gegenüberstehen.[308] Hierbei macht sich das in Kap. I skizzierte Vorverständnis in besonderer Intensität bemerkbar. Die Moschee ist jedoch nicht anders als die Synagoge und die Kirche ein Bethaus. Daß man sie zu anderen Zwecken mißbrauchen kann, ist sowenig wie für Gebetsstätten anderer Religionen ausgeschlossen. Es käme aber zu Recht niemand auf die Idee, christliche Kirchen deshalb zu schließen, weil die „Deutschen Christen" sie im Dritten Reich als Ort der Propaganda für menschenverachtende Ideologien mißbraucht haben.

Der zunehmende Wunsch nach der Errichtung von Gebetsstätten und Zentren religiösen Lebens ist nicht überraschend. Eine neue Wende hin zur Religion oder gar eine Tendenz zum Fundamentalismus kann hierin nicht gesehen werden. Muslime können auch ohne sichtbare kultische Einrichtungen religiös sein. Der Wunsch nach solchen Einrichtungen dürfte in erster Linie darin begründet sein, daß man sich vom schon längst irreal gewordenen „Gaststatus" auch praktisch verabschiedet. Wer aber auf Dauer bleiben will, wird mit Provisorien nicht mehr vorliebnehmen wollen.

Hiergegen wird immer wieder eingewandt, daß Moscheebauten im christlichen Abendland erst dann akzeptabel

---

308 Solche Drohungen wurden z. B. gegen den Bürgermeister von Garmisch-Partenkirchen ausgesprochen; vgl. „Fanatiker drohen noch immer mit Mord", SZ v. 8.4.1997, 28.

seien, wenn auch die Errichtung von Kirchen in islamischen Ländern zugelassen würde. Plakativ formuliert: Die Moschee in Rom gibt es nur gegen die Kirche in Mekka. Nun ist in manchen – nicht in allen – islamischen Ländern die Situation nicht-muslimischer Religionsangehöriger beklagenswert. Dabei ist die Benachteiligung nicht immer religiös motiviert. Gewiß nicht akzeptabel ist jedoch z. B. das Verbot christlicher Gottesdienste in Saudi-Arabien – selbst ein Kreuz darf man nicht sichtbar am Körper tragen – oder das Verbot öffentlicher Weihnachtsfeiern während des Ramadan in den Vereinigten Arabischen Emiraten.[309]

Unabhängig davon wird das Argument „wie du mir, so ich dir" (Retorsionsgrundsatz) der Situation nicht gerecht. Die in Deutschland und Europa ansässigen Muslime sind für die rechtliche und gesellschaftliche Situation in der islamischen Welt nicht verantwortlich. Nicht wenige von ihnen sind ihren Herkunftsländern eben wegen der dort herrschenden Unfreiheit entflohen. In Deutschland und den meisten Staaten Europas aber herrscht Religionsfreiheit. Man sollte sich dringlich davor hüten, sich auf das rechtliche Niveau von Diktaturen zu begeben und deren Maßstäbe zu den eigenen zu machen. Die verfassungsmäßigen Freiheiten Europas sollten vielmehr als möglicher „Exportschlager" verstanden werden. Viele Muslime sehen dies ebenso und messen die unbefriedigende Rechtslage in nicht wenigen islamischen Ländern an diesen Maßstäben. Es erleichtert allerdings die Verständigung, wenn sich hier ansässige Muslime auch aufgerufen fühlen, aus ihrer Sicht als Muslime zu religiöser Verfolgung in islamischen Ländern Stellung zu nehmen. Erfreulicherweise ist dann oft zu hören, diese Länder seien in Wirklichkeit überhaupt nicht islamisch, weil der Islam solche Verfolgung ablehne. Der kuweitische Autor Ahmad al-Baghdadi nimmt die Bereitschaft, in Rom eine Moschee zu errichten, zum Anlaß, Religionsfreiheit auch im Hinblick auf Kirchenbauten in der isla-

---

309 Vgl. den Hinweis zu Artt. 313 f in Al Sharif Advocates & Legal Consultants, Legal Bulletin No. 14 v. Januar 2000, 6.

mischen Welt zu fordern, und leitet dies durchaus schulmäßig aus der vom Islam gewährleisteten Religionsfreiheit ab.[310]

Aus rechtlicher Sicht ist nach alledem festzustellen, daß die Muslime wie alle Angehörige anderer religiöser Richtungen einen Anspruch darauf haben, Bethäuser und religiöse Zentren einzurichten. Selbstverständlich gelten für solche Vorhaben aber auch die Vorschriften des Raumplanungs- und Baurechts. Hierbei ergeben sich gewisse Auslegungsspielräume. Deren Ausfüllung hängt maßgeblich davon ab, ob das Gespräch von Konfrontation oder von Kooperationswillen bestimmt wird. Man denke nur an die Frage, inwieweit eine geplante Moschee sich in die vorhandene Umgebung einfügt (vgl. § 34 Abs. 1 BauGB)[311] und nach welchen Kriterien dies zu beurteilen ist. Die Vorstellung, hier werde ohne Vorverständnis und entsprechende Bewertung schablonenhafter Gesetzesvollzug betrieben, gehört in den Bereich der Illusionen.

Die äußere bauliche Form des Bethauses zählt zu den kulturhistorischen Aspekten ohne religiöse Bedeutung. Minarette etwa sind durchaus entbehrlich, selbst in der islamischen Welt.[312] Es wäre auch von daher zu begrüßen, auf ein Wetteifern um den höchsten „Kirchturm" zu verzichten, wenn erkennbare Vorbehalte in der Umgebung bestehen. Viele Muslime sehen dies auch so. Andererseits hat das Minarett für viele Muslime sicherlich zumindest dieselbe kulturelle Bedeutung wie der Kirchturm für Christen. Insofern spricht nichts gegen Minarettbauten, welche den städtebaulichen Voraussetzungen genügen. „Fremdheitsgefühle" allein

---

310 *A. al-Baghdadi* (Fn. 92) 124ff, insbes. 132f. Es ist allerdings bemerkenswert, daß sein Buch nicht in Kuweit erscheinen konnte (aaO, 7 f) vergleichbar argumentiert *A. Engineer*, Rethinking Issues in Islam, Hyderabad 1998, 72f.

311 Vgl. hierzu BVerwG DÖV 1992, 708.

312 Die in der Tendenz anderslautenden gutachtlichen Aussagen, auf die sich das Urteil des BayVGH v. 29.8.1996 (BayVBl. 1997, 144, 145 f) stützt, berücksichtigen anscheinend nicht den Unterschied zwischen Religion und Kultur sowie zwischen Moscheebauten innerhalb und außerhalb islamisch beherrschten Territoriums.

können auf rechtlicher Ebene nicht berücksichtigt werden; anders als beim lautsprecherverstärkten Gebetsruf (dazu sogleich im folgenden) ist die mögliche Beeinträchtigung so gering, daß sie hierbei außer Betracht bleiben muß. Andernfalls würde das verfassungsrechtlich geschützte „Fremde" auf alle Zeit von der Teilhabe am öffentlichen Leben ausgeschlossen. Zudem sind die oft schon seit vielen Jahren in größerer Zahl ansässigen Muslime bereits zu einer einheimischen Bevölkerungsgruppe geworden, deren religiöses Selbstverständnis den allgemein geltenden Schutz genießt.[312a]

An dieser Stelle wird deutlich, daß das Recht an seine Grenzen stoßen kann. Freilich müssen die Verwaltungsgerichte in die eine oder andere Richtung entscheiden, wenn sie im Streit über die Art und Weise von Moscheebauten angerufen werden. Das Ergebnis einer strittigen Entscheidung wird allerdings in den seltensten Fällen zur Befriedung der Lage vor Ort beitragen können. Erfreulicherweise sind deshalb auch gerichtliche Auseinandersetzungen in diesem Bereich vereinzelt geblieben.

Vergleichbares gilt für den Gebetsruf. Innerhalb der Moschee verursacht er keine Probleme. Nach Kenntnis des Verfassers beschränken sich z. B. muslimische Gemeinden in Franken mit dieser Variante und genügen damit den religiösen Anforderungen[313]. Nach der Scharia ist der Gebetsruf nicht unverzichtbar, wenngleich geboten.[314] Jedenfalls ist der laut-

---

312a Vergleichbar jüngst OVG Koblenz Urt. v. 20.11.2000, Az. 8 A 11739/00. OVG.

313 *Khalid ʿAbd al-Qadir* (Fn. 205) 248.

314 Vgl. *al-Sarakhsi*, kitab al-mabsut, Ausg. Beirut 1406/1986, Bd. 1, 133 (das Gebet bleibt gültig); *ʿAbd al-Qadir*, aaO (Fn. 313) („Es besteht allgemeine Einigkeit darüber, daß der Gebetsruf nicht verpflichtend (‚wağibʿ') ist, und daß das Gebet ohne ihn gültig ist"), sowie die dahingehende Stellungnahme des Šaykh al-Azhar Muhammad Sayyid Tantawi, zit. in FAZ v. 26.3.1997, 3. Anders ohne Benennung von Quellen die Stellungnahme des Vorsitzenden des Zentralrats der Muslime in Deutschland e.V. Nadeem Elyas in seiner Stellungnahme zum Thema Gebetsruf v. 10.2.1998, abgerufen am 2.8.1999 unter http://www.islam.de/D400_bibliothek/430_Publikationen/431_Zmd/im20.html.

sprecherverstärkte Gebetsruf – eine Erscheinung des 20. Jahrhunderts – nicht zwingend.[315] Eine Vielzahl von Muslimen in Deutschland hat sich auch dahingehend geäußert und erklärt, schon um des gedeihlichen Zusammenlebens willen solle man darauf verzichten. Solche Äußerungen zeigen ein Maß an Realismus, das Anlaß zur Hoffnung gibt.[316] Für Muslime stellt sich dabei auch die Frage, ob der in der islamischen Welt übliche Gebetsruf in einer überwiegend nicht-muslimischen Umgebung überhaupt seine Funktion erfüllen kann. Offenbar verzichten viele Moscheegemeinden auf entsprechende Anträge, weil sie den lautsprecherverstärkten Gebetsruf in einer mehrheitlich nicht-muslimischen Umgebung für sinnlos halten.[317] Allerdings wird häufig die rechtliche Streitfrage aufgeworfen, ob die Zulassung des Kirchengeläuts nicht auch die Zulassung des verstärkten Gebetsrufs erzwinge.

Die Gleichsetzung von Kirchengeläut und Gebetsruf unter Berufung auf den Gleichheitsgrundsatz des Art. 3 GG ist meines Erachtens jedoch nicht geboten.[318] Allerdings ergibt sich kein wesentlicher Unterschied daraus, daß der Gebetsruf im Gegensatz zum Glockengeläut auch eine (in arabischer Sprache vorgetragene) religiöse Botschaft beinhaltet. Auch die Verkündung wird ja von der Religionsfreiheit umfaßt. Die gelegentlich aufgestellte Behauptung, der Gebetsruf sei als politische Propaganda zu qualifizieren und könne deshalb keinen Schutz genießen, ist sehr weit hergeholt.

---

315 Vgl. nur *Zaidan*, Islamologische Aspekte zum Adhan, dem Gebets-Ruf, Freitagsblatt Nr. 4/2 v. April 2000, 4; zur Situation in einigen europäischen Städten vgl. die Auflistung von Pressemeldungen „Islamischer Gebetsruf", abgerufen am 29. 5. 2000 unter http://www.home.t-online.de/home/chrislages/azan.htm.

316 Vgl. hingegen *Otting*, Wenn der Muezzin ruft, Städte- und Gemeinderat 1997, 65ff; *Völpel*, Streitpunkt Gebetsruf, Mitteilungen der Beauftragten der Bundesregierung für die Belange der Ausländer (Hrsg.), Bonn 1997, 33 und öfter.

317 Stellungnahme von Muhammad S. Abdullah, Leiter des Zentralinstituts Islam-Archiv in Soest, abgerufen unter http://www.home.t-online.de/home/chrislages/azan.htm, S. 7.

318 Wie hier *Muckel*, Streit um den muslimischen Gebetsruf, NWVBl 1998, 1.

Maßgeblich erscheint mir eine andere Überlegung. Die Bereitschaft zur Integration des Neuen setzt die Mitwirkung der Eingesessenen notwendig voraus.[319] Solche Bereitschaft kann aber nur entstehen, wenn das Selbstdefinitionsrecht der bestehenden Gemeinschaft nicht beseitigt wird, wenngleich ein solches Recht auch nicht die Zementierung bestehender Verhältnisse bewirken kann. Die Rechtsordnung nimmt solche Erwägungen in gewissem Umfang durchaus auf. Konkret ist zu untersuchen, ob die Geräuschimmissionen den Grad erheblicher Nachteile oder Belästigungen für die Allgemeinheit oder die Nachbarschaft erreichen (§ 3 Abs. 1 Bundesimmissionsschutzgesetz). Hierbei ist die Zumutbarkeit in einer wertenden Betrachtung zu prüfen. Mit dem Bundesverwaltungsgericht ist insoweit auf Herkömmlichkeit, soziale Adäquanz und allgemeine Akzeptanz[320] abzustellen, dies Kategorien, die mit der – wandelbaren – Einschätzung der bereits ortsansässigen Bevölkerung in Verbindung stehen.[321] Zur Gleichbehandlung gehört auch, Ungleiches ungleich zu behandeln. Dabei muß in Erinnerung bleiben, daß die Verhältnisse sich wandeln können: Bestehendes hat keinen Anspruch darauf, ohne Überprüfung auf alle Zeiten konserviert zu werden. Es muß sich vielmehr ständig neu bewähren und Änderungen in den Lebensverhältnissen Rechnung tragen. Nur eine solch dynamische Betrachtungsweise wird dem Grundsatz der Religionsfreiheit in seiner Abwägung mit anderen verfassungsrechtlich geschützten Gütern gerecht. Andererseits folgt aus der Voraussetzung allgemeiner Akzeptanz, daß eine solche Dynamik nicht zu einer Überforderung der bestehenden Gemeinschaft führen darf. Mit anderen Worten: Gefordert ist ein umsichtiger und allmählicher Wandel in Abstimmung mit den jeweiligen, sicherlich sehr unterschiedlichen Verhältnissen vor Ort. Dies gilt für Rechtsfra-

---

[319] *Muckel*, aaO, 3 mwN auch zur hier vertretenen Ansicht.

[320] BVerwGE 79, 254, 260; BVerwGE 90, 163, 165f.

[321] Wie hier *Muckel*, aaO, 4 mwN; vgl. auch „Bayern will keine Muezzin-Rufe dulden", SZ v. 25.7.1997, 18.

gen, darüber hinaus aber liegt hierin aus Sicht des Verfassers der inhaltliche Kern der gegenwärtigen politischen Debatte um eine deutsche oder europäische „Leitkultur."

Nach alledem ist es rechtlich von ausschlaggebender Bedeutung, ob der Gebetsruf außerhalb der Moschee (bereits) auf hinreichende örtliche Akzeptanz trifft: Zwischen Moscheen in Gewerbe- und Wohngebieten, vielleicht auch zwischen städtischen und ländlichen Siedlungen wird dabei zu differenzieren sein.[322] Aus gegenwärtiger Sicht nicht vorstellbar ist der flächendeckende lautsprecherverstärkte Gebetsruf zu allen Gebetszeiten – im Extremfall morgens vor 5 Uhr. Vielleicht fände sich ein tragfähiger und auch rechtlich abgesicherter Kompromiß darin, den mit Lautverstärker unterstützten Gebetsruf zum Hauptgebet am Freitag Mittag zuzulassen.[322a] So würde den Muslimen die gewiß von ihnen erwünschte Präsenz in der Öffentlichkeit in einem der Umgebung zumutbaren Rahmen ermöglicht. Letztlich würde sich eine Entwicklung wiederholen, die im 19. Jahrhundert das Judentum in Deutschland genommen hat. Mit der bürgerlichen Emanzipation und der zumindest formellen rechtlichen Gleichstellung von Juden und Nichtjuden ging der Bau repräsentativer Synagogen in den Stadtzentren einher. Damit konnte „Normalität" und Teilhabe an der gesellschaftlichen Entwicklung demonstriert werden. Vielleicht wird im 22. Jahrhundert die Moschee am Marktplatz ebenso „normal" sein.

Wünschenswert ist schließlich auch der Verzicht auf die Benennung von Moscheen als „Fatih-Moschee".[323] Zugewanderte Muslime sollten erkennen, daß ihr historisches Vorverständnis sich in einigen wichtigen Fragen nicht mit dem der abendländischen Bevölkerung deckt. Ist für Muslime die Eroberung Konstantinopels im Jahre 1453 die Erfüllung eines jahrhundertealten Traums gewesen, so war sie für die christ-

---

322 Vgl. auch BVerwG DÖV 1992, 708 zu einem Betsaal mit Koranschule.
322a So nunmehr auch OVG Koblenz (Fn. 312a).
323 Den Beinamen „Fatih" erhielt der osmanische Eroberer von Konstantinopel Mehmet II.

liche Welt ein Alptraum. Die Umwandlung der vormals größten christlichen Kirche (Hagia Sophia) in eine Moschee ist hierfür ein sichtbares Zeichen. Muslime können umgekehrt auf den Verlust der großen Moschee von Córdoba verweisen. Man sollte zwar nicht die Schlachten der Vergangenheit nochmals schlagen; alle Beteiligten sollten aber das Bewußtsein dafür schärfen, welche vermeidbaren Verletzungen das eine oder andere Projekt mit sich bringen könnte.

b) Mission und Religionswechsel

Mit Moscheebau und Gebetsruf verbunden ist die Frage, ob und inwieweit islamische Mission rechtlich zulässig ist. Dabei ist zunächst festzuhalten, daß der Islam wie das Christentum (und dessen einzelne Konfessionen) für sich in Anspruch nimmt, den „richtigen" Weg zu Gott zu weisen. Idealvorstellung des Islam ist eine Welt, in der sich alle Menschen zu dieser Religion bekennen. Dazu ist es notwendig, die Botschaft des Islam in alle Welt zu tragen[324] – die Parallele zu christlichen Grundhaltungen ist unverkennbar. Aus rechtlicher Sicht bedeutsam ist hierbei allein die Frage, wie dieses Ziel erreicht werden soll. Das friedliche Werben für religiöse Überzeugungen ist in Deutschland von Art. 4 des Grundgesetzes (vgl. Kap. IV.2) geschützt. Die Religionsfreiheit erfaßt nach einhelliger Auffassung nicht nur die individuelle Glaubensüberzeugung, sondern auch deren Äußerung in religiösen Riten und anderen religiös begründeten Aktivitäten wie Einsammeln von Spenden oder eben Missionstätigkeit (vgl. Kap. IV.2).

Für die Art und Weise der Mission bestehen im Islam klare Grundsätze. Der Islam verbietet Zwangsbekehrungen. Im Koran als der zentralen Grundlage findet sich vielfach die Aussage, daß es keinen Zwang in der Religion gibt. Diese

---

[324] Vgl. Sure 41, 33; *Rašid Duryau*, mas'uliyat al-muslimin al-muwatinin fi duwal ghayr islamiya, in: WAMY (Hrsg.), al-aqalliyat al-muslima fi al-'alam, Bd. 1, Al-Riyad 1420/1999, 215, 230.

Aussage wurde und wird von Muslimen in das Zentrum des Verhältnisses zu anderen Religionen gerückt.[325] Hieraus und aus anderen Koranstellen kann auch abgeleitet werden, daß die Vielfalt von Religionen und Weltanschauungen selbst gottgewollt sei.[326] Viele Muslime sind stolz auf das vergleichsweise hohe Maß an Glaubenstoleranz ihrer Religion. Angehörige anderer Religionen genossen grundsätzlich den Schutz der Staatsmacht, wenngleich ihnen im Vergleich zu den Muslimen stets nur eine Position minderen Rechts zukam.[327] Aus historischer Sicht ist es bemerkenswert, daß in der islamischen Welt zu vielen Zeiten Juden und Christen hohe Positionen bekleiden konnten, während im christlichen Abendland oft nicht einmal die Anwesenheit von Muslimen oder Juden geduldet wurde. Gewiß waren und sind die Lebensverhältnisse in einigen Regionen der islamischen Welt von diesem damals vorbildlichen Zustand weit entfernt. Die Verfolgung von Christen in der Südosttürkei ist hierfür nur ein Beispiel. Muslime werden mühelos Gegenbeispiele aus dem ehemaligen Jugoslawien oder Tschetschenien beibringen können. Solche Verfolgungen sind zu verurteilen, gleichgültig wer sie begeht. Häufig sind sie aber nicht religiös begründet. Religiöse Motive oder Aussagen werden vielmehr benutzt, um ganz anders gelagerte Interessen zu verfolgen – auch der immer noch nicht beendete Bürgerkrieg in Nordirland zwischen Katholiken und Protestanten wird nicht ernstlich als Religionskrieg zu bezeichnen sein. Religiöse Extremisten, die ihre Überzeugungen gewaltsam zu verbreiten suchen, stellen in allen Religionen kleine Minderheiten dar.

---

325 Vgl. *Balić* (Fn. 37) 108.

326 So *Kandil*, Religiöser Pluralismus als Problem für die „Selbstgewißheit", Moslemische Revue 21 (2000), 81, 90f unter Berufung auf Suren 2, 272; 10, 99; 11, 118; 16, 93; 42, 8; vgl. auch Sure 5, 48.

327 Vgl. *Krüger*, Fetwa und Siyar, Wiesbaden 1978, 95ff; *A. Mayer* (Fn. 94) 134ff; *A. Hamad*, Legal Plurality and Legitimation of Human Rights Abuses – A Case Study of State Council Rulings Concerning the Rights of Apostates, in: Dupret/Berger/al-Zwaini (Hrsg.), Legal Pluralism in the Arab World, Den Haag u.a. 1999, 219, 220 und ff.

Festzuhalten bleibt also, daß zwischen dem Recht auf friedliche Missionstätigkeit und den Anforderungen des islamischen Glaubens im Grundsatz kein Konflikt besteht.

Einen Sonderfall bildet der Religionswechsel. Art. 4 GG stellt auch ihn unter verfassungsrechtlichen Schutz, ebenso Art. 9 der EMRK (vgl. Kap. IV.2). Nach traditioneller Auffassung im Islam ist es hingegen dem Muslim verboten, vom Islam abzufallen. Die Rechtslehre hat hieraus das Delikt der Apostasie entwickelt, das mit dem Tode zu bestrafen sei (vgl. zu den Hintergründen Kap. II.3.c). Die oben (Kap. II.3.c) dargelegte moderne Interpretation dieses „Delikts" als Angelegenheit allein zwischen dem betroffenen Menschen und Gott löst den möglichen Gegensatz zwischen westlichem Recht und islamischer Glaubenshaltung auf. Auch wer einer traditionelleren Sicht verhaftet bleibt, kann für den Glaubenswechsel außerhalb der islamischen Welt zu keinem anderen Ergebnis kommen. Die Möglichkeit des Glaubenswechsels berührt nicht die für die Muslime notwendige Freiheit, ihren Glaubensvorschriften gemäß leben zu können (vgl. Kap. IV.3). Selbstverständlich kann ein Muslim versuchen, den „Abtrünnigen" im Gespräch von seiner Entscheidung abzubringen, solange er die rechtlich geschützte Persönlichkeitssphäre achtet. Bleibt der Betreffende bei seiner Entscheidung, so ist dies zu respektieren. Nicht von ungefähr hat eine Vielzahl muslimischer Organisationen in Europa die Verfolgung von Salman Rushdie verurteilt. Daß sie gleichzeitig den Inhalt seines Buches „Die satanischen Verse" scharf verurteilen, kann nicht verwundern.

c) Bekleidungssitten und Erziehungswesen (Kopftuch, Sexualkundeunterricht, gemischter Sportunterricht)

Der Schutz der Religionsfreiheit erfaßt nach allgemeiner Meinung auch das äußerlich sichtbare Bekenntnis zu religiös begründeten Bekleidungsvorschriften. Aussagen zur Bekleidung beider Geschlechter finden sich im Koran in Sure 24,

30f. Danach sollen *Männer und Frauen* sich sittsam kleiden und verhalten. Diese Vorschrift ist beispielsweise im Strafvollzug zu beachten, wenn zu entscheiden ist, ob eine vollständige Entkleidung zu Untersuchungszwecken verlangt werden darf.[328] Damit ist nicht gesagt, daß eine Entkleidung generell nicht verlangt werden könnte; Sicherheitsgründe können dies durchaus gebieten. Das religiöse Gebot ist aber bei der Abwägung zu berücksichtigen, ob die Sicherheitsmaßnahme im konkreten Fall in der geplanten Form erforderlich ist. Zudem darf die Berufung auf das religiöse Gebot nicht zu Nachteilen führen, die an ein schuldhaftes Fehlverhalten anknüpfen. In einem konkret entschiedenen Fall durfte deshalb einem Strafgefangenen zwar ein Arbeitsplatz vorenthalten werden, der aus Sicherheitsgründen eine Ganzkörperuntersuchung notwendig machte. Dem Gefangenen durfte aber wegen seiner religiös begründeten Verweigerung dieser Untersuchung nicht das Taschengeld gestrichen werden, weil er nicht „durch eigenes Verschulden" (vgl. § 46 Strafvollzugsgesetz) unbeschäftigt war.[329] Nur am Rande sei erwähnt, daß der immer wieder sichtbare scharfe Kontrast zwischen leichtbekleideten Männern und schwerverhüllten Frauen sich angesichts der koranischen Regelung für *beide* Geschlechter kaum religiös begründen läßt.

Für die Frauenbekleidung enthält Sure 24, 31 noch konkretere Ausführungen. Danach sollen Frauen im außerfamiliären Bereich die Scham bedeckt halten, den üblicherweise nicht sichtbar getragenen Körperschmuck (auch tatsächlich) nicht zeigen und etwas von ihren „khumur" über ihre „ǧuyub" decken; beide im einzelnen unklaren Begriffe bezeichnen Kleidungsteile. Zudem ist Sure 33, 59 maßgeblich, wonach Frauen etwas von ihren „ǧalabib" herunterziehen sollen. Das Kopftuch als Begriff wird nicht genannt. Deutsche oder andere Koran„übersetzungen", die den Begriff des Kopftuchs oder Schleiers wählen, sind in Wirklichkeit bereits

---

[328] Vgl. OLG Koblenz NStZ 1986, 238f.
[329] OLG Koblenz NStZ 1986, 238, 239.

Interpretationen. So läßt sich aus dem Koran nicht unmittelbar eine bestimmte „Kleiderordnung“ ablesen.

Allerdings hat sich über viele Jahrhunderte eine verbreitete, wenn auch nicht unumstrittene[330] Meinung herausgebildet, wonach die Frau jedenfalls ihr Haupthaar zu bedecken habe. Viele junge Frauen tragen indes kein Kopftuch, verstehen sich aber durchaus als Musliminnen. In der Tat mag man die Frage aufwerfen, ob die häufig genannte Begründung für die Notwendigkeit von Kopftuch oder Schleier überzeugt. Wenn diese Verhüllung vor allem dazu dienen soll, Übergriffe von Männern zu verhindern, so müßte vielleicht eher bei den Männern selbst – oder beim Bild des Mannes als steuerungslosem Sexualwesen – angesetzt werden. So führen nicht wenige muslimische Autorinnen und Autoren die traditionellen Auffassungen zur Verschleierung auf das Patriarchat und nicht auf Gebote des Islam zurück (vgl. Kap. II.3.d).[331] Andere weisen darauf hin, daß das Kopftuch die Trägerin schon in vorislamischer Zeit als Angehörige höhergestellter Gesellschaftskreise auswies und es somit die (vormalige) Funktion des Damenhuts in Europa übernimmt.[332] Andererseits verstehen Musliminnen Kopftuch oder Schleier auch als Schutz und als Instrument zur Befreiung. Es wandle die Trägerin von einem Beobachtungsobjekt zur Beobachterin. Zudem müsse die Trägerin dann nicht mehr teure Kleidung anschaffen und dem gängigen Schönheitsideal hinterherhecheln, um in ihrer Umgebung anerkannt zu werden. Schließlich schütze es vor Belästigungen.[333]

In Syrien konnte durch die Wahl einer religiös begründeten Bekleidungsart in einer der wenigen gefahrlosen Formen Opposition zum sozialistischen Regime zum Ausdruck ge-

---

330 Vgl. *Salah Eddine Ben Abid*, The Shari'a Between Particularism and Universality, in: Ferrari/Bradney (Hrsg.), Islam and European Legal Systems, Aldershot u.a. 2000, 11, 17.

331 Vgl. die Nachweise in Fn. 57.

332 Vgl. *Balić* (Fn. 37) 92.

333 Vgl. *Afshar*, Islam and Feminism: An Analysis of Political Strategies, in: Yamani (Hrsg.), Feminism and Islam, Reading 1997, 197ff, insbes. 201.

bracht werden[334]; Vergleichbares gilt für den Einsatz beim anti-kolonialistischen Protest in früheren Kolonien[335]. Aus Ägypten wird überliefert, daß Abiturientinnen in der Prüfung unter dem Kopftuch einen Walkman tragen und Prüfungshilfen abspielen.[336] Andererseits hat z. B. der ägyptische Verfassungsgerichtshof in einem Urteil aus dem Jahre 1996 ausgeführt, die Zielrichtung der Bekleidungsvorschriften sei es, den Stellenwert der Frau zu heben, aber nicht, sie am Lernen, am Ausgang und an der Kommunikation mit der Außenwelt zu hindern. Es sei nicht zu verstehen, daß Frauen befohlen werden könnte, als „schwarzverhüllte Gespenster" einherzugehen, während das Leben sich um sie herum abspielt.[337] Eine ähnliche Sicht vertrat schon vor 50 Jahren das Oberhaupt der islamischen Gemeinschaft in Jugoslawien Čaušević.[338] Extremisten unserer Tage versteigen sich hingegen – mit intellektuell äußerst dürftigen Argumenten – dazu, die Frau dürfe keinen einzigen Teil ihres Körpers fremden Männern zeigen, weil z. B. ihre Ohren, Arme und Beine Geschlechtsteile seien.[339] Diese Diskussionen zeigen, daß auch unter den Muslimen in der Bekleidungsfrage keine einhellige Meinung besteht. Das zeigt sich nicht zuletzt daran, daß in

---

334 In den achtziger Jahren hatte der Bruder Rif'at des verstorbenen Staatspräsidenten Hafiz al-Asad seine ihm getreuen Terrorhorden dazu ermuntert, Frauen auf den Straßen von Damaskus die Kopftücher herunterzureißen. Der Protest war so stark, daß es seither zu keinen Übergriffen mehr kam; die Zahl der kopftuchtragenden Frauen stieg.

335 Vgl. *Shaheen Sardar Ali*, Gender and Human Rights in Islam and International Law, Den Haag u. a. 2000, 187.

336 „Schülerin schummelt mit Walkman unterm Schleier", SZ v. 21.5.1996, 12.

337 Urteil v. 18.5.1996 (Mahmoud Samir Wassel v. the Minister of Education), Yearbook of Islamic and Middle Eastern Law 3 (1996), 178, 180; hierzu auch *K. Bälz*, The Secular Reconstruction of Islamic Law – The Egyptian Supreme Constitutional Court and the „Battle over the Veil" in State-Run Schools, in: Dupret/Berger/al-Zwaini (Fn. 327) 229 ff.

338 Nachweis bei *Balić* (Fn. 37) 96 f.

339 Stellungnahme der Extremistenorganisation Hilafet devleti, abgerufen am 7.7.2000 unter http://hilafet.de/almanca/frau/tfr.htm, „Das Thema der Verschleierung", Beantwortung mancher Zweifel S. 9.

einigen islamisch geprägten Ländern ein Kopftuch- und Verhüllungszwang herrscht (z. B. in Saudi-Arabien und im Iran) und in anderen wie der Türkei das Tragen eines Kopftuchs z. B. in staatlichen Stellen verboten ist. Der deutsche Staat ist allerdings zur religiösen Neutralität verpflichtet. Es ist ihm deshalb verwehrt, inhaltliche Position zu beziehen, indem er eine der vertretenen Auffassungen für „richtig" erklärt.

Bei alledem ist nicht zu vergessen, daß die Muslime in Europa sich weitgehend in einer Diasporasituation befinden. Die Furcht vor dem Verlust der eigenen Identität in der Mehrheitsgesellschaft führt häufig zu einer besonders intensiven Hinwendung zu tatsächlichen oder vermeintlichen Traditionen. So stellen Türken, die zu Besuch in Deutschland sind, nicht selten fest, daß die Lebensverhältnisse hier ansässiger Türken mittlerweile traditioneller sind als die im Herkunftsland. Hierzu kann auch die Wahl einer besonders „orthodoxen" Kleidung gehören – das Verschaffen von Selbstgewißheit in Äußerlichkeiten, wo innere Zweifel stark werden. Aus solcher Sicht ist der Versuch, die Assimilation an die Sitten der Mehrheitsgesellschaft zu erzwingen, besonders problematisch. Insbesondere das Recht erscheint hierbei überfordert.

Rechtsprobleme haben sich vor allem im Hinblick auf die Kleidungsvorschriften für Mädchen und Frauen ergeben.[340] Vergleichsweise geringe Probleme bereiten diese Vorschriften im Hinblick auf amtliche Dokumente, die mit einem Lichtbild versehen sein müssen. Solange die notwendige Identifikation der Person gewährleistet bleibt, müssen Bilder von

[340] Vgl. zum Fall der Lehramtsanwärterin und vormaligen Referendarin Fereshta Ludin in Baden-Württemberg „Lehrerin mit Kopftuch darf nicht unterrichten", FAZ v. 14. 7. 1998, 2; „Kopftuch-Entscheidung löst Kontroverse aus", SZ v. 15. 7. 1998, 5; VG Stuttgart Urt. v. 24.3.2000, NVwZ 2000, 959; eine ausführliche Übersicht findet sich bei *Alan/Steuten*, Kopf oder Tuch, ZRP 1999, 209 ff. Ein vergleichbarer Fall ist in Niedersachsen bekannt geworden, vgl. „Kein Unterricht ohne Kopftuch", FAZ v. 11. 9. 1999, 4.

kopftuchbekleideten Frauen akzeptiert werden, wenn diese hierfür religiöse Motive geltend machen.[341] Ein Gesichtsschleier wäre hingegen nicht akzeptabel. Andererseits kann sich, wie in einem Fall in Nürnberg, das Problem ergeben, daß eine Frau sich weigert, ein vom Herkunftsstaat für die Wiederaufnahme im Abschiebungsverfahren gefordertes Lichtbild mit Kopftuch anfertigen zu lassen. Hierbei ist die Religionsfreiheit ebenso betroffen: Auch die Ablehnung des Kopftuchs läßt sich religiös begründen oder aber auch unter Berufung auf weltanschauliche Freiheit nach Art. 4 GG.[342] Allerdings ist das einmalige Tragen eines Kopftuchs zum Zweck einer Aufnahme eine vergleichsweise geringfügige Belastung.[343] Wenn andererseits die Verweigerung der Herstellung einer solchen Aufnahme verhindern könnte, daß eine rechtmäßige Abschiebung und damit die Durchsetzung bedeutsamer ausländerrechtlicher Interessen erfolgt, so wäre damit dem Mißbrauch Tür und Tor geöffnet. Freilich bleibt mehr als ein Rest von Unbehagen, wenn Frauen hiermit gezwungen werden, ein von ihnen abgelehntes und im konkreten Kontext jedenfalls vom Herkunftsstaat in einseitiger Weise religiös interpretiertes Symbol anzulegen. Die betroffene Frau aus Nürnberg hat eine Verfassungsbeschwerde eingereicht, mit der sich das Bundesverfassungsgericht auch inhaltlich befaßt hat.[344]

Der Kern der Auseinandersetzungen um weibliche Bekleidungsvorschriften liegt darin, daß das Tragen von Kopftüchern zur Provokation bzw. zur unzulässigen Demonstration des Glaubens stilisiert wird.[345] Rechtlich relevant wurde vor

---

341 So VG Wiesbaden NVwZ 1985, 137.

342 Anscheinend anderer Ansicht VGH München NVwZ 2000, 952, 953f; daß der (vom Iran) staatlich verordnete Zwang zur Verhüllung einen Symbolwert hat, den man aus weltanschaulichen oder auch religiösen Gründen ablehnen kann, scheint mir auf der Hand zu liegen.

343 Insoweit zutreffend VGH München NVwZ 2000, 952, 954.

344 Vgl. „Karlsruhe verhandelt über ‚Kopftuchzwang'", FAZ v. 24.10. 2000, 4; „Ist das Kopftuch ein religiöses Symbol?", FAZ v. 22. 11. 2000, 5.

345 Vgl. *Alan/Steuter* (Fn. 340).

allem die Frage, ob Schülerinnen oder Lehrerinnen in der Schule ein Kopftuch tragen dürfen. Auch in der rechtlichen Beurteilung mischen sich hierbei häufig die eigentlich zu trennenden Fragen, ob das Tragen von Kopftüchern aus rechtlichen Gründen untersagt werden kann und ob das Kopftuch aus gesellschaftlicher Sicht der Trägerin Nachteile bringen könnte, über deren Inkaufnahme jedoch die Trägerin selbst entscheiden kann und darf. Für ein Verbot bedarf es tragfähiger Gründe, die insgesamt schwerer wiegen als das Recht auf Religionsfreiheit. Auch beamtete Lehrer genießen dieses Recht (vgl. oben Kap. IV.2), wenngleich es durch die beamtenrechtliche Sonderstellung und das staatliche Neutralitätsgebot begrenzt sein kann.[346] Die Begründungslast liegt im Streitfall auf der Seite dessen, der das Verbot durchsetzen will. Hierbei ist zu bedenken, daß die angemessene Dienstkleidung für beamtete Lehrer in den letzten Jahrzehnten eine erhebliche Variationsbreite eingenommen hat. Was vor 50 Jahren noch als anstößig gegolten hätte, ist mittlerweile Alltag.

In Deutschland bestehen keine rechtlichen Hinderungsgründe für Schülerinnen, freiwillig ein Kopftuch zu tragen.[347] Die Befürchtung, Mädchen könnten dadurch zu Außenseiterinnen werden, kann aus rechtlicher Sicht nicht berücksichtigt werden[348]: Die gesellschaftlichen Auswirkungen der Glaubenshaltung beeinträchtigen grundsätzlich nicht die Schutzfähigkeit der religiösen Überzeugung (vgl. schon oben Kap. IV.2). Anderes gilt nur dann, wenn solche Auswirkungen im Widerspruch zu anderen Wertentscheidungen der Verfassung stehen und das Gemeinwesen oder Grundrechte Dritter dadurch fühlbar beeinträchtigt werden.[349] Das Kopftuch er-

---

346 Vgl. *Häußler,* Religion und Integration, ZAR 1999, 32, 34f.

347 Vgl. nur *Spies*, Verschleierte Schülerinnen in Frankreich und Deutschland, NVwZ 1993, 637.

348 Vgl. BVerfGE 33, 23, 29; OVG Lüneburg NVwZ 1992, 79, 80.

349 Vgl. BVerfGE 33, 23, 29; OVG Münster NVwZ 1992, 77, 79; OVG Lüneburg NVwZ 1992, 79, 80.

füllt diese Voraussetzungen nicht; anders als z. B. ein Gesichtsschleier[350] beeinträchtigt es nicht die allgemein üblichen und unerläßlichen Kommunikationsmöglichkeiten. In Frankreich mit seiner seit 1905 bestehenden strikten Trennung von Staat und Religion (Laizismus) hat man hingegen erhebliche Mühe, der Problematik Herr zu werden: Das Tragen von Kopftüchern in Schulen ist nach einer Stellungnahme des Staatsrats (Conseil d'état)[351] für Schülerinnen (nur) dann verboten, wenn „die Betroffenen im Tragen dieses Kopftuchs einen Akt der Druckausübung, der Provokation, des Missionierens oder der Propaganda bzw. eine Störung der Ordnung oder des Schulunterrichts" sehen könnten.[352] Wie aber trägt man ein Kopftuch „normal", wie „demonstrativ"[353]? Der Verwaltungsrichter, der darüber zu entscheiden hat, ist um seine Aufgabe nicht zu beneiden. Immerhin geht es letztlich um die Frage, ob ein Kind aus der Schule ausgeschlossen werden kann und damit den Zugang zur wichtigsten Bildungseinrichtung verliert. Hier erscheint die deutsche Lösung vorzugswürdig. Auch französische Gerichte haben eine eher liberale Richtung eingeschlagen und in einem Fall unberechtigten Schulausschlusses sogar den Staat zu Schadensersatzzahlungen verpflichtet.[354]

---

[350] Hierzu *Mahrenholz*, Darf die Schulverwaltung einer Schülerin das Tragen eines Schleiers in der Schule verbieten?, RdJB 1998, 287 (die Frage wird zutreffend bejaht).

[351] Nachweis bei *Jacques Robert*, Die Religionsfreiheit in einem demokratischen Staat – Probleme und Lösungen, Gewissen und Freiheit 49 (1997), 20, 27.

[352] Vgl. auch Berufungskammer des Verwaltungsgerichtshofs Nancy, 3 Entsch. v. 2.5.1996 (95NC01843 S. 5, 95NC01838 S. 6, 95NC01839 S. 6; alle unveröffentlicht) sowie die Nachweise bei *Gromitsaris*, Laizität und Neutralität in der Schule, AöR 121 (1996), 359, 381 ff.

[353] Vgl. auch die bedenkliche und hinsichtlich der Kompetenzen fragwürdige Aufforderung des vormaligen Präsidenten des Bundesamtes für Verfassungsschutz Frisch, das demonstrative Tragen von Kopftüchern in der Schule zu unterlassen; wiedergegeben in „Muslim-Töchter sollen ohne Kopftuch in die Schule", SZ v. 14.4.1997, 2.

[354] Vgl. „3000 Mark für muslimisches Mädchen", SZ v. 4.+5.5.1996, 6 zu

Generell bedenklich ist es, Bekleidungsteile als religiöse Kampfsymbole zu werten, auch wenn die Trägerinnen erklärtermaßen keine solche Absicht damit verfolgen, und sie dann unter Berufung auf die Grundsätze religiöser und weltanschaulicher Neutralität schlechthin aus dem Schulunterricht zu verbannen.[355] Der VGH München formuliert in anderem Zusammenhang zu Recht, daß das Kopftuch, zumal in Deutschland, anders als z. B. das christliche Kreuz nicht generell ein eindeutiges religiöses Symbol darstelle.[356] In Deutschland stellt sich das Problem des Kopftuchs im Hinblick auf Lehrerinnen in staatlichen Schulen. Konkret geht es darum, ob eine Übernahme in den Schuldienst bei sonstiger Eignung alleine daran scheitern darf, daß die Kandidatin ein Kopftuch auch in der Schule tragen möchte. So ist es der baden-württembergischen Lehramtsanwärterin Fereshta Ludin ergangen, die stets betont hat, daß sie mit der für sie selbstverständlichen Kopfbedeckung keinerlei missionarische Ziele verfolge. Das Verwaltungsgericht Stuttgart[357] hat sich dagegen in einem noch nicht rechtskräftigen[358] Urteil auf das schlüpfrige Terrain einer Abgrenzung von „einfachem" und „demonstrativem" Kopftuchtragen begeben. Es hält das Tragen des Kopftuchs ungeachtet der Aussagen der Trägerin für „demonstrativ" und damit für einen Verstoß ge-

---

einem dahingehenden Urteil der Berufungskammer des Verwaltungsgerichts Nancy.

355 Vgl. die überaus subtilen Abgrenzungen bei *Janz/Rademacher*, Islam und Religionsfreiheit, NVwZ 1999, 706, 712; zur Diskussion die umfangreiche Sammlung vorgebrachter Argumente bei *Alan/Steuten* (Fn. 339) 209 ff.

356 VGH München NVwZ 2000, 952, 953. Der im Beschluß (aaO) betonte Unterschied zum Fall Ludin erscheint etwas gekünstelt.

357 Urt. v. 24.3.2000, NVwZ 2000, 959, 960; ohne weitere Begründung mit der Behauptung „ostentativen" Tragens *Halfmann* (Fn. 173) 864.

358 Der VGH Baden-Württemberg hat mit Beschluß v. 6.7.2000 die Berufung mit der Begründung zugelassen, der Erfolg der Berufung der Klägerin sei zumindest ebenso wahrscheinlich wie deren Mißerfolg; vgl. die entsprechende Pressemeldung, abgerufen am 12.9.2000 unter http://justiz.baden-wuerttemberg.de/vg/vghpresse/kopftuch.htm.

gen das staatliche Neutralitätsgebot, weil schulpflichtige Schüler und Eltern dem nicht ausweichen bzw. andere Lehrer aussuchen könnten.[359] Ist dann im Extremfall nicht auch eine religiös gebotene Kleidung, welche die menschliche Scham bedeckt, ein „demonstratives Bekenntnis“ und deshalb zu verdammen? Kann eine kopftuchtragende Lehrerin tatsächlich allein aufgrund ihrer Bekleidung ihre Schüler indoktrinieren? Das in den Vordergrund gerückte Argument, religiös motivierte Kleidung verstoße gegen das staatliche Neutralitätsgebot, kann nicht überzeugen. Überzeugend wäre es nur, wenn eine Verwechslungsgefahr entstünde in dem Sinne, daß sich der Staat das von dem individuellen Lehrer gesetzte „Zeichen“ zu eigen macht, daß also das religiöse „Symbol“ gleichzeitig zum „Staatssymbol“ wird. Da der Staat selbst aber keine Religion hat, kann eine solche Verwechslung doch offensichtlich nicht entstehen. Hierin liegt ein deutlicher Unterschied zu Meinungsäußerungen im Rahmen des Unterrichts, deren Zuordnung zur staatlichen oder zur persönlichen Sphäre schwierig sein kann und bei denen eine besondere Zurückhaltung und Ausgewogenheit erforderlich ist. Die überzogene Vorstellung, der Lehrer repräsentiere den Staat auch mit seinem gesamten Erscheinungsbild[360], hat ihren zutreffenden Kern allenfalls im Gebot, saubere und hinreichend dezente Kleidung zu tragen. Im übrigen hat der Verfasser selbst den einen oder anderen Lehrer erlebt, dessen äußeres Erscheinungsbild nur die mager gefüllten Staatskassen repräsentieren könnte, kaum aber den Staat selbst. Auch Schüler sind aber mit einem Minimum an Differenzierungsvermögen ausgestattet, welches hier ausreicht.

---

359 VG Stuttgart NVwZ 2000, 959, 960; ähnlich schweizer. Bundesgericht Die Praxis 1998, 295 ff; für Schülerinnen in Belgien Zivilgericht Liège Urt. v. 26.9.1994, abgedruckt in *Panafit* (Fn. 245) 509; großzügiger insoweit Zivilgericht Brüssel Urt. v. 1.12.1989, abgedruckt ebenda, 520.

360 So *Halfmann* (Fn. 173) 866 hingegen zu Recht auch *Häußler* (Fn 346) 34.

Das Argument, wonach das Beharren auf dem Kopftuch mangelnde Neutralität und Loyalität beweise[361], ist ein unzulässiger Zirkelschluß: Derjenige, der von einem Grundrecht Gebrauch machen möchte, kann danach seine erforderliche Loyalität nur dadurch „beweisen", daß er auf sein Recht verzichtet. Müßte dann auch eine Nicht-Muslimin, die ein Kopftuch tragen möchte, zunächst auf ihre Nichtzugehörigkeit zum Islam verweisen? Wie wäre es mit einer christlichen Lehrerin, die unter Berufung auf 1 Korinther 11, 5–7 („Ein Weib aber, das da betet oder weissaget mit unbedecktem Haupt, die schändet ihr Haupt [...]. Will sie sich nicht bedekken, so schneide man ihr das Haar ab. [...] Der Mann aber soll das Haupt nicht bedecken, sintenmal er ist Gottes Bild und Ehre; das Weib aber ist des Mannes Ehre") ein Kopftuch trägt? Besonders problematisch würde der Fall einer kopftuchtragenden Lehrerin für islamischen Religionsunterricht, wenn dieser einmal eingeführt wird (hierzu sogleich unter d). Ihr müßte doch wohl das Recht zugebilligt werden, ein Kopftuch zu tragen. Weshalb sollte dies aber nicht gelten, wenn dieselbe Lehrerin z. B. Deutsch unterrichtet?

Andererseits kann man einige der vorgebrachten Bedenken nicht einfach als Ausdruck kultureller Intoleranz abtun. Dies gilt vor allem für die Befürchtung, besondere Bekleidungsvorschriften für Frauen minderten deren Stellenwert in der Öffentlichkeit. Die Empfindlichkeiten werden verständlich, wenn man bedenkt, daß die Gleichberechtigung der Geschlechter in Deutschland und Europa ein eher neues Anliegen ist, das sich durchaus noch nicht in allen Bereichen durchgesetzt hat. Gerade deshalb erscheint es besonders schutzbedürftig. Wer also Bedenken gegen das Tragen eines Kopftuchs in offizieller Funktion äußert, tut dies nicht notwendig aus einer – abzulehnenden – Überlegenheitshaltung des Westens gegenüber dem Orient heraus. Der Umgang einiger Männer orientalischer Herkunft mit Frauen und die Si-

---

361 In diese Richtung geht die Argumentation von *Kästner* (Fn. 173) 359, 370.

tuation der Frauen in einigen islamischen Ländern lassen ja Befürchtungen nicht eben grundlos erscheinen. Daß solch patriarchalisches Verhalten nicht notwendig vom Islam geprägt ist, wurde schon in Kap. II.3.d) angesprochen – Machogehabe ist ja auch kein exklusiv orientalisches Phänomen.

Ob allerdings gerade religiös motivierte Bekleidungssitten der geeignete Gegenstand sind, um Selbstvergewisserung zu betreiben, erscheint mir eher zweifelhaft. Schließlich kann man von Rechts wegen Muslime in Deutschland und Europa auch nicht mittelbar für Zustände in anderen Regionen der Welt verantwortlich machen, auf die sie keinen Einfluß haben. Insgesamt wird hierbei aber deutlich, wie sehr sich rechtliche und außerrechtliche Aspekte in der Diskussion mischen. Überwiegende, hinreichend sicher begründete Argumente für ein Kopftuchverbot sind meines Erachtens nicht erkennbar. Insbesondere kann der bloße Verdacht der Illoyalität entgegen den deutlichen Äußerungen der Betroffenen nicht den Ausschlag geben. Damit verbleibt es beim Vorrang der Religionsfreiheit. In ähnlicher Weise hat mittlerweile das Verwaltungsgericht Lüneburg in einem nicht rechtskräftigen Urteil zugunsten der Lehreranwärterin Iyman Alzayed entschieden.[362]

Die bisherige Handhabung in den einzelnen deutschen Bundesländern ist unterschiedlich. In Baden-Württemberg und Niedersachsen werden Lehramtsanwärterinnen, die in der Schule ein Kopftuch tragen möchten, nicht in den Staatsdienst übernommen.[363] In Hamburg und wohl auch in Brandenburg[364] ist dies möglich. Die in Hamburg zuständige Senatorin wird mit der Aussage zitiert, ihre Behörde habe

---

[362] Vgl. „Streit über Unterricht mit Kopftuch in Niedersachsen", FAZ v. 18.10.2000, 2 zum noch nicht veröffentlichten Urteil des VG Lüneburg (Az. 1A98/00). Das niedersächsische Kultusministerium will hingegen alle Rechtsmittel ausschöpfen.

[363] Vgl. für Baden-Württemberg die genannten Nachweise zum Fall Ludin; für Niedersachsen „Wieder Problem mit Kopftuch", AL-ISLAM Nr. 1/2000, 11 sowie den Nachweis zum Fall Alzayed in Fn. 362.

[364] Vgl. „Kopftuch-Entscheidung löst Kontroverse aus", SZ v. 15.7.1998, 5.

„nicht nach Kopftuch, sondern nach Eignung" entschieden.[365]

Wer sich gegen die Aufnahme kopftuchtragender Lehrerinnen in den staatlichen Schuldienst entscheidet, wird mit Folgeproblemen konfrontiert. Aus Baden-Württemberg wurde anläßlich der Verhandlung des „Falles Ludin" der Fall einer Lehrerin an einer staatlichen Schule bekannt, die seit ihrem Übertritt zum Islam unbeanstandet ein Kopftuch trägt. Die Schulverwaltung sieht jedoch gemäß Presseberichten Unterschiede, weil die Betreffende kein Kopftuch, sondern „ein Haarnetz" trage.[366] Damit werden Verwaltung und Verwaltungsgerichtsbarkeit gedrängt, sich zu Experten in Fragen der Damenkopfbekleidung zu entwickeln. Dies ist weniger spaßig, als es klingen mag. Die Rechtsordnung sollte sich davor hüten, sich durch allzu subtile Abgrenzungen der Lächerlichkeit preiszugeben und damit ihre Akzeptanz zu gefährden. Diese Gefahr erscheint größer als diejenige, die vom Kopftuch einer Lehrerin ausgeht, die ihre Loyalität zum Staat und seiner Grundordnung versichert. Zudem stellen sich weitere schwierige Rechtsprobleme. Darf und soll man eine Lehrerin, die sich erst im Laufe ihrer Karriere für das Kopftuch entscheidet, aus dem Schuldienst entlassen? Das Oberschulamt Stuttgart hat bereits einer solchen Lehrerin das offenbar jahrelang nicht beanstandete Tragen eines Kopftuchs (oder Haarnetzes?) im Unterricht verboten.[367] Würde die Nichtbeachtung dieses Verbots aber in letzter Konsequenz die Entfernung aus dem Staatsdienst rechtfertigen? Würde ein solches Vorgehen noch dem Verhältnismäßigkeitsgrundsatz gerecht, wenn andererseits massive kriminelle Handlungen mit Folge von Freiheitsstrafen bis zu einem Jahr nicht zwingend zur Entlassung führen?

---

[365] Vgl. „erste Frau mit Kopftuch unterrichtet in Hamburg", SZ v. 19.8.1999, 6.

[366] Vgl. „Kein Unterricht mit dem Kopftuch", Erlanger Nachrichten v. 25.+26.3.2000, 5.

[367] „Stuttgarter Lehrerin darf kein Kopftuch tragen", FAZ v. 4.7.2000, 11.

Meines Erachtens sollte die Bekleidungsfrage nicht zur – doch vergleichsweise unwichtigen – Grundsatzfrage im Zusammenleben der Religionen erhoben werden. Die Errungenschaft, ständische Kleiderordnungen überwunden zu haben, ist in einem liberalen Gemeinwesen durchaus verteidigenswert. Zudem verweisen Muslime nicht von ungefähr darauf, daß die kopftuchtragende Putzfrau zu keiner Zeit Gegenstand der Erörterung war, während die sozial „aufgestiegene" kopftuchtragende Lehrerin Anstand erregt. Im übrigen ist auch unter Muslimen eine breite Diskussion über die Notwendigkeit des Kopftuchs oder des Schleiers im Gange.[368]

Nach meinen Beobachtungen haben viele Muslime gerade in Europa den Kompromiß gefunden, die Entscheidung hierüber jedenfalls den Frauen selbst zu überlassen. Einzelne neuzeitliche Interpretationen der Bekleidungsvorschriften kommen zu dem Ergebnis, die Bedeckung des Kopfes sei nicht erforderlich.[369] Es gibt sogar ein Gutachten des mehrfach genannten (vgl. Kap. IV.3) Europäischen Rats für Rechtsgutachten[370] zur Frage, was für eine Frau gelte, welche das Kopftuch als solche Last empfinde, daß sie sich vom Islam entfernen werde, wenn sie es tragen müsse. Obgleich der Rat das Tragen des Kopftuchs für religiös verpflichtend hält, verbietet er, Druck auf die Frau auszuüben. Es könne nicht sein, daß ein Detail (Tragen des Kopftuchs) wichtiger sei als der Grundsatz (Bindung an den Islam). Dies ist eine tragfähige Grundlage für weitere Entwicklungen, die in erster Linie von den Betroffenen selbst gestaltet werden müssen. Missionarischer Eifer von außen scheint unangebracht, wenn man bedenkt, daß in der nicht sehr fernen Viktorianischen Zeit Tischbeine verhängt wurden, um nicht allzu erotische Reize auszulösen.

---

368 Vgl. nur die Auseinandersetzung um Äußerungen des Leiters der Moschee in der Rue de Tanger/Paris, der das Tragen des Kopftuchs primär als ästhetische, allein von den Frauen zu entscheidende Frage ansieht; vgl. Foulard: la FNMF critique Larbi Kechat, Islam de France 1 (1998), 154.
369 *M. Hofmann* (Fn. 17) 143 ff.
370 Al-mağlis al-urubi (Fn. 207) 33.

Zudem wird durch belehrendes Auftreten oder gar Verbote im Zweifel das Gegenteil des Erstrebten erreicht. Eine prominente französische Muslimin formulierte, daß bei dem erbitterten Streit um den Schulbesuch kopftuchtragender Mädchen die Muslime sich schon „aus Trotz" für das Kopftuch ausgesprochen hätten.[371] Nicht ganz zu Unrecht wundern sich Musliminnen auch darüber, daß die Toleranz, welche die absonderlichsten Modetorheiten hinnimmt, schnell am Ende ist, wenn sich in der Kleidung ein religiös orientierter Lebenswandel niederschlägt.[372] Andererseits ist auch die Entscheidung von Frauen und Mädchen, kein Kopftuch zu tragen oder sich nach Belieben zu kleiden, in vollem Umfang zu respektieren, solange die Art der Kleidung nicht gegen die hier geltenden Rechtsvorschriften verstößt. Ausübung von Zwang oder beleidigendes Verhalten gegen solche Frauen und Mädchen kann keinesfalls mit der Religionsfreiheit gerechtfertigt werden und verstößt gegen das geltende Recht.

Insgesamt ist zu empfehlen, das „Problem" des Kopftuchs etwas tiefer zu hängen. Der Streit hierüber hat sich gelegentlich zu einem Stellvertreterkrieg entwickelt. Letztlich scheint es weniger um das Kopftuch zu gehen als um die Frage, ob in den bestehenden westlichen Gesellschaften äußere Erscheinungen eines anderen Kulturkreises auch „offiziell" geduldet werden sollen. Im Grunde stellt sich eine schlichte Machtfrage: Welche Position können die auf Dauer ansässigen Muslime beanspruchen? Wer definiert den gesellschaftlichen Grundkonsens? Dies sind nur teilweise rechtliche Fragen. Daß die neue Machtverteilung Verteilungskämpfe mit sich bringt, ist keineswegs überraschend. Bestehende Auseinandersetzungen sind aus solcher Sicht als völlig normale Erscheinung zu verstehen – wer gibt schon gerne freiwillig einen Teil seiner Entscheidungsbefugnisse ab? Ebenso

---

371 *Kepel*, Allah im Westen, 1996, 220 mit Zitat einer Äußerung der Präsidentin der Jeunes Arabes de Lyon et banlieu Djida Tazdaït; weitere Nachweise bei dems., 267f.

372 Vgl. *Akashe-Böhme* (Fn. 117) 84.

selbstverständlich ist es aber, daß Muslime ihre von der *Rechtsordnung gewährleisteten* Rechte auch durchsetzen möchten. Was einem bald wieder abreisenden „Gast" wenig am Herzen liegen mag, wird für den dauerhaft Verbleibenden wichtig. All dies sollte viel öfter offen angesprochen werden. Die Diskussionen würden sich dann auf wirklich drängende Fragen konzentrieren, wie etwa die der sprachlichen Integration oder des gesellschaftlichen Umgangs mit einer nichtmuslimischen Bevölkerungsmehrheit, beispielsweise im Hinblick auf die Teilnahme muslimischer Mädchen an Schulfreizeitveranstaltungen. Wenn auch ein rechtlicher Streit um das Kopftuch unfruchtbar erscheint, so ist eine gesellschaftliche Diskussion über das Frauen- und Männerbild und den Umgang zwischen den Geschlechtern um so notwendiger.

Damit ist das schulische Erziehungswesen allgemein angesprochen, bei dem sich vor allem in zwei Punkten religionsbezogene Probleme ergeben können. Zum einen bestehen bei manchen muslimischen Eltern und Schülern Vorbehalte gegen einen nicht nach Geschlechtern getrennten Sportunterricht für Schüler ab Einsetzen der Pubertät und gegen andere schulische Aktivitäten, bei denen solche Schüler unbeaufsichtigt im engen Kontakt miteinander sein können. Zum anderen zeigen sich Vorbehalte gegen Sexualkundeunterricht, der mehr als bloße biologische Informationen vermittelt.[373] In beiden Bereichen gab es schon gerichtliche Auseinandersetzungen mit christlichen Anhängern einer strengen Geschlechtertrennung, die auch den Sexualkundeunterricht weitgehend ablehnten. In den letzten Jahren sind einige Entscheidungen im Hinblick auf muslimische Beteiligte hinzugekommen. Manche Muslime stehen der Koedukation generell skeptisch gegenüber.[374]

---

373 Vgl. zur grundsätzlichen Akzeptanz von Biologie- und Sportunterricht *T. Ramadan* (Fn. 211) 174f.

374 Vgl. *Z. Khamehi*, Erziehung im Spannungsfeld von Familie und Gesellschaft, Al-Fadschr 17 (März/April 2000), 53, 58 (ohne irgendeine Begründung).

Die Koedukation verfolgt den wichtigen Zweck, die Kinder in einen respektvollen und natürlichen Umgang zwischen den Geschlechtern einzuüben. Sie ist darauf angelegt, Kinder nicht auf bestimmte vorgefaßte Rollenmuster festzulegen und damit die Gleichberechtigung der Geschlechter im Sinne von Art. 3 Abs. 2 GG zu verwirklichen.[375] Die Koedukation wird zwar nicht von der Verfassung gefordert[376]; ihre Vorteile werden im einzelnen mit beachtlichen Gründen relativiert. Gesetzgeber und Verwaltung können sie aber aus ebenso einleuchtenden sachlichen Gründen vorsehen und durchsetzen.[377] Das grundsätzliche Festhalten an der Koedukation erscheint zudem gerade auch im Hinblick auf Schüler wichtig, die kulturell (nicht notwendig: religiös) stark in Richtung auf eine strikte Geschlechtertrennung vorgeprägt sind. Von Lehrern ist z. B. zu hören, daß manche männliche türkische Grundschüler sich strikt weigern, neben Mädchen zu sitzen. Gerade für solche Schüler ist es wichtig zu lernen, daß sie keine Privilegien gegenüber Mädchen genießen. Der schulische Handlungsbedarf ist dabei offensichtlich. Andererseits sind keine aus dem Islam zu begründende Vorgaben ersichtlich, die gegen eine grundsätzliche Koedukation sprechen. Auch in islamischen Ländern ist die Koedukation gängige Praxis.

Die Vorgaben des deutschen Verfassungsrechts bieten auch im Hinblick auf den Sexualkundeunterricht eine gute Grundlage für allseits akzeptable Lösungen. So ist die individuelle Sexualerziehung in erster Linie ein Bestandteil des natürlichen Erziehungsrechts der Eltern. Der Staat hat jedoch gleichfalls einen verfassungsmäßigen Erziehungs- und Bildungsauftrag. Dieser berechtigt ihn dazu, Sexualerziehung in der Schule durchzuführen, die für unterschiedliche vorhandene Wertvorstellungen offen sein muß, wobei sie auf das Erzie-

---

375 *Avenarius/Heckel*, Schulrechtskunde, 7. Aufl. Neuwied 2000, 88f.

376 So zur bayerischen Verfassung BayVerfGH NJW 1987, 1543, 1545.

377 Vgl. zu Gründen und Gegengründen *Martial*, Koedukation und getrennte Erziehung, Köln 1998.

hungsrecht der Eltern und deren religiöse und weltanschauliche Überzeugungen Rücksicht nehmen muß. Eltern können die gebotene Zurückhaltung und Toleranz verlangen; jede Indoktrination muß unterbleiben. Die Elternrechte werden durch Informationspflichten über Inhalt und Methode der schulischen Sexualerziehung abgesichert. Bei Rechtsverletzungen können neben den Schulaufsichtsbehörden hinaus auch Eltern die erforderlichen Schritte einleiten. Darüber hinaus kann es jedoch kein Mitbestimmungsrecht der Eltern bei der Ausgestaltung der schulischen Sexualerziehung geben.[378]

Bedenken gegen den Sexualkundeunterricht bestehen von muslimischer Seite nicht, soweit neutrale Informationen über Fortpflanzung und Sexualität gegeben werden. Der Islam sieht Sexualität als normale, im Grundsatz positive Erscheinung des menschlichen Lebens an. Jedoch erlaubt er nach sehr verbreiteter Auffassung die Aufnahme sexueller Beziehungen nur innerhalb der Ehe. Außereheliche Beziehungen, homosexuelle Praktiken und andere sexuelle Aktivitäten werden abgelehnt. Zudem besteht unter Muslimen Uneinigkeit über die Behandlung der Empfängnisverhütung im Schulunterricht. Sie beruht darauf, daß sehr unterschiedliche Meinungen zur Zulässigkeit der Empfängnisverhütung vertreten werden. Zudem besteht bei manchen die Befürchtung, daß Kenntnisse über Empfängnisverhütung die unerwünschte Aufnahme außerehelicher Beziehungen erleichtere. Ähnliches gilt für die Behandlung von Geschlechtskrankheiten. Solange aber solche Themen beschreibend, altersangemessen und ohne Indoktrinierung behandelt werden, müssen derartige Bedenken grundsätzlich zurückgestellt werden. Hier überwiegt der staatliche Erziehungsauftrag; Schülern ist nicht geholfen, wenn sie nichts über Lebensphänomene erfahren, mit denen sie im täglichen Leben doch konfrontiert werden können.

---

378 Vgl. zu diesen Grundsätzen BVerfGE 47, 46, 69ff; *v. Münch/Kunig-Hemmrich*, Grundgesetz-Kommentar, Bd. 1, 4. Aufl. München 1992, Art. 7 Rn. 15 mwN.

Insgesamt ist bei der Abwägung möglicherweise widerstreitender Interessen auch zu berücksichtigen, daß Muslime wie die Angehörigen anderer Religionsgemeinschaften das Recht haben, religiös orientierte Privatschulen zu gründen (vgl. Art. 7 Abs. 4 GG). Beispielsweise existieren in den Niederlanden bereits 20 solcher Schulen.[379] In Deutschland ist der Staat sogar in gewissem Umfang zu finanzieller Unterstützung solcher Schulen verpflichtet[380], von denen es bereits einige gibt. Im übrigen ist es muslimischen Schülern und Eltern wie christlichen und anderen zuzumuten, die Ergebnisse einer sorgfältigen Abwägung erzieherischer Ziele und Erwartungen zu respektieren. Im Gegenzug muß es der staatlichen Seite und auch einzelnen Lehrern verwehrt bleiben, im Schulunterricht sexuelle Beliebigkeit zu propagieren. Nach eigenen Erfahrungen als Vater ist der (im konkreten Fall: bayerischen) Schulverwaltung ein hohes Maß an Behutsamkeit und Rücksichtnahme in diesen Fragen zu bescheinigen.

Rechtliche Auseinandersetzungen haben sich zudem am gemischt-geschlechtlichen Sportunterricht entsponnen. Die sportliche Betätigung als solche stellt hierbei kein Problem dar.[381] Beanstandet wurde allein, daß Mädchen in solchem Unterricht gezwungen waren, sich den Jungen in Sportkleidung zu zeigen, die Jungen in solcher Kleidung zu sehen und mit ihnen in körperlichen Kontakt zu kommen. Eine konservative Richtung unter den Muslimen sieht darin einen Verstoß gegen die koranischen Bekleidungsvorschriften. Die Rechtsprechung in Deutschland und anderen europäischen Ländern erkennt diese Haltung als Ausprägung der Religionsfreiheit an und gewährt pubertierenden Schülerinnen die Befreiung von einem solchen Unterricht.[382] Hierbei ist auch zu

---

379 „Islamic Schools Score High", al-Europiya Supplement zu No. 20 (August 2000), 4; vgl. zu anderen europäischen Staaten *Shadid/Van Koningsveld* (Fn. 204) 5.4.

380 Vgl. *v. Münch/Kunig-Hemmrich* (Fn. 378) Art. 7 Rn. 45 mwN.

381 Vgl. VGH Kassel NVwZ 1988, 951f (Angehörige der Ahmadiya-Gemeinschaft).

382 BVerwG NVwZ 1994, 578f; VGH Kassel NVwZ 1988, 951f; OVG

berücksichtigen, daß der koedukative Sportunterricht ab einem gewissen Alter ohnehin fragwürdig erscheint. Schon die körperlichen Unterschiede zwischen den Geschlechtern verlangen eine geschlechtsadäquate Sporterziehung. Der koedukative Sportunterricht in höheren Klassenstufen ist denn auch eine verzichtbare Ausnahme geblieben. Der Vollständigkeit halber ist festzustellen, daß sich auch muslimische Jungen auf die koranischen Vorschriften berufen können, wonach sie selbst sittsam gekleidet sein müssen und das andere Geschlecht nicht ungehörig in Augenschein nehmen dürfen. Einschlägige gerichtliche Verfahren sind bislang nicht ersichtlich.

Allerdings findet sich keine tragfähige religiöse Begründung für die Geschlechtertrennung im Sportunterricht vor der Pubertät. Zudem kann der Sportunterricht über Gesundheitsförderung und sportliche Ertüchtigung hinaus auch das Ziel verfolgen, soziales Verhalten einzuüben.[383] Der staatliche Bildungs- und Erziehungsauftrag steht dem elterlichen Erziehungsrecht und dem Grundrecht auf Respektierung des Glaubens prinzipiell gleichgeordnet gegenüber.[384] Deshalb bleibt die Befreiung vom Unterricht ein Ausnahmefall; für die ernsthafte religiöse Begründung ist derjenige darlegungspflichtig, der sich auf religiöse Gründe beruft.[385] Deshalb sollte es Eltern verwehrt bleiben, ihre Grundschulkinder (Klassenstufen 1–4) vom gemeinsamen Sportunterricht fernzuhalten. Besonderheiten mögen für den gemeinsamen Schwimmunterricht gelten; hier wird von manchen Muslimen die Ansicht vertreten, er sei schon vor der Pubertät aus religiöser Sicht abzulehnen.[386]

Münster NVwZ 1992, 77f; OVG Lüneburg NVwZ 1992, 79; vgl. auch VGH München NVwZ 1987, 706 zu Angehörigen der sog. Palmarianischen Kirche.

383 Vgl. BVerwG NVwZ 1994, 578.

384 BVerfGE 52, 223, 236; BVerwG NVwZ 1994, 578, 579 mwN.

385 Vgl. BVerwG NVwZ 1994, 578, 579f mwN; OVG Münster NVwZ 1992, 77, 78.

386 Vgl. schweizer. Bundesgericht, BGE 119, Ia178 = EuGRZ 1993, 400.

Zur Musik nimmt eine nicht sehr verbreitete sinnenfeindliche Richtung innerhalb des Islam eine ablehnende Haltung ein, insbesondere zur weiblichen Vokalmusik. Auch hierbei ist der geschützte Rahmen religiöser Gebote (vgl. oben Kap. IV.2) noch nicht überschritten, wenngleich die Begründung für die Ablehnung nicht von großer Überzeugungskraft sein mag. Anders als beim Sportunterricht, wo es maßgeblich um auch objektiv erfaßbare körperliche Ertüchtigung geht, spricht der Musikunterricht ein sinnlich-spirituelles Feld an, auf dem sich nicht jeder tummeln mag. Es kann niemand gezwungen werden, den Reichtum der Musik zu erkennen. Deshalb steht der religiös begründeten Befreiung von solchem Unterricht der staatliche Erziehungsauftrag mit nur vergleichsweise geringem Gewicht entgegen.

Kein wirklich bedeutsames Problem dürfte das religiös begründete Verbot der Abbildung von Menschen und Tieren darstellen. Weigert sich ein Schüler aus religiösen Gründen, im Zeichenunterricht Portraits oder Tierdarstellungen anzufertigen, so kann ihm ohne weiteres eine andere adäquate Aufgabe zugewiesen werden. Der Verzicht darauf, Fertigkeiten in der Darstellung von Lebewesen zu entwickeln, beeinträchtigt den schulischen Erziehungsauftrag nur wenig.

Allenfalls marginale Probleme könnten sich aus dem koranischen Verbot des Alkoholkonsums[387] ergeben, wenn z. B. im Chemie- oder Biologieunterricht Lehrer mit alkoholhaltigen Präparaten hantieren. Selbst wenn man als Muslim nach einer strengen Auffassung schon den Kontakt mit Alkohol meiden soll, so ist doch dessen Einsatz als Chemikalie bzw. Konservierungsmittel unbedenklich und ohne weiteres zumutbar.

---

[387] Vgl. Sure 5, 90.

d) *Religionsunterricht*

da) *Einführung*

Die Einführung eines regulären islamischen Religionsunterrichts an staatlichen Schulen wurde in den letzten Jahren zu einem der wichtigsten Anliegen der Muslime in Deutschland.[388] Hierüber hat sich eine oft emotionsgeladene Debatte entsponnen. Auf der einen Seite wird ein Anspruch auf Einrichtung eines solchen Unterrichts formuliert, der rechtswidrig nicht erfüllt werde. Auf der anderen Seite sind Befürchtungen erkennbar, daß durch einen solchen Unterricht fundamentalistische Tendenzen in den Schulen Einzug halten könnten

Bislang gibt es in einigen Bundesländern – so in Bayern – Vorschriften über die religiöse Unterweisung türkischer Schüler muslimischen Glaubens. Die religiöse Unterweisung findet im Rahmen des Muttersprachlichen Ergänzungsunterrichts (MEU) statt. Der Unterricht wird in aller Regel von türkischen Lehrern abgehalten, die für einige wenige Jahre in Deutschland bleiben und dann wieder in die Türkei zurückkehren. Diese Lehrer wissen zunächst wenig über die Lebensverhältnisse ihrer Schüler, nicht selten sind sie im Gegensatz zu ihren Schülern auch nicht der deutschen Sprache mächtig. Ein Forschungsprojekt der Universität Bamberg im Auftrag des Bayerischen Staatsministeriums für Wissenschaft, Forschung und Kunst von 1996–1998 über die Arbeit türkischer Lehrer in Bayern hat ergeben, daß die zum Einsatz gekommenen Lehrer insgesamt ungenügend auf ihren Einsatz in Deutschland vorbereitet sind. Für die Erteilung von Religionsunterricht – nur dies ist hier relevant – fehlt ihnen in aller Regel die Qualifikation.[389] Damit soll die große Einsatzbereitschaft vieler dieser Lehrer nicht herabgewürdigt werden.

---

[388] Vgl. hierzu *Rohe*, Rechtliche Perspektiven eines islamischen Religionsunterrichts in Deutschland, Zeitschrift für Rechtspolitik 2000, 207ff.

[389] Vgl. die Kurzdarstellung der Ergebnisse des unter der Leitung von Prof. Dr. Kreiser von Dres. *Schüler* und *Unbehaun* bearbeiteten Forschungs-

Die Lehrinhalte orientieren sich weitgehend an türkischen Festlegungen.[390] In den einschlägigen Richtlinien findet sich für die Jahrgangsstufen 1 bis 3 die Aussage, wonach die Religion die Forderung „Wir lieben unser Vaterland" an einen Muslim stelle.[391] Für die Jahrgangsstufen 4 und 5 ist als Unterrichtseinheit IV „Liebe zum Vaterland" vorgesehen. Um welches Vaterland es sich handelt, zeigt die Ausführung „Auch im Ausland denken wir an unsere Heimat"[392]. Dies war durchaus angemessen für einen Personenkreis, von dessen Rückkehr in das Herkunftsland auszugehen war. Für dauerhaft hier ansässige Muslime, möglicherweise auch in großer Zahl mit deutscher Staatsangehörigkeit, paßt es nicht mehr.

Führende Repräsentanten verschiedener politischer Richtungen in Deutschland[393] scheinen dies ebenso wie der überwiegende Teil der ansässigen Muslime mittlerweile auch so

---

projekts „Türkische Lehrer in Bayern" v. 1.11.1996 – 31.3.1998, am 18.10.1999 abgerufen unter http://www.uni-bamberg.de/ba4ts1/forschung/tubay.htm, Kurzdarstellung der Ergebnisse, insbes. 2. und 7.

390 Vgl. zur bestehenden Lage in den Ländern *Siegele*, Die Einführung eines islamischen Religionsunterrichtes an deutschen Schulen, 1990; *Aslan*, Religiöse Erziehung der muslimischen Kinder in Deutschland und Österreich, 1998; *Lähnemann*, Eine neue Facette in der Fächergruppe Religion/Ethik: Islamischer Religionsunterricht, in: Einsiedler u.a. (Hrsg.), Handbuch für Grundschulpädagogik und Grundschuldidaktik, zum Erscheinen im Jahr 2001 (Klinkhardt-Verlag Bad-Heilbrunn) bestimmt; *Häußler*, Islamische Inhalte im deutschen Schulwesen – Verfassungsrechtlicher Anspruch und schulische Wirklichkeit, ZAR 2000, 159ff.

391 Richtlinie für die religiöse Unterweisung türkischer Schüler muslimischen Glaubens in den Jahrgangsstufen 1 bis 3 der Grundschule, Amtsblatt des Bayerischen Staatsministeriums für Unterricht und Kultus Teil I, Sondernummer 7 v. 14.5.1986, 270 unter Einheit II 2. Punkt 6. Spiegelstrich.

392 Richtlinie für die religiöse Unterweisung türkischer Schüler muslimischen Glaubens Jahrgangsstufen 4 und 5 der Grundschule, Amtsblatt des Bayerischen Staatsministeriums für Unterricht und Kultus Teil I, Sondernummer 5 v. 16.3.1988, 55 unter Einheit IV 3. Punkt.

393 Vgl. nur „Schily für mehr Rechte islamischer Gemeinschaften", FAZ v. 30.11.1998, 1; „CDU für Einführung von Islamunterricht", FAZ v. 16.6.1999, 6; „CSU für islamischen Religionsunterricht auf Deutsch", FAZ v. 21.7.2000, 2.

zu sehen.[394] Der Verband der Islamischen Kulturzentren VIKZ hält Korankurse in deutscher Sprache ab.[395] In Österreich hat man bereits seit 1983 einen islamischen Religionsunterricht eingeführt.[396] Im Februar 1999 wurde eine Ausbildungsstätte für islamische Religionslehrer eröffnet, die aus dem österreichischen sozialen Kontext stammen.[397] Auch auf lokaler Ebene in Deutschland sind entsprechende Bedürfnisse erkennbar: Nach Informationen des Verfassers aus dem christlich-islamischen Arbeitskreis Erlangen sind viele Muslime mit den vorhandenen Unterweisungsformen nicht zufrieden. Der Arbeitskreis hat in Zusammenarbeit mit dem Erlanger Ausländerbeirat eine Untersuchung in den Schulen vor Ort durchgeführt, ob und gegebenenfalls in welchem Umfang Bedarf für einen „echten" Islamunterricht besteht.[398] Von einem solchen kann nicht die Rede sein, wenn der Lehrer angibt, in seinem Unterricht spiele der Koran „keine Rolle".[399] Vollends unbefriedigend wird die Lage, wenn muslimische Schüler mangels anderer Angebote den Ethikunterricht besuchen und bei einer Behandlung des Islam innerhalb dieses Unterrichts keine Auskunft über ihren Glauben geben können, weil ihnen Kenntnisse oder die deutschen Begriffe fehlen.[400] So hat denn die Erlanger Untersuchung einen

---

394 Vgl. „Deutsch hält langsam Einzug in Moscheen und Koranschulen", FAZ v. 2.3.1999, 6; „Nordrhein-Westfalen contra Grundgesetz", Freitagsblatt Nr. 4/1 v. April/Mai 1999, 2.

395 FAZ v. 2.3.1999, 6 (Fn. 394).

396 Vgl. §§ 1f RelUG v. 13.7.1949 in novellierter Fassung (abgedr. in Jonak [Hrsg.], Das österreichische Schulrecht, 6. Aufl. Wien 1995, 1131) iVm der Bekanntmachung des Bundesministers für Unterricht und Kunst vom 29.7.1983 betreffend den Lehrplan für den islamischen Religionsunterricht an Pflichtschulen, mittleren und höheren Schulen.

397 Information von Dr. Stifter aus dem Wiener Wissenschaftsministerium vom 23.11.1998.

398 Vgl. den Bericht „Beirat fordert islamischen Religionsunterricht", Erlanger Nachrichten v. 28.7.1999, 1.

399 So der Erlanger Religionspädagoge M. Erman nach einem Pressebericht „Im Namen von Allah", Erlanger Nachrichten v. 28.7.1999, 1.

400 Angaben nach einem unveröffentlichten Abschlußbericht zur Ermittlung des Bedarfs an einem regulären islamischen Religionsunterricht von

eindeutigen Bedarf für einen echten islamischen Religionsunterricht ergeben. Andererseits wird der bestehende MEU immer weniger in Anspruch genommen; in Bayern besuchen ihn nur noch ca. ein Fünftel aller in Betracht kommenden Schüler.[401]

Bei alledem fällt ins Gewicht, daß auf der Grundlage des neuen Staatsangehörigkeitsrechts schon mittelfristig mit einer erheblichen, wohl die Millionengrenze überschreitenden Zahl deutscher Muslime zu rechnen ist. Zwar unterscheidet das Grundgesetz in Artt. 4 und 7 nicht nach Staatsangehörigkeit der Grundrechtsträger. Für deutsche Staatsangehörige entfällt jedoch das Argument einer „Rückbindung" an das Herkunftsland, welches für die bisherige Form der Islamunterweisung maßgeblich war. Der inländische Handlungsbedarf nimmt dementsprechend zu. Hierbei ist auch zu bedenken, daß nicht-türkischsprachige Schüler bislang von keiner Form schulischer religiöser Unterweisung im Islam erreicht werden. Nur beispielhaft sei erwähnt, daß sich etwa in der Stadt Erlangen nach dem Stand vom 1.10.1999 die insgesamt 537 muslimischen Schüler an Volksschulen aus 289 türkischen und 248 nicht-türkischen Schülern zusammensetzen.[402]

db) Rechtliche Rahmenbedingungen für einen Islamunterricht als ordentliches Lehrfach

Die rechtliche Grundlage für den Religionsunterricht an staatlichen Schulen findet sich in Art. 7 GG, der wie folgt lautet:

Frau *Meltem Rudolph* (Stand März 2000) im Auftrag des Ausländerbeirats der Stadt Erlangen in Zusammenarbeit mit dem christlich-islamischen Arbeitskreis.

401 Vgl. die Angaben der CSU-Landtagsfraktion in „CSU für islamischen Religionsunterricht auf Deutsch", FAZ v. 21.7.2000, 2 sowie „Auch die CSU setzt auf Integration", Erlanger Nachrichten v. 21.7.2000, 18.

402 Siehe Abschlußbericht (Fn. 400) S. 5 Tabelle 3.

(1) *Das gesamte Schulwesen steht unter der Aufsicht des Staates.*

(2) *Die Erziehungsberechtigten haben das Recht, über die Teilnahme des Kindes am Religionsunterricht zu bestimmen.*

(3) *Der Religionsunterricht ist in den öffentlichen Schulen mit Ausnahme der bekenntnisfreien Schulen ordentliches Lehrfach. Unbeschadet des staatlichen Aufsichtsrechtes wird der Religionsunterricht in Übereinstimmung mit den Grundsätzen der Religionsgemeinschaften erteilt. Kein Lehrer darf gegen seinen Willen verpflichtet werden, Religionsunterricht zu erteilen.*

Für die Länder Bremen und Berlin gilt gemäß Art. 141 GG eine Sonderregelung. Dort sind die Religionsgemeinschaften und nicht der Staat für die Organisation und Abhaltung des Religionsunterrichts zuständig. Weitere Regelungen finden sich in einzelnen Landesverfassungen und in den Landesschulgesetzen. All diese Regelungen stehen indes unter der des Art. 7 GG.

Art. 7 Abs. 3 GG beinhaltet nach allgemeiner Meinung die institutionelle Garantie des – nicht notwendig christlichen[403] – Religionsunterrichts. Daß der Islam den Begriff der „Religion" erfüllt, bedarf keiner weiteren Ausführungen. Die Erteilung von Religionsunterricht ist originäre Aufgabe des Staates in den Formen des staatlichen Schulrechts durch staatliche Amtswalter unter staatlicher Aufsicht in demokratischer Verantwortung.[404] Nach ganz überwiegender Ansicht vermittelt Art. 7 Abs. 3 GG aber auch subjektive Rechte für die Religionsgemeinschaften (nicht notwendig: Kirchen) und wohl auch für die Schüler und deren Eltern.[405]

---

[403] Vgl. nur *Heckel* (Fn. 174) 741.

[404] *Heckel* (Fn. 403) 741, 746 mwN.

[405] Vgl. *Link* in: Pierson/Listl (Hrsg.), HdbStKirchR, Bd. II, 2. Aufl. 1995, 496; *Maunz-Dürig-Herzog-Scholz*, Grundgesetz, Loseblattslg. Stand 7/1998, Art. 7 Rn. 29, 47; *Heckel* (Fn. 403) 741, 750, 752 mwN; sehr weitgehend AK-GG-Richter, 2. Aufl. 1989, Art. 7 Rn. 55.

Andererseits verbietet es die verfassungsrechtlich verankerte religiös-weltanschauliche Neutralität des Staates, etwa den Inhalt eines Islamlehrplans festzulegen. Die Rolle des Staates beschränkt sich auf eine „weltliche Intendanturfunktion“ [406], also die Bereitstellung äußerer Rahmenbedingungen für den Religionsunterricht. Religiös-weltanschauliche Neutralität bedeutet aber keineswegs die Entfernung des Religiösen aus Öffentlichkeit und Schule, sondern gerade Schaffen von Raum für die aktive Betätigung der Glaubensüberzeugung. [407] Diese erfolgt notwendigerweise durch Kooperation zwischen Religionsgemeinschaft und Staat. [408] Aus solcher Sicht dürfte jedenfalls eine staatliche Pflicht zur Kooperation bei der Suche von Übergangslösungen bestehen, wenn die muslimische Seite ihrerseits die Voraussetzungen eines „Ansprechpartners“ erfüllt (hierzu sogleich im folgenden). Immerhin hat die Kultusministerkonferenz bereits im Jahre 1984 die Einrichtung eines islamischen Religionsunterrichts nach den Maßgaben des Grundgesetzes bejaht. [409] Daß hierbei im einzelnen nicht eine exakte Übernahme des christlich-konfessionellen Unterrichts möglich ist und gefordert werden kann, liegt auf der Hand. Hierbei sind die weiterreichenden österreichischen Erfahrungen von besonderem Interesse; dort gibt es seit 1983 einen institutionalisierten Islamunterricht. Allerdings ist die österreichische Rechtslage nur auf Berlin und Bremen übertragbar, wo ebenfalls die Religionsgemeinschaften den Religionsunterricht durchführen. [410] Indes wird das Bedürfnis von Muslimen, ihre Kinder im Schulunterricht mit den Grundlagen ihres Glaubens vertraut zu machen, sich unabhängig von der Verfassungslage einzelner Länder entwickeln.

---

406 *Heckel* (Fn. 403) 741, 744.

407 BVerfGE 41, 29, 49; *Heckel* (Fn. 403) 741, 744.

408 BVerfGE 74, 244 = NJW 1987, 1873; *Heckel* (Fn. 403) 741, 751.

409 *Heckel* (Fn. 403) 741, 747.

410 Art. 141 GG iVm Art. 32 Brem. LV bzw. § 23 Berlin. SchulG.

dc) *Erstellung des Lehrplans; die Problematik des „Ansprechpartners"*

Konkrete Forderungen nach der Einrichtung eines islamischen Religionsunterrichts in staatlicher Regie wurden trotz vielfach erklärter grundsätzlicher Bereitschaft bislang fast durchweg abgewehrt.[411] Die Begründung hierfür stützt sich im wesentlichen auf den Umstand, daß kein hinreichend legitimierter Ansprechpartner zur Verfügung stehe, der die Inhalte eines solchen Unterrichts mitbestimmen könnte.[412] In der Tat bedarf es eines solchen Ansprechpartners, weil die Verfassung es verbietet, von staatlicher Seite die Inhalte der jeweils in Rede stehenden Religion zu definieren. Dies ist allein Aufgabe der Religionsgemeinschaften selbst. Der Religionsunterricht ist insofern nicht Gebot, sondern „Angebot" der Verfassung.[413]

Mit dem rechtskräftigen Urteil des Oberverwaltungsgerichts (OVG) Berlin[414] aus dem Jahre 1998 ist schon kurzfristig Klärungsbedarf entstanden. Dabei wird es nicht zuletzt darum gehen, wer konkret die Seite des Islam repräsentieren kann.

In Berlin darf nach dem genannten Urteil ein Verein islamischen Religionsunterricht abhalten (und erhält entsprechende Mittel), der von ca. 140000 Berliner Muslimen 1127 vertritt. Dieser Verein ordnet sich nicht etwa einer bestimmten historisch ausgebildeten Richtung des Islam zu, sondern wendet sich an alle, die Koran und Sunna des Propheten Muhammad als gemeinsame Grundlage des Islam anerkennen.

---

411 Vgl. hierzu *Korioth*, Islamischer Religionsunterricht und Art. 7 III GG, NVwZ 1997, 1041, 1044ff; „Verfassungsrechtlicher Anspruch", FAZ v. 13.8.1999, 6 (für Baden-Württemberg); allg. *Siegele* (Fn. 390).

412 Vgl. zur Entwicklung *Eiselt*, Islamischer Religionsunterricht an öffentlichen Schulen in der Bundesrepublik Deutschland, DÖV 1981, 205ff; *Korioth* (Fn. 411) 1041ff; zur Lage in Deutschland und Österreich nun ausführlich *Aslan* (Fn. 390).

413 Statt vieler *Heckel* (Fn. 403) 741, 745; *Korioth* (Fn. 411) 1041, 1044.

414 Urt. v. 4.11.1998, NVwZ 1999, 786; das BVerwG (NVwZ 2000, 922) hat die Revision zurückgewiesen.

Damit macht sich eine zahlenmäßig vergleichsweise sehr kleine Gruppe zum Repräsentanten des gesamten Islam. Problematisch ist hierbei, daß eine staatliche Instanz einer solch kleinen Gruppe repräsentative Funktionen zuerkennt. Kollisionen mit anderen Zusammenschlüssen von Muslimen sind bereits entstanden. Freilich kann ebensowenig verlangt werden, daß die Religionsgemeinschaft als solche erst auftreten kann, wenn sie einen Großteil oder auch nur die Mehrheit der Muslime auf der jeweils relevanten Ebene (Land oder Kommune) repräsentiert. Andernfalls könnte eine vielleicht desinteressierte Mehrheit nomineller Muslime jede Initiative verhindern.

Insgesamt wird man ein gewisses Maß an breiter Institutionalisierung (feste und auf Dauer angelegte Organisation) mit unabweisbarer Rücksicht auf Sicherheit und Klarheit des Rechtsverkehrs nach außen[415] fordern müssen. Das gilt insbesondere für die Länder, in denen der Staat nach Art. 7 Abs. 3 GG zwar den Religionsunterricht abhält, dies aber nur in Übereinstimmung mit den Grundsätzen der Religionsgemeinschaften. Hier benötigt der Staat einen „Ansprechpartner", der solche Grundsätze verläßlich formuliert und der Lehrpersonal vorschlägt, das auf breite Akzeptanz stößt.[416]

Ein solcher Ansprechpartner benötigt allerdings nicht notwendig den Status einer Körperschaft des öffentlichen Rechts[417] (vgl. hierzu noch in Kap. VI.1). Letzteres verbietet sich schon im Hinblick darauf, daß auch christlicher Religionsunterricht für Angehörige christlicher Konfessionen ohne solchen Status möglich ist. Es genügt vielmehr eine in reli-

---

415 Ebenda; vgl. auch BVerfGE 53, 366, 401; BVerfGE 83, 341. 356f.

416 Vgl. zu den Reaktionen auf die eher unbefriedigende Rechtslage in Berlin „Böger will Schulgesetz ändern", FAZ v. 9.3.2000, 4.

417 So *Link* (Fn. 405), 500; *Heckel* (Fn. 403) 741, 752; *Fechner*, Islamischer Religionsunterricht an öffentlichen Schulen, NVwZ 1999, 735, 736; anderer Ansicht *Korioth* (Fn. 411) 1041, 1046f. mwN. Vgl. zu den Problemen der Institutionalisierung auch *Pearl/Menski* (Fn. 297) 3–104 mit Fn. 104; *Ayyub Köhler*, Die strukturelle Assimilation des Islams in Deutschland, Al-Islam 3/1999, 16, insbes. 18f.

giöser Grundlage, Organisationsstruktur, Mitgliedschaftszugehörigkeit und Leitung/Außenvertretung bestimmte und eindeutige Organisation, wie sie z. B. der eingetragene Verein bietet. Das rechtssoziologische Modell „Kirche" ist hierfür kein rechtlich relevanter Maßstab.[418] Vielmehr verbietet es die Verfassung, andere Religionsgemeinschaften in die Organisationsformen christlicher Konfessionen zu zwängen. Ausreichend wäre wohl die Zusammenarbeit von Repräsentanten der meisten zahlenmäßig bedeutsamen Vereinigungen von Muslimen, die überhaupt Interesse an der Etablierung des islamischen Religionsunterrichts bekunden. Die Bildung mehrerer Repräsentanten unterschiedlicher Richtungen des Islam wäre dabei ebensowenig überraschend wie hinderlich, solange sie inhaltlich voneinander abgrenzbar sind. Damit stellt sich die Frage, ob Muslime sich überhaupt in einer Weise zusammenschließen können, die den genannten Voraussetzungen für einen „Ansprechpartner" des Staates erfüllen.

Nun hat der Islam kein Lehramt etwa im Sinne päpstlicher Autorität entwickelt. Auch kirchenähnliche Strukturen sind weitgehend nicht vorhanden. Jedoch gab und gibt es Institutionalisierung auch in der islamischen Welt. Historische Vorbilder sind etwa der osmanisch-sunnitische Şeyhülislam[419] oder der safawidisch-schiitische sadr[420]. Zeitgenössische Modelle finden sich im sunnitischen Islam im Rektor der Azhar-Universität bzw. in den nationalen Großmuftis.[421] Sowohl die historisch dominierende „dezentrale" Lösung als auch das Institutionenmodell lassen sich auf Prophetenüberliefe-

---

418 *Heckel* (Fn. 403) 741, 752.

419 Vgl. *H. Gerber*, State, Society, and Law in Islam. Ottoman Law in Comparative Perspective, New York 1994, 79ff; *R. C. Repp*, The Mufti of Istanbul, Oxford 1986.

420 Vgl. *Halm* (Fn. 157) 122 und ff; *Zakariya*, Säkularisierung – eine historische Notwendigkeit, in: Lüders (Hrsg.) Der Islam im Aufbruch?, München u. a. 1992, 228, 236f.

421 Vgl. *Skovgaard-Petersen* (Fn. 227) 8ff mwN; *Zakariya* (Fn. 420) aaO; *ders.* (Fn. 65) 32.

rungen stützen: Der Prophetenüberlieferung „Meinungsverschiedenheiten in meiner Gemeinde sind eine Gnade"[422] steht das Wort „Meine Gemeinde wird sich nicht auf Irrtümer einigen"[423] entgegen.

Für die muslimische Seite ergibt sich die Legitimation zu solcher Institutionalisierung nicht nur aus historischen Vorbildern, sondern auch aus schlichter Notwendigkeit („darura")[424], einer schon im klassischen Islamischen Recht anerkannten Rechtsregel.

Zweifellos ist die Etablierung eines bekenntnisorientierten Islamunterrichts im Sinne des Islam. Deshalb sind auch die hierfür erforderlichen Maßnahmen gedeckt. In verschiedenen Bundesländern, so in Bayern und Baden-Württemberg, sind Muslime im Begriff, sich in einer Form zu organisieren, die für eine verläßliche Kooperation mit staatlichen Stellen unerläßlich ist. Auch in Erlangen hat sich nach Kenntnis des Verfassers ein repräsentativer Verein unter Mitwirkung aller ortsansässigen, an islamisch religiösen Angelegenheiten interessierten Organisationen und Personen gebildet, der geeigneter Ansprechpartner für die Einrichtung eines lokalen Schulversuchs wäre. Besonders weit scheint man in Hessen mit der Konstituierung der Islamischen Religionsgemeinschaft Hessen e. V. IRH auf außerordentlich breiter personeller Grundlage vorangekommen zu sein.[425] Diese Vereinigung wurde jüngst vom VG Darmstadt[426] als Religionsgemeinschaft im Rechtssinne anerkannt (hierzu noch Näheres in Abschnitt de).

---

422 „Inna ikhtilafa ummati rahma"; vgl. zur Authentizität *al-Qaradawi* (Fn. 18) 70 mwN sowie den Art. „Ikhtilaf", EI II, Bd. 3, 1061 f. (Schacht).

423 „La taǧtamiʿ ummati ʿala dalal", bei Ibn Maǧa, sunan, ed. Muhammad Fu'ad ʿAbdalbaqi, 2 Bde., ohne Ort, 464.

424 Vgl. *Muslehuddin* (Fn. 26) 4, 52 ff.

425 Vgl. IRH, Die Darstellung der Grundlagen des Islam. IRH-Satzung, Frankfurt a. M. 1999.

426 VG Darmstadt Urt. v. 9.9.1999 (NVwZ-RR 2000, 513, 514 f) zum Antrag auf Erteilung einer Genehmigung nach § 4a TierschutzG. Die Sprungrevision ist zugelassen.

Kein Hinderungsgrund kann es sein, wenn sich verschiedene „Ansprechpartner" konstituieren, etwa Sunniten, Schiiten, Aleviten oder Ahmadis.[427] Auch die christlichen Kirchen folgen ja keiner übergeordneten zentralen Instanz „des" Christentums schlechthin. Im Gegenteil wird ein konfessionell getrennter Unterricht für den Regelfall gefordert und konfessionsübergreifender Unterricht nur in engen Sonderfällen hingenommen.[428]

Selbstverständlich wird ein Islamunterricht für zahlenmäßig kleinere Gruppierungen nur bei einem gewissen örtlichen Mindestbedarf in Betracht kommen. Hier ließe sich an den Erlaß des hessischen Kultusministeriums zum christlich-konfessionellen Religionsunterricht anknüpfen, wonach Religionsunterricht einzurichten ist, wenn mindestens acht Schüler teilnehmen und zu einer pädagogisch und schulorganisatorisch vertretbaren Lerngruppe zusammengefaßt werden können, gegebenenfalls auch jahrgangs- und schulformübergreifend.[429]

Einen äußeren Rahmen für Inhalt und Abhaltung des Religionsunterrichts bieten in jedem Falle Grundgesetz und Landesverfassungen. Die muslimischen Verbände, welche bereits Lehrpläne für einen islamischen Religionsunterricht vorgelegt haben[430], bekennen sich in ihren Satzungen ausdrücklich zu Grundgesetz und Landesverfassung(en).

dd) Die Unterrichtssprache

Unter den hiesigen Muslimen hat sich eine Diskussion darüber entsponnen, ob der Islamunterricht auf Türkisch oder

---

427 Vgl. die Nachweise in Fn. 157.

428 Vgl. „Religionsunterricht an hessischen Schulen muß konfessionell sein", FAZ v. 13.8.1999, 6.

429 Vgl. FAZ v. 13.8.1999, 6 (Fn. 428).

430 *Zentralrat der Muslime in Deutschland,* Lehrplan für den islamischen Religionsunterricht (Grundschule), Köln, Mai 1999; *Islamische Religionsgemeinschaft Hessen (IRH),* Konzept Islamischer Religionsunterricht, ohne Ort und Jahr (Stand 6/1999) (erreichbar über http://www.irh-info.de).

auf Deutsch abzuhalten sei.[431] Für Türkisch als Unterrichtssprache läßt sich als einziges Argument anführen, daß der überwiegende Teil der muslimischen Schüler türkischer Herkunft ist. Aus religiöser Sicht käme im Grunde nicht Türkisch, sondern Arabisch als Sprache des Koran in Betracht; letzteres scheint im österreichischen Islam-Unterricht jedoch auf gewisse Probleme zu stoßen, wenn z. B. türkische Kinder dann ab der ersten Klasse in drei Sprachen leben müssen.[432] Gerade die nicht-türkischen Muslime setzen sich vehement für Deutsch als Unterrichtssprache ein. Für Deutsch und gegen Türkisch spricht die integrative Funktion der Sprache sowie der Umstand, daß andernfalls alle nicht-türkischsprachigen Muslime vom Unterricht ausgeschlossen wären. Zudem ließe sich die erforderliche Schulaufsicht effizient nur über einen deutschsprachigen Unterricht ausüben. Schließlich ist die wichtige integrative Funktion der deutschen Sprache zu nennen: Es kann nicht Aufgabe und Interesse deutscher Schulverwaltung sein, in Deutschland auf Dauer sprachliche Ghettos zu befestigen. Das vielfach vorgetragene Argument des Erhalts kultureller Bindungen verfängt für den islamischen Religionsunterricht gerade nicht: Es geht nicht um Kulturvermittlung, sondern um die Vermittlung eines Bekenntnisses.[433]

Für die kulturelle Komponente mag der muttersprachliche Ergänzungsunterricht bei Bedarf fortgeführt werden. Der islamische Religionsunterricht will etwas grundsätzlich anderes als der muttersprachliche Ergänzungsunterricht und stellt insofern keine Konkurrenz, sondern eine Ergänzung dar.

---

431 Vgl. beispielhaft „Im Namen von Allah“, Erlanger Nachrichten v. 28.7.1999, 1f.

432 Hierauf verweist *Potz*, Die Religionsfreiheit in Staaten mit westlich-christlicher Tradition, in: Schwartländer (Hrsg.), Freiheit der Religion: Christentum und Islam unter dem Anspruch der Menschenrechte, Mainz 1993, 119, 132.

433 Vgl. nur BVerfGE 74, 244 = NJW 1987, 1873 mwN.

de) Perspektiven

Die kurzfristige Etablierung eines islamischen Religionsunterrichts in der Breite erscheint aus mehreren Gründen unrealistisch. Zum einen fehlt weitgehend immer noch der „Ansprechpartner" – dies wird auch von muslimischer Seite so gesehen und beklagt.[434] Zudem ist nicht ersichtlich, wer einen solchen Unterricht flächendeckend erteilen könnte. Noch mangelt es an Ausbildungsstätten für eine entsprechende Lehrerschaft.

Andererseits kann nicht erwartet werden, daß zunächst eine vollständige Infrastruktur gleichsam auf Vorrat eingerichtet wird, bevor die erste Unterrichtsstunde abgehalten werden kann („Alles oder Nichts"-Ansatz). Die Lösung ist meines Erachtens darin zu suchen, daß die notwendigen Selbstorganisationsmaßnahmen der Muslime von staatlicher Seite zwar nicht beeinflußt, aber doch technisch unterstützt werden. Dies scheint mir zunächst auf lokaler Ebene möglich zu sein. Einigt sich eine hinreichend repräsentative Gruppe von Muslimen darauf, daß ein Schulprojekt eingeführt wird, und legt sie einen dementsprechenden Lehrplan sowie Vorschläge für geeignetes Lehrpersonal vor, so müßte ein staatlich organisierter Islamunterricht z. B. im Rahmen eines Schulversuchs möglich sein. Auch dies ist eine improvisierte Zwischenlösung, die aber dem Anliegen des Art. 7 Abs. 3 GG deutlich näher steht als die bisherigen Lösungen. Ein weiterer Schritt könnte die Einrichtung „runder Tische" auf Landesebene sein, wie es in Baden-Württemberg bereits praktiziert wird und in Bayern eingerichtet werden soll.[435] Dabei wäre erst einmal auszuloten, ob und in welchem Umfang von

---

434 Vgl. die Stellungnahme des selbst in diesem Bereich engagierten *H. Behr*, „Von der zukünftigen Rolle der muslimischen Verbände in Bayern" in: al-Islam 3/2000, 12f.

435 Vgl. *Schavan*, Islamischer Religionsunterricht?, Stimmen der Zeit 7/2000, 435, 442; vgl. den entsprechenden Beschlußantrag aller im bayerischen Landtag vertretenen Fraktionen v. 26. 10. 2000, Drucksache 14/4603 unter 1.

muslimischer Seite Interesse an der Etablierung islamischen Religionsunterrichts besteht.[436] Daß durch eine Kooperation mit den verständigungsbereitesten Gruppierungen eine gewisse Sogwirkung entstehen wird, ist zu erwarten und zu begrüßen. In eine ähnliche Richtung gehen die Empfehlungen des Sonderberichterstatters der UN Prof. Amor über seinen Besuch in Deutschland im Jahre 1996.[437]

Was das Lehrpersonal angeht, so könnten zunächst muslimische Lehrer mit „normaler" deutscher Lehrerausbildung nach Absolvierung eines von der betreffenden Religionsgemeinschaft oder an staatlichen Ausbildungsstätten organisierten Zusatzkurses o.ä. zum Einsatz kommen.[438]

Ein im Ziel beachtenswerter, in der Umsetzung aber nicht unproblematischer Ansatz liegt in der Initiative Nordrhein-Westfalens, im Wege des Schulversuchs eine „Islamische Unterweisung" – also keinen bekenntnisorientierten Religionsunterricht – als eigenständiges Unterrichtsfach in deutscher Sprache zu erproben.[439] Hierbei sind erhebliche Unstimmigkeiten darüber entstanden, wer über die Inhalte des Lehrplans entscheiden soll.[440] In der Tat erscheint die Ausarbei-

---

436 Vgl. nur *Lähnemann* (Fn. 390).

437 United Nations, Economic and Social Council, Commission on Human Rights, Implementation of the Declaration on the Elimination of all Forms of Intolerance and of Discrimination Based on Religion or Belief, Report submitted by Mr. Abdelfattah Amor, Visit to Germany, E/CN.4/1998/6/Add. 2, 22.12.1997, Rn. 90 („it would be useful to hold broad consultations with Muslim organizations [...]").

438 Vgl. *Lähnemann* (Fn. 390).

439 Vgl. den Runderlaß für die Islamische Unterweisung v. 28.5.1999, Abl. NRW 1 Nr. 6/99, 96; hierzu *Pfaff*, Islamische Unterweisung an den Schulen in Nordrhein-Westfalen, epd-Dokumentation 2/2000, 42.

440 Vgl. „Nordrhein-Westfalen contra Grundgesetz", Freitagsblatt April/Mai 1999, 2; „Religionsunterricht für Muslime als ordentliches Lehrfach", FAZ v. 29.4.1999, 6 (Stellungnahme der ev. Landeskirchen in Nordrhein-Westfalen); ein vergleichbares Problem scheint sich in Berlin zu entwickeln, vgl. die Stellungnahme des Bischofs der Evangelischen Kirche in Berlin-Brandenburg Huber v. 6.10.1999 (Pressemitteilung) „Der Staat hat zu religiösen Inhalten nichts zu sagen. Islamkunde ist untauglicher Versuch einer Alternative zu Koran-Schulen".

tung durch hinreichend legitimierte muslimische Gruppierungen unerläßlich. Die staatliche Seite wird nach den nordrhein-westfälischen Erfahrungen gut daran tun, Personen oder Vereinigungen nicht ohne nähere Prüfung als „Repräsentanten" der Muslime anzusehen. Ein zusätzliches Problem ergibt sich daraus, daß die Islamische Unterweisung gerade keinen Religionsunterricht im Sinne des Art. 7 Abs. 3 GG darstellt. Sie kann daher allenfalls eine Übergangslösung darstellen.

Im übrigen kann bis auf weiteres der bestehende muttersprachliche Ergänzungsunterricht für türkische/türkischsprachige Kinder mit einem an die neuen Verhältnisse angepaßten Lehrplan beibehalten werden. Ein solcher Unterricht hat mit dem Islamunterricht im hier beschriebenen Sinne ohnehin nichts zu tun. Im Wettbewerb mit deutschsprachigem Islamunterricht wird sich weisen, wo der reale Bedarf liegt. Damit könnte auch den anwesenden Lehrern die – durchaus nachvollziehbare – Furcht genommen werden, ihre Beschäftigung zu verlieren.

Bei alledem sollte nicht übersehen werden, daß wir es auch mit einem Souveränitätsproblem zu tun haben. Die türkische Regierung erhebt durch manche ihrer Repräsentanten bisweilen recht unverhohlen Anspruch auf Mitsprache in Angelegenheiten der türkischen Bevölkerungsgruppe in Deutschland. Dies ist im Grundsatz durchaus natürlich und legitim im Hinblick auf eigene Staatsangehörige und insbesondere dann, wenn sich diese nur vorübergehend in Deutschland aufhalten. Sind jedoch die Lebensperspektiven dieses Personenkreises mehr und mehr auf einen dauerhaften Verbleib gerichtet, so erscheint es notwendig, solchem Ansinnen entgegenzutreten. Die gelegentlich geforderte Anerkennung einer türkischen Minderheit in Deutschland wird von deutscher Seite aus guten Gründen nicht ernsthaft in Betracht gezogen (vgl. Kap. IV.1).

In vergleichbarer Weise problematisch wäre die Beibehaltung eines nennenswerten Umfangs an „Fremdfinanzierung" muslimischer Projekte in Deutschland mit entsprechender

Einflußnahme. Nach Informationen aus dem genannten Bericht der Vereinten Nationen soll eine solche Finanzierung durch bestimmte islamische Staaten tatsächlich erfolgen. So wird in dem Bericht empfohlen, einen staatsfinanzierten Religionsunterricht anzustreben, damit die Muslime mehr Freiheit von auswärtiger Einflußnahme genießen können.[441] Dabei bestehen selbstverständlich keine grundsätzlichen Einwände gegen ideelle oder finanzielle Unterstützung aus dem Ausland. Auch die römisch-katholische Kirche ist ja keine rein nationale Veranstaltung. Problematisch wäre nur eine inhaltliche Einflußnahme auf die konkrete Arbeit im Inland, soweit dadurch inländische Rechtsinteressen (z. B. an verfassungskonformen Unterrichtsinhalten) beeinträchtigt werden.

Nach alledem verengen sich indes die Optionen für die religiöse Unterweisung. Letztlich wird sich der erkennbare Bedarf nur durch einen Islamunterricht in deutscher Sprache als ordentliches Lehrfach decken lassen. Haben sich in einer längerfristigen Perspektive muslimische „Ansprechpartner" konstituiert und gesetzeskonforme Lehrpläne vorgelegt, so wird der Anspruch aus Art. 7 Abs. 3 GG auf breiter Linie einzulösen sein, also überall dort, wo eine Mindestzahl muslimischer Schüler zusammentrifft.

Insgesamt ist zu bedenken, daß ein Islamunterricht in deutscher Sprache und unter deutscher Schulaufsicht der Integration um einiges förderlicher sein dürfte als die bestehende Alternative gänzlich fehlender Unterrichtung oder wenig transparent agierender Koranschulen.[442] Für die Muslime in Deutschland ist die Anerkennung als mit den christlichen und jüdischen Religionsgemeinschaften gleichberechtigte

---

441 Vereinte Nationen (Fn. 437) Rn. 41, 91.

442 Vgl. nur „Allah ist schulreif", Die Zeit v. 23.7.1998, 9ff, sowie die dahingehende Stellungnahme des Präsidenten des baden-württembergischen Landesamtes für Verfassungsschutz Rannacher, „Extremisten sollen den Schulen fernbleiben", Schwäbisches Tagblatt v. 15.1.1999. Zum islamischen Schulunterricht in anderen europäischen Ländern vgl. *Shadid/Van Koningsveld* (Fn. 204) Kap. 5.

Gemeinschaft von eminenter Bedeutung. Wer selbstverständlich „dazugehört", von dem darf man auch eine Eingliederung in die bestehende Gesellschaftsordnung erwarten. Die Voraussetzungen hierfür sind gegeben. Zudem dürften die improvisierten Lösungen mit unklarer Verteilung der Verantwortlichkeiten auf Dauer verfassungsrechtlichen Anforderungen nicht genügen.[443]

Nach alledem ist die staatliche Organisation des Unterrichts mit einer Prüfung des Lehrplans auf seine Vereinbarkeit mit dem geltenden Recht hin vorzugswürdig. So erscheint mir der österreichische, ausschließlich von der Religionsgemeinschaft selbst festgelegte Lehrplan nicht über jeden Zweifel erhaben. In den Schulstufen 9–12 wird das Islamische Recht nur in seiner klassischen Form dargestellt; die bedeutenden modernen Entwicklungen bleiben gänzlich ausgespart, z. B. beim sog. „riba"-Verbot (vgl. Kap. V.1.a). Ebenso fehlt eine Einheit zur Geltung des Islamischen Rechts außerhalb islamischer Länder. Gerade diese Aspekte sind aber von zentraler Bedeutung für Muslime in Deutschland und Europa. Ihre Aussparung wird auch von muslimischer Seite kritisiert.[444] Insbesondere sei auf die in Kap. II.3 dargelegten „Problemthemen" hingewiesen. Die Lehrplaninhalte müßten sich in diesem Bereichen auf Auslegungen beschränken, die mit den geltenden Gesetzen in Übereinstimmung stehen. Das bedeutet keineswegs eine „Anpassung" religiöser Inhalte an Vorschriften des Grundgesetzes – auch in einigen christlichen Kirchen ist ja z. B. die Gleichberechtigung der Geschlechter keineswegs durchgesetzt. Es müßte nur deutlich gemacht werden, daß Auslegungen, die den geltenden weltlichen Gesetzen nicht entsprechen, nicht im täglichen Leben erzwungen werden können. Plakativ ausgedrückt: Die mögliche Benachteiligung von Frauen im gesellschaftlichen Leben ist zweifellos zu bedauern. Rechtlich relevant wird sie aber erst dann, wenn Frauen gezwun-

---

443 So *Heckel* (Fn. 169) 741, 754.
444 *Aslan* (Fn. 390), insbes. 222 ff.

gen werden, wider ihren Willen von ihren Rechten keinen Gebrauch zu machen.

Angesichts eines geschätzten Bedarfs von 4500 Religionslehrern kann ein islamischer Religionsunterricht in der Breite allenfalls mittelfristig organisiert werden.[445] Um so bedeutsamer erscheint es, im Hinblick auf die Lehrerausbildung möglichst schnell die Weichen zu stellen und im Wege von Schulversuchen auszuloten, wie sich ein organisierter Islamunterricht in Zukunft entwickeln kann. In Erlangen wird wohl demnächst der erste Schulversuch dieser Art in Deutschland begonnen werden.[446] Es geht nicht mehr um das „Ob", sondern nur noch um das „Wie". Allerdings wird letzteres noch hinreichend Detailprobleme aufwerfen, die eine gutwillige und realistische Kooperation aller Beteiligten erforderlich macht.

Mit der Erteilung von Religionsunterricht ist die Frage der Ausbildung von Religionslehrern verbunden. Sie könnte an islamisch-theologischen Fakultäten in Kooperation mit erziehungswissenschaftlichen Fachrichtungen oder in Mischformen erfolgen. Auch außeruniversitäre Ausbildungsstätten sind denkbar. Österreich oder Frankreich z. B. verfügen über solche Einrichtungen. Unbeschadet des inhaltlichen Bestimmungsrechts der Religionsgemeinschaften wäre darauf zu achten, daß die Lehrer so weit im Lebenskontext der Aufenthaltsländer stehen, daß sie die Schüler adäquat unterrichten können. Hierzu sind nicht nur ausreichende theologische, sondern auch pädagogische Vorkenntnisse erforderlich. Im jeweiligen Land aufgewachsene und ausgebildete Lehrer wären deshalb die beste Lösung. In Bayern hat sich sowohl ein Arbeitskreis von Muslimen gebildet, der entsprechende Lösungen sucht, als auch (unter Mitwirkung des Verfassers) ein Ar-

---

445 Vgl. die dahingehende Schätzung des Leiters des Soester Zentralinstituts Islam-Archiv Deutschland M. S. Abdullah, wiedergegeben in „Deutsch hält langsam Einzug in Moscheen und Koranschulen", FAZ v. 2.3.1999, 6.

446 Vgl. den Beschlußantrag (Fn 435) unter 3.

beitskreis „Ausbildung von islamischen Religionslehrern an nordbayerischen Universitäten" konstituiert.

Der ordentliche Religionsunterricht an staatlichen Schulen wäre eine Alternative oder auch eine Ergänzung zu Korankursen in den Moscheen. Letztere standen vor allem in der Vergangenheit im Verdacht, extremistisches Gedankengut zu transportieren. Dies mag im einzelnen noch so sein. Jedoch ist vor einem Generalverdacht zu warnen. Solche Kurse können auch als Ergänzung verstanden werden, indem die Vermittlung religiösen Wissens zur Domäne des Schulunterrichts wird, während insbesondere die rituelle Glaubenspraxis im Zentrum der Korankurse steht.[447]

df) Exkurs: Imam-Ausbildung

Aus denselben Gründen wie beim Religionsunterricht ist auch die Ausbildung von Imamen im Inland wünschenswert. Die Entsendung von Imamen aus dem Ausland kann zu Problemen führen, wenn sie ein kulturelles Vorverständnis mitbringen und propagieren, das den Integrationsbedürfnissen entgegensteht. Damit soll keinesfalls ein generelles Mißtrauen gegen Imame aus dem Ausland gesät werden; viele von ihnen leisten sicherlich gute und wertvolle Arbeit. Wenn aber in einzelnen Korankursen gelehrt wird, daß das türkische Volk alle anderen überrage, daß türkische muslimische Kinder nicht mit deutschen christlichen Kindern Freundschaft schließen dürften, weil diese Schweinefleisch essen, tanzen gehen und keine Kopftücher tragen, daß das, was an deutschen Schulen gelehrt wird, falsch sei und daß man Lehrer, die gegen Korankurse sind, töten dürfe[448], dann sind Vorsorgemaßnahmen unvermeidlich. Eine Prüfung oder eine entsprechende Kooperation deutscher staatlicher Stel-

---

447 Vgl. Ministerium für Arbeit, Gesundheit und Soziales des Landes Nordrhein-Westfalen (Auftraggeber), Türkische Muslime in Nordrhein-Westfalen, 3. Aufl. 1997, 75f.

448 Vgl. die Informationen im Urteil des VG Stade InfAuslR 1983, 117f.

len mit dem Entsendeland hat sich als sinnvolle Praxis erwiesen.

Es verbleibt aber das Problem mangelnder Integration des Imams in das Gastland, wenn eine Rückkehr nach einigen wenigen Jahren ins Haus steht. Nach ausländerrechtlicher Rechtsprechung[449] hat auch die Familie des Imams nach seiner Rückkehr kein eigenständiges Aufenthaltsrecht mehr, was insbesondere zu Problemen mit in Deutschland eingeschulten Kindern führen kann. Dies schafft einen zusätzlichen Anreiz für entsandte Imame, die Familie im Herkunftsland zu belassen und demnach noch eher in einem bloßen Gaststatus zu verharren. Auch in dieser Hinsicht wäre also die Etablierung einer zumindest teilweise inländischen Imam-Ausbildung wünschenswert, wenngleich sie rechtlich nicht erzwungen werden kann.

e) Schächten von Tieren und Speisevorschriften

Wie das Judentum kennt auch der Islam Vorschriften über die Schlachtung von Tieren als Voraussetzung für religiös zulässigen Fleischverzehr. Zum einen darf Fleisch von verendeten Tieren nicht konsumiert werden.[450] Zum anderen halten viele Muslime das Schlachten eines Tiers am Opferfest (ʿid al-adha) im Wege des Schächtens (Schlachten ohne todbringende Betäubung) für religiös geboten. Hierbei stellt sich das Problem, ob die in Deutschland und Europa übliche Schlachtmethode mit Betäubung des Tieres vor dem Ausbluten den religiösen Geboten des Islam entspricht. Das Schlachten ohne vorherige Betäubung wird seinerseits gemäß dem Tierschutzgesetz (§ 4 a Abs. 1 TierSchG) grundsätzlich verboten.[451] Allerdings läßt das Gesetz selbst in § 4 a Abs. 2 Aus-

---

449 VGH Kassel 12 TG 574/00, wiedergegeben in NJW 25/2000, S, XLVI f.

450 Koran Suren 2, 173; 5, 3; 6, 145; 16, 115. Hierzu ausführlich *Andelshauser*, Schlachten im Einklang mit der Scharia, 1996.

451 Vgl. zu Fällen der Rechtspraxis OLG Hamm NVwZ 1994, 623; OVG Hamburg NVwZ 1994, 592 und Revisionsentscheidung BVerWGE 99, 1;

nahmegenehmigungen zu. Diese müssen Angehörigen von Religionsgemeinschaften erteilt werden, wenn zwingende Vorschriften der Religionsgemeinschaft das Schächten vorschreiben oder den Genuß von Fleisch nicht geschächteter Tiere untersagen. Einen unabweisbaren religiösen Aspekt enthält dabei zumindest das religiös vorgeschriebene Schlachten von Tieren zum Opferfest.[452]

Ein Ansatzpunkt für eine Lösung findet sich im Islamischen Recht selbst. In den vierzig Überlieferungen vom Propheten Muhammad mit besonderer Autorität heißt es in Bezug auf das Schlachten: „Wenn ihr nun tötet, tötet recht, und wenn ihr schlachtet, schlachtet recht. So soll ein jeder von euch seine Klinge schärfen und sein Opfer zur Ruhe bringen." Ahmad von Denffer vom Islamischen Zentrum München bezieht sich hierauf mit der Aussage: „Mit anderen Worten: Der Islam schreibt vor, daß Tiere, die geschlachtet werden, auf die beste Weise – mit geschärfter Klinge (d. h. mit geringstem Schmerz) und im Zustand der Ruhe (d. h. ohne Beängstigung) – zu schlachten sind.[453] Die Affinität zum Schutzzweck der §§ 4, 4a TierSchG ist unverkennbar. Zudem steht die in Deutschland übliche Art des Schlachtens nach der Ansicht vieler muslimischer Autoritäten in Einklang mit den Vorschriften des Islam.[454] So bezeichnet der prominente Rechts-

---

VG Koblenz NVwZ 1994, 615; *Brandhuber*, Die Problematik des Schächtens im Lichte der aktuellen Rechtsprechung, NVwZ 1994, 561ff; zu weiteren, teils unveröffentlichten Entscheidungen *Andelshauser* (Fn. 439) 162ff sowie allg. 131ff.

452 Vgl. nur die Stellungnahme des Islamrats für die Bundesrepublik Deutschland zum Opferfest am 8.4.1998, abgerufen am 16.3.1999 18:16 unter http://www.islamrat.de/infothek/feiertage.html. Das verkennen OVG Hamburg NVwZ 1994, 592, 596 und BVerWGE 99, 1, 7f.

453 *Ahmad von Denffer*, Islam und Umwelt, München 1993, 31.

454 So nach Stellungnahmen des Großmufti von Ägypten und Rektors der al-Azhar-Universität vom 25.2.1982 und der Islamischen Weltliga in Jiddah 1989 sowie weiterer Autoritäten; vgl. OVG Hamburg NVwZ 1994, 592, 595f; *Andelshauser* (Fn. 450) insbes. 98ff, 117ff mwN; *Khoury* (Fn. 199) 96ff. mwN; *Spuler-Stegemann* (Fn. 141) 162. Hierauf stützt sich auch BVerwGE 99, 1, 5, 9; VG Koblenz NVwZ 1994, 615.

gelehrte Yusuf al-Qaradawi sogar Importfleisch aus Ländern mit christlicher oder jüdischer Prägung als für Muslime erlaubt, auch wenn die Tiere nach den dort üblichen Methoden mit Elektroschock betäubt wurden.[455] Probleme stellen sich aus solcher Sicht überhaupt nicht.

Fraglich ist aber, wie mit abweichenden Meinungen umzugehen ist.[456] Ein subjektives Definitionsrecht mit unendlich weiten Auslegungsmöglichkeiten kann nicht ohne weiteres anerkannt werden.[457] Jedenfalls gilt dies dann, wenn die vertretene Ansicht nicht auf einer bewußten Überzeugungsbildung, sondern auf Unkenntnis bzw. Fehlinformationen beruht.[458] Wer in Deutschland geschlachtetes Fleisch nur aus *kulturellen* Gründen ablehnt, kann mittlerweile ohne unzumutbaren Aufwand auf Importfleisch aus der islamischen Welt ausweichen.[459]

Im Hinblick auf *religiös begründete* Überzeugungen steht es jedoch staatlichen Instanzen nicht zu, den Streit zwischen unterschiedlichen religiösen Lehrmeinungen im Sinne der einen oder anderen Partei zu entscheiden, indem nur einer Richtung der Schutz der Religionsfreiheit gewährt wird.[460] Hierbei darf auch nicht – bewußt oder unbewußt – das in manchen christlichen Kirchen vorhandene hierarchische Modell auf den Islam übertragen werden[461]; von einer ober-

---

455 *Yusuf al-Qaradawi*, Erlaubtes und Verbotenes im Islam, München 1989, 60.

456 Zur aktuellen Diskussion in der Türkei vgl. „Opfer der Gewohnheit", FAZ v. 17.3.2000, 9 (*R. Hermann*).

457 So auch VGH Kassel NVwZ 2000, 951f.

458 Vgl. OVG Hamburg NVwZ 1994, 592, 596 und VG Koblenz NVwZ 1994, 615 zum Schächten; wohl anderer Ansicht mit sehr subjektivistischer Grundhaltung *El Atiaoui*, Die Problematik des Schächtens in Deutschland, Al-Islam 4/1999, 4, 5ff.

459 Diese Forderung erheben auch muslimische Rechtsgelehrte; vgl. die Nachweise bei *Andelshauser* (Fn. 450) 151ff.

460 So auch Verfassungsgerichtshof Wien EuGRZ 1999, 600, 602 zum Schächten; anders und zu eng VGH Kassel NVwZ 2000, 951f.

461 Dieser Gefahr scheint der VGH Kassel nicht entgangen zu sein; vgl. die Entscheidung NVwZ 2000, 951.

sten menschlichen Instanz formulierte verbindliche Lehrmeinungen kennen die meisten Richtungen des Islam nicht. Ferner ist zu bedenken, daß die Schächtriten bei Muslimen und Juden auf gewachsenen religiösen Überzeugungen beruhen, die keineswegs von einer tierfeindlichen oder rohen Gesinnung zeugen. Dies zeigt exemplarisch das Rechtsgutachten des Europäischen Rats für Rechtsgutachten und Studien (vgl. Kap. IV.3), der den Verzehr von Hühnern als verboten erklärt, weil die Haltungsmethoden zum Tod vieler von ihnen führe.[462] Für die Frage der Sozialverträglichkeit des Schächtens muß der Gesamtkontext des Umgangs mit Tieren berücksichtigt werden. Solange quälende Tiertransporte allein wegen preisgünstigerer Schlachtmöglichkeiten, Massentierhaltung und Tierversuche außerhalb von Forschungszwekken zulässig sind, finden sich keine plausiblen Gründe, das Schächten als besonders anstößig zu qualifizieren.

Insgesamt haben daher die Angehörigen muslimischer Religionsgemeinschaften das Recht auf die Erteilung einer Ausnahmegenehmigung nach dem Tierschutzgesetz. Für die Schlachtung von Tieren zum Opferfest ist dies ganz unabweisbar. Fraglich ist es im Hinblick auf das Gebot, nur Fleisch von Tieren verzehren zu dürfen, die den religiösen Vorschriften gemäß geschlachtet wurden. Hier stehen sich zwei Auffassungen gegenüber. Die eine Ansicht verweist darauf, daß niemand gezwungen ist, Fleisch zu verzehren. Wer in Deutschland nach den geltenden Vorschriften geschlachtetes Fleisch ablehne, könne bei der mittlerweile dichten Infrastruktur an von Muslimen betriebenen Läden ohne unzumutbaren Aufwand auf Importfleisch aus der islamischen Welt ausweichen.[463] Andererseits stellen die islamischen Schächtvorschriften zweifellos insgesamt religiöse Vorschriften dar. Es erscheint daher verfehlt, den Schutz der Religionsfreiheit von vornherein nur auf das Schächten zum Opferfest zu beschränken, wenngleich das Schächten zum Zweck all-

---

462 Al-mağlis al-urubi (Fn. 207) 22.
463 BVerwGE 99, 1, 8f.

gemeinen Verzehrs aus den genannten Gründen (zumutbare Ausweichmöglichkeiten) von geringerem Gewicht ist.

Die Islamische Religionsgemeinschaft Hessen (IRH) hat ein jüngst vom Bundesverwaltungsgericht wegen angeblich unzureichender Tatsachenfeststellungen aufgehobenes[463a] Urteil des Verwaltungsgerichts Darmstadt[464] erstritten, wonach sie als Religionsgemeinschaft anerkannt wird und demzufolge eine Ausnahmegenehmigung nach § 4 a Abs. 2 Nr. 2 TierSchG beantragen kann. Was die IRH als bedeutenden Fortschritt bei der Anerkennung religiöser Bedürfnisse der Muslime in Deutschland gewürdigt hat[465], sehen andere Muslime offenbar skeptischer. In der in München herausgegebenen Zeitschrift „Al-Islam" werden Bedenken gegen die „Verkirchlichung" des Islam formuliert, wie sie im Vorgehen der IRH zum Ausdruck komme.[466] „Es geht letztlich darum, ob, wie im Koran zu lesen, ‚das Wort Allahs ... das oberste' ist. Dürfen die Muslime ihre gottgegebenen Rechte und Pflichten – auch in der nichtmuslimischen Gesellschaft – umsetzen, oder ist dazu die Genehmigung nicht-muslimischer Autoritäten Voraussetzung?"[467] Die Antwort hierauf ist aus Sicht des deutschen Rechts eindeutig: Wenn das Genehmigungserfordernis des TierSchG mit Art. 4 GG vereinbar ist, dann ist eine solche Genehmigung Voraussetzung. Deren Erteilung muß freilich unter hinreichender Beachtung der Religionsfreiheit geprüft werden. Das rechtsverbindliche Ergebnis einer solchen Prüfung ist zu respektieren. Wer dagegen verstößt, muß mit Sanktionen der Rechtsgemeinschaft rechnen. Nach Kenntnis des Verfassers wählen allerdings

---

463a Urt. v. 23. 11. 2000, Az. 3 C 40/99; vgl. Pressemitteilung des BVerwG Nr. 45/2000 v. 23. 11. 2000.

464 VG Darmstadt NVwZ-RR 2000, 513; die Sprungrevision ist zugelassen. Im Verfahren des einstweiligen Rechtsschutzes hat der VGH Kassel (NVwZ 2000, 951) das Begehren der IRH zurückgewiesen.

465 IRH „IRH ist keine Kirche!", Freitagsblatt Nr. 1/2 v. Januar 2000, 4f.

466 Hiergegen eine deutliche Stellungnahme der IRH „IRH ist keine Kirche!", Freitagsblatt Nr. 1/2 v. Januar 2000, 4f.

467 Al-Islam 6/1999, 9 ohne Nennung eines Autors.

nicht wenige Ordnungsbehörden bislang den Weg des „Wegsehens", um den möglichen Konflikt zu entschärfen. Eine solche Strategie kann kurzfristig befriedend wirken, untergräbt aber langfristig den Geltungsanspruch des Rechts überhaupt und kann deshalb keine Dauerlösung bilden.

Allerdings ist auch hier eine Konsensbildung unterhalb der ordnungsrechtlichen Schwelle wünschenswert. Beispiele aus Berlin oder München zeigen, daß solche Konsensbildung durch Kooperation z. B. zwischen Schlachthöfen und muslimischen oder informierten nichtmuslimischen Schlachtern möglich ist. Auf illegales Schlachten in Hinterhöfen sollten Muslime deshalb verzichten, um ihren Beitrag zur Herstellung der unerläßlichen rechtskulturellen Einheit in Grundfragen zu leisten. Ein weiterführender Beitrag könnte hingegen in der Entwicklung von Betäubungsmethoden liegen, die den religiösen Geboten zweifelsfrei entsprechen. Ein solcher Beitrag stünde in der Tradition islamischer Wissenschaft, die wegen bestimmter religiöser Gebote eine ganze Reihe von Erfindungen und Erkenntnissen hervorgebracht hat. Man denke nur an das Astrolabium und astronomische Erkenntnisse, die eine exakte Bestimmung der vorgeschriebenen Gebetsrichtung nach Mekka ermöglicht haben.

Weitere religiöse Vorschriften betreffen das Verbot des Verzehrs von Schweinefleisch und anderen Produkten.[468] Hierauf ist aus rechtlicher Sicht Rücksicht zu nehmen, beispielsweise bei der Bereitstellung von Gemeinschaftsverpflegung in der Bundeswehr oder im Strafvollzug.[469]

Nur am Rande sei bemerkt, daß in diesem Zusammenhang sozialer Druck ein erhebliches Integrationshindernis darstellen kann. Dies gilt insbesondere im Hinblick auf gesellschaftlich üblichen Alkoholkonsum, etwa bei betrieblichen Geburtstagsfeiern oder Festveranstaltungen. Hier ist die Sensibilität aller Beteiligten gefragt. Ein mittelbarer Zwang zum Alkoholkonsum ist gänzlich unangebracht. Man kann auch

---

468 Vgl. Koran Suren 2, 173; 5, 3f; 6, 145; 16, 115.
469 Vgl. BVerwGE 57, 215, 219.

ohne Alkohol fröhlich sein. Für Muslime stellt sich ihrerseits die Frage, ob sie solche Anlässe meiden sollen oder gar müssen, weil dabei Alkohol konsumiert wird. Immerhin akzeptiert auch das Islamische Recht den Alkoholkonsum von Nicht-Muslimen. Andererseits wird die Auffassung vertreten, daß ein Muslim gehalten sei, Orte zu meiden, an denen er mit Alkohol in Berührung kommen kann.[470] Damit soll schon der Gefahr einer Versuchung verbotenen Alkoholgenusses vorgebeugt werden. In einer nicht-muslimischen Mehrheitsgesellschaft wird deshalb die Abwägung erforderlich, ob diese Präventionsmaßnahme auch um den Preis einer möglichen sozialen Isolation gerechtfertigt ist, oder ob nicht der schlichte Verzicht auf eigenen Alkoholgenuß die religiösen Gebote erfüllt. Damit würde man auch einem nicht-muslimischen Gastgeber helfen, eine religiös gemischte Gesellschaft einzuladen, deren einer Teil das Angebot eines Glases Wein üblicherweise erwarten darf.

f) Bestattungswesen

Die islamischen Bestattungssitten stehen teilweise im Gegensatz zu bestehenden Landesgesetzen und Friedhofsordnungen.[471] Für viele ansässigen Muslime bedeutsam ist die Totenwaschung und die Bekleidung des Leichnams mit weißen Tüchern, die Verrichtung des Totengebets, die Beisetzung des Leichnams in nur von Muslimen genutzten Gräberfeldern, die Ausrichtung des Gesichts des Toten in Richtung Mekka und die schlichte Anlage der Grabstätte.[472] Manches davon läßt sich problemlos auf vorhandenen Friedhöfen aus-

---

470 Vgl. *al-Qaradawi* (Fn. 45454) 70.

471 Vgl. *Kokkelink*, Islamische Bestattung auf kommunalen Friedhöfen, in: Höpp/Jonker (Hrsg.), In fremder Erde. Zur Geschichte und Gegenwart der islamischen Bestattung in Deutschland, 1996, 63ff; zu praktischen Fragen *Karakaşoğlu*, ebenda, 83, 86ff.

472 Vgl. *Lemmen*, Islamische Bestattungen in Deutschland, 1999, 18ff.

führen, so das Totengebet und die Ausrichtung des Toten im Grab.

Anderes kann Probleme aufwerfen. Meist gelten polizeirechtliche Bestimmungen wie das Gebot, den Leichnam in einem Sarg zu bestatten. In dieser Hinsicht finden sich indes pragmatische Lösungen, z. B. das nach islamischer Sitte übliche Einwickeln des Leichnams in Tücher bei gleichzeitiger Beisetzung im Sarg.[473] Auch gibt es ein Gutachten der Akademie für islamisches Recht in Mekka, wonach die Beisetzung in einem Sarg zulässig ist.[474] Soweit polizeirechtliche Bedürfnisse wie etwa der Schutz des Grundwassers eine Sargbestattung erforderlich machen, müssen abweichende Wünsche zurückstehen. Im übrigen würde auch der Islam keine Gefährdung der Allgemeinheit aufgrund des Festhaltens an bestimmten Riten billigen. Auch für Muslime ist es sicherlich selbstverständlich, daß die Bestattungssitten in Wüstenregionen sich nicht ohne weiteres auf die ganz anderen Umweltbedingungen Mitteleuropas übertragen lassen.

Problematisch bleibt insbesondere das wie im Judentum herrschende Gebot der unbefristeten Totenruhe.[475] In den dicht besiedelten Regionen Deutschlands und Europas fehlt es schlicht an Raum für sich immer weiter ausdehnende Gräberfelder. Lösungen sind aber auch hier erkennbar. So gibt es im Detail unterschiedliche Stellungnahmen führender Vertreter der Muslime in Deutschland, wonach die Wiederbelegung von Gräbern nicht grundsätzlich ausgeschlossen ist. Besteht dringender Bedarf für eine Wiederbelegung, so sei diese möglich, wenn keine menschlichen Überreste mehr im Grab vorhanden sind, oder wenn eventuell noch vorhandene Gebeine im bisherigen Grab tiefer gelegt und ausreichend bedeckt werden.[476] Weitere Abhilfe kann das in vielen Fried-

---

473 Vgl. hierzu *Kokkelink* (Fn. 471) 71 mwN.

474 Angabe nach *Herkommer*, Islamische Bestattung in Deutschland, Der Arabische Almanach 1999/2000, 27, 29.

475 Vgl. *Kokkelink* (Fn. 461) 70f.

476 *Lemmen* (Fn. 471) 35ff mwN.

höfen bestehende Recht zur Verlängerung der Grabstättenbelegung (Wahlgräber) schaffen. Die vergleichsweise hohen Kosten werden allerdings nicht alle Muslime tragen können.

Auch fehlen oft geeignete Räumlichkeiten für die Vornahme wichtiger Riten wie der Leichenwaschung.[477] Zudem herrschen unterschiedliche Auffassungen über Art und Ausmaß späterer Grabpflege. Kompromisse sind nach Maßgabe der örtlichen Gegebenheiten zu finden.

Konsequenz der bisherigen Lage ist es, daß die Leichname hier verstorbener Muslime in vielen Fällen zur Bestattung in die vormalige Heimat überführt werden.[478] In der Folge stellt sich die Rechtsfrage, ob Sozialhilfeträger die Kosten als Teil einer „angemessenen" Bestattung übernehmen müssen (hierzu sogleich unten g).[479]

Eine angemessene Dauerlösung wird die Rückführung in ein als immer ferner empfundenes Herkunftsland kaum darstellen. Allerdings haben sich mittlerweile in einer erheblichen Zahl von Städten Konsenslösungen gefunden. Ähnlich wie bei der Organisation des Religionsunterrichts ist zudem daran zu denken, hinreichend fest organisierten islamischen Religionsgemeinschaften die Kompetenz zum Betrieb von Friedhöfen zu übertragen.[480] Damit könnten „innerislamische" Lösungen im Rahmen des geltenden Ordnungsrechts entwickelt werden. Soweit landesrechtliche Bestimmungen das Betreiben von Friedhöfen vom Körperschaftsstatus der Religionsgemeinschaft abhängig machen[481], wird zu überdenken sein, ob diese Einschränkung im Lichte des Art. 4 GG

---

477 Vgl. *Kokkelink* (Fn. 471) 73; exemplarisch zu den Bestattungsriten *Karakaşoğlu* (Fn. 471) 84 ff.

478 Vgl. *Lemmen* (Fn. 472) 29 f.

479 Ablehnend OVG Münster NJW 1991, 2232; OVG Hamburg NJW 1992, 3118 f.

480 Vgl. hierzu *Karakaşoğlu* (Fn. 471) 86 ff.

481 Vgl. z. B. Art. 8 Abs. 2 bay. Bestattungsgesetz; anders z. B. das Berliner Bestattungsgesetz in § 3 Abs. 2, das auch anderen gemeinnützigen Religionsgesellschaften unter bestimmten Voraussetzungen die Beleihung mit dem Bestattungsrecht eröffnet.

aufrechtzuerhalten ist. Meines Erachtens müßte eine vereinsrechtliche Organisation ausreichen. Rechtsansprüche darauf, daß von staatlicher Seite die Ressourcen zur Verfügung gestellt werden, die für eine islamkonforme Bestattung nach der engsten Auslegung erforderlich sind, bestehen im Grundsatz nicht. Vielmehr liegt es grundsätzlich an den Religionsgemeinschaften selbst, sich um entsprechende Ressourcen zu bemühen. Will eine muslimische Gemeinschaft einen Friedhof einrichten oder mitgestalten, so genießt dieses Anliegen freilich den Schutz der Religionsfreiheit.[482]

g) Sozialrecht und Steuerrecht

Im Sozialrecht werden religiöse Fragen unter mehreren Aspekten aufgeworfen. So können aus religiösen Verpflichtungen Ansprüche auf Gewährung von Sozialleistungen entstehen. Dies ist dann der Fall, wenn der Bedürftige sich mit hinreichender Überzeugungskraft (vgl. oben Kap. IV.2) auf religiöse Gebote berufen kann, deren Einhaltung Kosten verursacht. Auch hierfür ist keine religiöse Mehrheitsüberzeugung Voraussetzung; andererseits darf keine objektiv nicht mehr als Religion erkennbare eigene „Religion" mit Kostenfolgen für andere „erfunden" werden.

Im Hinblick auf islamische Glaubensüberzeugungen müssen Kosten für die rituelle Beschneidung von Knaben (einschließlich einer schlichten Feier im kleinen Kreis in zeitlichem Zusammenhang mit der Beschneidung[483]) und erforderliche Bestattungskosten nach § 15 Bundessozialhilfegesetz (z. B. für die rituelle Leichenwaschung[484] und die Einkleidung des Leichnams) übernommen werden. Angesichts

---

[482] Vergleichbare Erwägungen finden sich in schweizer. BGer. Lausanne, EuGRZ 1999, 607, 609f.

[483] OVG Lüneburg FEVS 44, 465ff; Oestreicher/Schelter/Kunz-*Kunz*, BSHG Kommentar (Loseblattslg. Stand 10/99), § 12 Rn. 23.

[484] VG Berlin NVwZ 1994, 617.

der bereits vorhandenen muslimischen Gräberfelder dürfte die Überführung in das islamische Herkunftsland nicht erforderlich im sozialhilferechtlichen Sinne sein (vgl. oben f).[485] Dies gilt auch dann, wenn eine größere räumliche Entfernung zwischen Friedhof und Wohnsitz der engsten Hinterbliebenen besteht, weil der Islam den Besuch von Gräbern Verstorbener nicht vorschreibt, ja sogar nach manchen Richtungen mit einiger Skepsis sieht, wenngleich andere Richtungen den Grabbesuch z. B. zu Festtagen empfehlen.[486]

In anderen Fällen können religiöse Überzeugungen dazu führen, daß der Betreffende hilfsbedürftig wird. Beispiel hierfür ist der Nichterhalt oder Verlust des Arbeitsplatzes aufgrund der Weigerung, von den religiös gebotenen Bekleidungsvorschriften abzulassen.[487] Häufig werden Sozialleistungen gekürzt oder ganz verweigert, wenn die Bedürftigkeit selbstverschuldet ist. Bei Prüfung dieser Voraussetzung ist wiederum das Grundrecht auf freie Religionsausübung zu berücksichtigen. Dasselbe gilt im Hinblick auf sozialhilfeähnliche Sonderleistungen wie Taschengeld für Strafgefangene (vgl. hierzu oben c). Allerdings ist auch hier zu beachten, daß die religiöse Begründung nachvollziehbar sein muß. Die Behauptung, als Frau aus religiösen Gründen keiner Tätigkeit außer Hauses nachgehen zu dürfen[488], genügt dieser Anforderung nicht. Es ist schon fraglich, ob sich diese Behauptung islamisch begründen läßt (vgl. hierzu die Aussagen des ägyptischen Verfassungsgerichtshofs in Kap. II.3.d). Letztlich kommt es darauf aber nicht an, selbst wenn eine solche Behauptung sich subjektiv begründen ließe. Im klassischen wie

---

485 So OVG Hamburg NJW 1992, 3118, 3119; Oestreicher/Schelter/Kunz-*Kunz* (Fn. 472) § 15 Rn. 9.

486 Vgl. *Lemmen* (Fn. 461) 22ff.

487 Vgl. den Sachverhalt in Arbeitsgericht Liège, Urt. v. 5.11.1991, abgedruckt in *Panafit* (Fn. 245) 527; vgl. auch Bundessozialgericht (BSG) NJW 1981, 1526 (Arbeit entgegen dem jüdisch-christlichen Gebot der Sabbatruhe); BSG NJW 1983, 701 (Waffenherstellung).

488 Vgl. im unterhaltsrechtlichen Zusammenhang die englische Entscheidung Khan v. Khan [1980] 1 All England Law Reports, 497, 499.

modernen Islamischen Recht existiert der wichtige Rechtsgrundsatz, wonach im Notfall („darura“[489]) „eigentlich“ geltende Vorschriften nicht eingehalten werden müssen – der Kranke, die Schwangere oder der Reisende müssen nicht fasten, der auf verzinslichen Kredit existentiell Angewiesene darf sich an Zinsgeschäften beteiligen. Ein solcher Notfall ist sicherlich gegeben, auch wenn nach der individuellen Glaubensüberzeugung (entgegen der Mehrheitsmeinung) die außerhäusliche Tätigkeit im Grundsatz nicht zulässig ist. Die Notwendigkeit wird nicht etwa durch die Möglichkeit von Sozialunterstützung ausgeschlossen.

Schließlich können religiös-rechtlich begründete Lebensumstände sozialrechtlich bedeutsam werden. Dies betrifft Personen, die ihre privaten Rechtsbeziehungen nach islamisch geprägtem Herkunftsrecht geregelt haben und auf deren Fortbestand vertrauen. Die wichtigste Fallgruppe bilden im Inland geführte, nach ausländischem Recht wirksam eingegangene polygame Ehen. Solche Ehen werden aus bürgerlich-rechtlicher Sicht auch im Inland als Ehe anerkannt, obgleich die Polygamie dem verfassungsrechtlichen Eheverständnis widerspricht. Maßgeblich ist die Erwägung, daß im bürgerlichen Recht dem Vertrauensschutz der Beteiligten – Fortbestand selbst geschaffener Rechtsbeziehungen auch in einer anderen Umgebung – besonderes Gewicht zukommt (vgl. Kap. V.1.c). Im Extremfall werden dann vier Frauen eines Ehemannes auch in Deutschland als Ehefrauen anerkannt.

Aus sozialrechtlicher Sicht stellt sich aber dann die Frage, ob mögliche Witwenrentenansprüche in vierfacher Höhe entstehen, oder ob sich die mehreren Ehefrauen das finanzielle Volumen eines Anspruchs aufteilen müssen. Dabei ist zu bedenken, daß der Vertrauensschutz der Ehefrauen sich eigentlich nur auf die Vermögenssituation des Ehemannes beziehen kann. Hierbei ist den Beteiligten klar, daß das vorhandene Vermögen auf Ansprüche aller Ehefrauen gleichermaßen zu

---

489 Hierzu *Muslehuddin* (Fn. 26) 52 ff.

verteilen ist. Es ist kein einleuchtender Grund dafür ersichtlich, weswegen aus sozialrechtlicher Sicht weitergehende Ansprüche bestehen sollten, zumal die sozialrechtliche Finanzierung polygamer Ehen auf einigen rechtspolitischen Widerstand stoßen dürfte. In solchem Sinne sieht § 34 Abs. 2 Sozialgesetzbuch I eine anteilige und endgültige Aufteilung von Witwenrenten vor. Die verfassungsrechtlich geschützte Religionsfreiheit ist hiervon nicht berührt, weil die Eingehung mehrerer Ehen auch nach dem Islam kein religiöses Handeln darstellt. Selbstverständlich ist jeder der Ehefrauen ein menschenwürdiges Minimum an Zahlungen im Sinne des Sozialhilferechts zuzubilligen.

Für Ansprüche des hinterbliebenen Ehemannes stellt sich die Frage, ob er auch dann als „Witwer" zu behandeln ist, wenn noch eine weitere Ehefrau lebt. Einzelne Gerichtsentscheidungen gehen von einem monogamen sozialrechtlichen Ehebegriff aus.[490] Meines Erachtens ist zu berücksichtigen, daß die Rente für hinterbliebene Ehegatten einen wichtigen Ausgleich für arbeitsteiliges Wirtschaften schafft, das zudem dem familienrechtlichen Leitbild des § 1360 S. 2 BGB entspricht.[491] Es besteht kein Grund, die im Inland anerkannte polygame Ehe gänzlich anders zu behandeln. Allerdings könnte der Gesetzgeber wie bei der Witwenrente berücksichtigen, daß in der polygamen Ehe mehrere Wirtschaftsgemeinschaften bestehen und den Anspruch des Witwers dementsprechend anteilig kürzen.

Im Steuerrecht wird die polygame Ehe bei der Frage relevant, ob die steuergünstige Zusammenveranlagung nach § 26 Einkommenssteuergesetz für mehrere Ehefrauen in Betracht kommt. Der Bundesfinanzhof[492] läßt dies im Grundsatz zu,

---

[490] Vgl. Bundessozialgericht Urt. v. 7.7.1998, SozR 3–1300 § 45 Nr. 38 mit Begründungen der Vorinstanzen.

[491] Vgl. auch SG Düsseldorf InfAuslR 1996, 127; zur Lage auch in anderen europäischen Ländern *Eichenhofer*, Die Stellung polygamer Ehen im deutschen Sozialrecht, SGb 1986, 136ff; zur Neuregelung des deutschen Rechts *Behn*, Die Rentenversicherung 1986, 213ff; 1987, 1ff.

[492] BFHE 146, 39.

sofern die Ehe auch nach deutschem Recht zivilrechtlich und international-privatrechtlich anerkannt wird.[493] Allerdings ist zu überlegen, ob dann nicht auch der Begriff der „Zusammenveranlagung" sinngemäß so angepaßt werden muß, daß der einzelne Splittingvorteil durch die Anzahl der Ehefrauen zu dividieren ist.

Schließlich lösen im Ausland geschlossene und im Inland als wirksam anerkannte polygame Ehen auch im Inland unterhaltsrechtliche Beziehungen zwischen allen Beteiligten aus. Leistet z. B. ein Ehemann keinen Unterhalt an seine Zweitfrau und die mit ihr gezeugten Kinder, so kann die Sozialbehörde für ihre Hilfsleistungen Rückgriff auf den Ehemann nehmen.[494]

h) Staatsangehörigkeitsrecht und Ausländerrecht

ha) Einbürgerung

Aspekte der Religion können bei der Prüfung relevant werden, ob einem Antrag auf Einbürgerung stattgegeben werden kann bzw. muß. Wie in Kap. IV.3 geschildert, dürfen schariatreue Muslime nach ihrem rechtlichen Selbstverständnis in nicht-islamischen Ländern leben. Folgerichtig ist nach einem Rechtsgutachten des sehr traditionellen Vizepräsidenten des Rats für Islamisches Recht in Jeddah auch der Erwerb der Staatsangehörigkeit eines nicht-islamischen Landes erlaubt, soweit eine wirtschaftliche oder andere Notwendigkeit für die Auswanderung besteht und der Betreffende die Gebote seiner Religion im täglichen Leben einhält.[495] Diese Position ist indes nicht völlig unumstritten.[496] Wer der anderen Ansicht

---

493 Vgl. BFHE 185, 475 (unwirksam geschlossene Einehe).

494 Vgl. den englischen Fall Din v. National Assistance Board [1967] 1 All England Law Reports, 750.

495 *Muhammad Taqi al-*ʿUṯmani (Fn. 209) 329 ff; vergleichbar *Khalid* ʿAbd al-Qadir (Fn. 205) 606 ff mwN.

496 Vgl. *Sellam*, Peut-on être un bon musulman quand on est citoyen d'un État non musulman?, Islam de France 1 (1998), 28 ff mwN.

folgt, wird die Staatsangehörigkeit eines nicht-islamischen Staates eben nicht beantragen. Die Einhaltung der geltenden Gesetze kann von ihm dessen ungeachtet verlangt werden.

Voraussetzung für die Einbürgerung ist unter anderem das Bekenntnis zur freiheitlichen demokratischen Grundordnung. Dies schließt insbesondere die Anerkennung des demokratischen Herrschaftsgedankens und der Grundrechte ein. Für die Einbürgerung in Deutschland gilt die vorläufige Verwaltungsvorschrift zum Staatsangehörigkeitsrecht, zu der die Bundesländer im wesentlichen übereinstimmende Hinweise ausgegeben haben.[497] Danach muß der Bewerber ein Bekenntnis zur freiheitlichen demokratischen Grundordnung des Grundgesetzes abgeben. Hierbei muß er insbesondere einzeln aufgeführte zentrale Bestandteile dieser Ordnung anerkennen. Hierzu zählen das Recht des Volkes, die Staatsgewalt in Wahlen und Abstimmungen und durch besondere Organe der Gesetzgebung, der vollziehenden Gewalt und der Rechtsprechung auszuüben und die Volksvertretung in allgemeiner, unmittelbarer, freier, gleicher und geheimer Wahl zu wählen (Volkssouveränität, repräsentative Demokratie, Grundsatz der Gewaltenteilung, demokratische Wahlen), die Bindung der Gesetzgebung an die verfassungsmäßige Ordnung und die Bindung der vollziehenden Gewalt und der Rechtsprechung an Gesetz und Recht (Rechtsstaatsprinzip, Verfassungsstaat), das Recht auf Bildung und Ausübung einer parlamentarischen Opposition (Demokratieprinzip mit Schutz von Minderheiten), die Ablösbarkeit der Regierung und ihre Verantwortlichkeit gegenüber der Volksvertretung (parlamentarische Demokratie), die Unabhängigkeit der Gerichte, der Ausschluß jeder Gewalt- und Willkürherrschaft und die im Grundgesetz konkretisierten Menschenrechte (z. B. Gleichberechtigung der Geschlechter, Religions- und Bekenntnisfreiheit, Meinungsfreiheit).

---

497 Vgl. z. B. die Erläuternden Hinweise des Bayerischen Staatsministeriums des Innern v. 4. 5. 2000 zu Nr. 85.1.1.1 (Bekenntnis zur freiheitlichen demokratischen Grundordnung; Loyalitätserklärung).

Der Bewerber muß ferner erklären, daß er keine Bestrebungen verfolgt oder unterstützt, welche gegen die freiheitliche demokratische Grundordnung, den Bestand oder die Sicherheit des Bundes oder eines Landes gerichtet sind oder eine ungesetzliche Beeinträchtigung der Amtsführung der Verfassungsorgane des Bundes oder eines Landes oder ihrer Mitglieder zum Ziele haben oder durch Anwendung von Gewalt oder darauf gerichtete Vorbereitungshandlungen auswärtige Belange der Bundesrepublik Deutschland gefährden. Hat der Bewerber solche Bestrebungen früher unterstützt, so muß er erkennbar glaubhaft machen und sich dazu bekennen, daß er sich davon abgewandt hat.

Damit sind die unverzichtbaren Kernstücke des rechtlichen Grundkonsenses unseres Landes formuliert. Meinungs- und Religionsfreiheit erlauben die Werbung für religiös orientierte Veränderungen im oben beschriebenen Rahmen der Verfassung. Dies gilt aber nur für friedfertiges Vorgehen. Personen, welche die uneingeschränkte Geltung der freiheitlichen demokratischen Grundordnung in Zweifel ziehen, mit unfriedlichen Mitteln Veränderungen anstreben, das staatliche Justizmonopol in Frage stellen oder die Religionsfreiheit einschließlich der Freiheit zum Glaubenswechsel in Deutschland oder anderen europäischen Aufenthaltsländern nicht respektieren, können die deutsche Staatsangehörigkeit nicht erhalten. Es entspricht dem Interesse des Gemeinwesens, ein ernsthaftes Bekenntnis zu den unerläßlichen Rechtsgrundlagen des Landes von demjenigen zu fordern, der über die Geschicke des Landes mitbestimmen möchte. Dies gilt für alle einzubürgernden Personen ungeachtet ihrer Herkunft oder Religion.

Rechtlich unbeachtlich ist der Einwand, es gebe auch unter den deutschen Staatsangehörigen Personen, welche die freiheitliche demokratische Grundordnung ablehnen. Dieser Einwand mag sachlich zutreffen – man denke nur an die Wahlergebnisse von links- und rechtsradikalen Parteien insbesondere in den östlichen deutschen Bundesländern. Es ist aber ein beachtlicher Unterschied, ob jemand aus einer

Schutz-, Rechts- und Pflichtengemeinschaft wegen seiner individuellen Haltung ausgeschlossen werden kann (Art. 16 Abs. 1 S. 1 GG verbietet dies generell) oder ob jemand in eine solche Gemeinschaft aufgenommen werden möchte. Was schon für eine Vereinsmitgliedschaft Voraussetzung ist, kann billigerweise erst recht für die Aufnahme als Staatsangehöriger verlangt werden.

Andererseits darf über dieses Loyalitätsbekenntnis hinaus nichts Weiteres verlangt werden. Man darf beispielsweise nicht von einem Muslim erwarten, daß er die Auslegung religiöser Vorschriften und ihre Auswirkungen in früheren Zeiten verdammt oder „Streichungen" im Koran vornehmen muß. Auch die Bibel oder der Talmud enthalten Passagen, die sich in einer wörtlichen Anwendung nicht mit der geltenden Rechtsordnung vertragen. Für den Bereich des Rechts genügt das ernstliche Bekenntnis zur Rechtstreue. Daß ein solches Bekenntnis auch den Geboten der Scharia entspricht, wurde bereits in Kap. IV.3 dargelegt. Konkret heißt dies beispielsweise, daß ein Bekenntnis zur *rechtlichen* Gleichbehandlung der Geschlechter durch den Staat und seine Institutionen sowie unter Privaten dort verlangt werden kann, wo das Gesetz es vorschreibt. Im rein gesellschaftlichen Bereich ist dies zwar nicht minder wünschenswert, kann aber nicht erzwungen werden. Nicht zuletzt wird es unterschiedliche Auffassungen darüber geben, was Gleichberechtigung im einzelnen heißt, und inwieweit eine Ungleichbehandlung eben deshalb gerecht ist, weil sie auf tatsächlicher Ungleichheit beruht. Wer verspürt schon ein Unrechtsbewußtsein, wenn er einer körperlich gesunden Dame, nicht aber einem ebenso gesunden Herrn in den Mantel hilft? Solche Einzelheiten auszuloten liegt in weitem Umfang außerhalb des Regelungsbereichs von Rechtsvorschriften.

hb) Erwerb der Staatsangehörigkeit ohne eigenes Zutun

Nach dem reformierten deutschen Staatsangehörigkeitsrecht wird künftig eine erhebliche Zahl von Muslimen die deutsche Staatsangehörigkeit mit der Geburt erwerben. Probleme können entstehen, wenn der Betreffende dadurch in einen Loyalitätskonflikt gestürzt wird, weil er sich nicht für berechtigt hält, einem nicht-islamischen Staat anzugehören. Allerdings wird auch hier wieder die schon in klassischer Zeit entwickelte Lehre eingreifen (vgl. Kap. IV.3). Zudem besteht auch die Möglichkeit einer Entlassung aus der ungeliebten Staatsangehörigkeit (vgl. §§ 18ff Staatsangehörigkeitsgesetz).

hc) Ausländerrecht

Im Ausländerrecht kann die Religionsfreiheit relevant werden, soweit es um die Einreise oder die Ausweisung von religiös tätigen Personen geht. Insbesondere kann die Religionsfreiheit der Ansässigen betroffen sein, sofern sie die Dienste der betreffenden Person aus religiösen Gründen benötigen, z. B. die eines Vorbeters (Imam) in der Moschee.

Verstöße gegen Einreisebestimmungen sind grundsätzlich nicht mit religiösen Gründen zu rechtfertigen.[498] Grundsätzlich haben weder der einreisewillige Ausländer noch die im Inland betreuten Personen ein Recht darauf, daß die Einreise entgegen den bestehenden ausländerrechtlichen Vorschriften erfolgen kann. Allerdings kann die Versagung der Einreiseerlaubnis rechtswidrig sein, wenn der religiös motivierte Bedarf nicht angemessen berücksichtigt wurde.[499] Auch bei der Ausweisung wegen erheblicher Rechtsverstöße sind solche Aspekte zu berücksichtigen. Jedoch wird hierbei bedeutsam, daß der Schutz der Religionsfreiheit nur in den verfassungsmäßigen Grenzen gewährleistet ist (vgl. oben Kap. IV.2). Politische Agitation und Indoktrination im äußeren Gewand der Religion muß nicht geduldet werden.[500]

---

498 BVerwG DÖV 1983, 773.

499 Vgl. BVerwG DÖV 1983, 773, 774.

500 Vgl. VG Stade InfAuslR 1983, 117f; für Frankreich „Expulsion de l'imam de Remiremont, Islam de France 1 (1998), 160 wegen eines Aufrufs zum ǧihad an der Seite der extremistischen algerischen FIS.

Nicht von der Religionsfreiheit umfaßt ist die Frage der Einreise und des Aufenthalts mehrerer in anzuerkennender polygamer Ehe lebender Ehefrauen. Die polygame Eheschließung wird zwar nach einer von mehreren Auslegungen koranischer Vorschriften in vielen islamischen Ländern zugelassen. Die Eingehung solcher Ehen ist aber kein religiöses Gebot. Relevant wird jedoch der Schutz von Ehe und Familie nach Art. 6 GG.[501] Zwar geht auch das Grundgesetz von der Einehe aus; der einschlägige § 17 Ausländergesetz nimmt hierauf Bezug und soll damit den Nachzug mehrerer Ehefrauen verhindern.[502] Jedoch ist zu beachten, daß in einer polygamen Ehe Loyalität und gegenseitige Fürsorge entstehen kann, die der Situation in der Einehe gleichkommt. Es wäre einigermaßen willkürlich, nur der vielleicht zufällig zuerst eingereisten Ehefrau den Aufenthalt zu gewähren und andere, vielleicht schon länger verheiratete Ehefrauen, danach auszuschließen. Jedenfalls greift aber der Familienschutz des Art. 6 ein, wenn Kinder aus der polygamen Ehe hervorgegangen sind.[503]

Meines Erachtens ist danach zu unterscheiden, ob die polygame Ehe bei Einreise schon seit längerem besteht und dadurch eine solche enge Beziehung entstanden ist oder ob sie erst danach geschlossen wird.[504] Im ersten Fall kann schützenswertes Vertrauen entstanden sein.[505] Im zweiten Fall ist dies ausgeschlossen; zudem bestünde wohl eine erhebliche Mißbrauchsgefahr, im Wege polygamer „Schein"eheschließung (vgl. § 1310 Abs. 1 S. 2 BGB) den Inlandsaufenthalt zu begründen.

---

501 Vgl. BVerwGE 71, 228 = NJW 1985, 2097.

502 Vgl. *Kloesel/Christ/Häußer*, Deutsches Ausländerrecht, Stand 7/1999, § 17 Begründung zu dem Gesetzesentwurf.

503 BVerwGE 71, 228 = NJW 1985, 2097, 2098; *Jarass/Pieroth*, Grundgesetz, 5. Aufl. 2000, Art. 6 Rn. 2, 4.

504 So auch *Jayme*, Anm. zu VG Gelsenkirchen FamRZ 1975, 338, 341.

505 Im Ansatz vergleichbar *Hailbronner*, Ausländerrecht, 2. Aufl. 1989, Rn. 377; *M. Rübsaamen*, Der Ehegatten- und Familiennachzug im Ausländerrecht der Bundesrepublik Deutschland und der verfassungsrechtliche Schutz von Ehe und Familie (Diss.), Konstanz 1985, 56f.

In keinem Fall kann die im Ausland wirksam begründete und deshalb auch nach deutschem Recht anerkannte polygame Ehe ein ausländerrechtlicher Grund für die Beendigung des Aufenthalts sein.[506] Die polygame Ehe mag zwar nicht den deutschen Ordnungsvorstellungen entsprechen. Die Bewertung, eine solche Ehe auch im Inland anzuerkennen, wirkt aber auch auf das Ausländerrecht ein. Zudem wäre es wohl auch sinnwidrig, die rechtlich gesicherte Verbindung zu mehreren Partnerinnen zu verurteilen, wenn die rechtlich ungesicherte Verbindung so verbreitet ist, daß eine Entvölkerung des Landes zu befürchten wäre, wenn sie einen Ausweisungsgrund darstellte.

i) Straf- und Ordnungsrecht

Das Strafrecht bietet angesichts seiner Funktion innerhalb der Rechtsordnung keinen Spielraum für Kompromisse. Es dient dazu, die von der Rechtsgemeinschaft festgelegten Mindestbedingungen für ein gedeihliches Zusammenleben zu gewährleisten. Wer sich daran nicht hält, muß mit staatlichen Sanktionen rechnen. Eine grundsätzliche Unterscheidung nach Religion, Nationalität oder Volksgruppenzugehörigkeit würde sich mit der Funktion des Strafrechts nicht vertragen; das Strafrecht hat in erster Linie einen territorialen Geltungsanspruch ohne Unterscheidung der Person (vgl. § 3 StGB). Die Berücksichtigung religiöser Besonderheiten kommt nur in einigen wenigen Bereichen in Betracht.

Bestimmte religiös motivierte Verhaltensweisen können gegen den Tatbestand einer Strafnorm verstoßen, aber im Einzelfall gerechtfertigt sein[507] (damit entfällt zugleich die Strafbarkeit). So verhält es sich bei der dem Islam und dem Ju-

---

506 So VG Gelsenkirchen FamRZ 1975, 338.

507 So die überzeugende Mindermeinung im Strafrecht, welche die Erfüllung des Tatbestandes bejaht; vgl. *Gropp*, Strafrecht Allgemeiner Teil, 1997, Rn. 231.

dentum gemeinsamen Beschneidung von Knaben, die den Tatbestand der vorsätzlichen Körperverletzung (§ 223 StGB) erfüllt. Sie ist ein Ritus, der allgemein als religiös geboten verstanden wird und der einen vergleichsweise geringen Eingriff mit sich bringt. Man kann hier auch von sozialadäquatem Verhalten sprechen.[508] Schwerere Beeinträchtigungen können jedoch auch dann nicht geduldet werden, wenn sie religiös begründet werden, wie z. B. die Verweigerung notwendiger Bluttransfusionen für Kinder von Zeugen Jehovas.[509] Erst recht gilt dies für die abscheuliche Beschneidung von Mädchen. Sie ist im übrigen kein Gebot des Islam[510], wenngleich sie in einigen islamisch geprägten Ländern insbesondere im östlichen Afrika praktiziert wird. Die vorislamische Herkunft zeigt sich schon daran, daß auch unter den koptischen Christen Ägyptens diese Form der Beschneidung noch verbreitet ist.[511]

Unabhängig davon wäre diese Beschneidung auch dann nicht akzeptabel, wenn sie eine religiöse Begründung fände. Schwere Eingriffe in wichtige Rechtsgüter sind auch mit religiöser Begründung nicht hinzunehmen. Am Extremfall des religiösen Menschenopfers vergangener Zeiten wird dies überdeutlich. Allerdings verbleibt ein strafrechtliches Pro-

---

508 So die herrschende Meinung, vgl. *Tröndle/Fischer*, StGB, 49. Aufl. 1999, § 223 Rn. 16 a.

509 Vgl. OLG Hamm NJW 1968, 212; *Lackner*, StGB, 21. Aufl. 1995, § 323 c Rn. 1 (alles zum Delikt der unterlassenen Hilfeleistung); zur vergleichbaren Situation in anderen europäischen Staaten *Shadid/Van Koningsveld* (Fn. 204) 4.3.

510 Vgl. für moderne Stellungnahmen Muslim Women's League, An Islamic Perspective on Sexuality unter „Female genital Mutilation", abgerufen am 11.4.2000 unter http://www.islamzine.com/women/xuality.html S. 4; Ausführlich hierzu *Rosenke*, Die rechtlichen Probleme im Zusammenhang mit der weiblichen Genitalverstümmelung, Frankfurt a. M. 2000, 59ff.

511 Vgl. „Beschneidung bei Mädchen erlaubt", FAZ v. 25.6.1997, 9; „Die Prominenz begehrt gegen die Islamisten auf", SZ v. 5.+6.7.1997, 14; „Ägypten verbietet weibliche Beschneidung", SZ v. 20.+21.7.1996, 1; „Die Frauen und Mädchen schützen", FAZ v. 12.11.1998, 14.

blem im Hinblick auf Menschen, die ohne jedes Unrechtsbewußtsein solche von der Rechtsordnung ihres Aufenthaltslandes bestraften Taten begehen. In Frankreich wurden z. B. langjährige Haftstrafen für die Beschneidung von Mädchen verhängt. Die Täterin beteuerte, sie habe doch nur zum Besten der Mädchen gehandelt, die andernfalls unrein seien und keine Chancen auf spätere Heirat hätten.[512] In solchen Fällen stößt das Strafrecht an seine Grenzen, insbesondere was das Verschuldensprinzip als Grundlage der Bestrafung angeht (vgl. für Deutschland § 15 StGB). Im Grunde liegt das Verschulden des Täters dann darin, die unerläßlichen Maßstäbe des Aufenthaltslandes nicht übernommen zu haben. Dies freilich kann zu Recht von jedem erwartet werden, der sich dauerhaft oder auch nur vorübergehend im Geltungsbereich der betreffenden Strafrechtsordnung aufhält.

Zudem sei davor gewarnt, bei Delikten im Zusammenhang mit der „Wahrung der Familienehre"[513] angeblich unumstößliche rechtskulturelle Prägungen anzuerkennen, die den Schuldvorwurf mindern könnten. Immerhin wehren sich auch Muslime in islamischen Ländern gegen die in der Tat verbreitete vergleichsweise milde Bestrafung solcher Delikte, die übrigens auch aus christlich geprägten Regionen bekannt sind.[514]

---

[512] Vgl. „Urteil mit symbolischer Wirkung", FAZ v. 18.2.1999, 13.

[513] Vgl. hierzu *Abu-Odeh*, Crimes of Honour and the Construction of Gender in Arab Societies, in: Yamani, Feminism and Islam, New York 1996, 141ff.

[514] Vgl. „Jordanische Frauen gehen auf die Straße", FAZ v. 28.11.1998, 10. Die hier zutage tretende Haltung ist eher „kulturell" als spezifisch rechtlich-religiös zu sehen; sie eint in erheblichem Maße z. B. Muslime und Christen in Ägypten; vgl. „Junge Ägypterin wegen Entehrung der Familie getötet", FAZ v. 30.11.1998, 14. Vergleichbar sind Reformbemühungen z. B. in Ägypten, nach denen die einer Vergewaltigung folgende Eheschließung nicht länger strafbefreiend wirken soll; vgl. „Lizenz zur Vergewaltigung wird abgeschafft", FAZ v. 7.4.1999, 14. Weiterführend *Streng*, Kultureller Pluralismus und Strafgleichheit, in: Lampe (Hrsg.), Rechtsgleichheit und Rechtspluralismus, Baden-Baden 1995, 279, insbes. 283ff.

Wenn allerdings Straftäter aus anderen Kulturkreisen den inländischen Maßstäben unterworfen werden, muß dies auch zu ihren Gunsten gelten. So muß sich die Strafbemessung an dem allgemein gültigen Strafrahmen orientieren und kann nicht etwa deshalb höher ausfallen, weil die kulturelle Prägung des Täters angeblich zu einer „geringeren Strafempfindlichkeit" führt.

Wesentliche Grundlage neuzeitlicher Strafrechtsordnungen ist schließlich das staatliche Gewaltmonopol. Der Staat und nur er ahndet Rechtsverstöße. Das staatliche Gewaltmonopol und die Ablösung des zuvor verbreiteten Privatfehdesystems wurde in einem über Jahrhunderte währenden Prozeß mühsam errungen und steht nicht zur Disposition. Wer sich in seinen religiösen Empfindungen verletzt fühlt, kann staatliche Hilfe suchen. Nachteilig erscheint es, wie in England den gesetzlichen Schutz gegen Blasphemie auf das Christentum zu beschränken.[515] In Deutschland verleihen die §§ 166 und 167 StGB Schutz gegen die friedenstörende Beschimpfung religiöser und weltanschaulicher Bekenntnisse und gegen die Störung der Religionsausübung schlechthin. Wer sich also durch die Schriften von Salman Rushdie oder durch das in Heilbronn und andernorts aufgeführte Theaterstück „Corpus Christi", in dem Jesus und seine Jünger als eine Schar zechfreudiger Homosexueller dargestellt werden, in seinen religiösen Empfindungen verletzt fühlt (dafür gibt es gut nachvollziehbare Gründe), darf nicht eigenmächtig handeln, sondern muß staatliche Hilfe in Anspruch nehmen. Der Staat ist seinerseits aufgerufen, um des öffentlichen Friedens willen religiösen Empfindungen das unerläßliche Mindestmaß an Schutz zu verschaffen. Auch die Kunstfreiheit gilt nicht absolut, wobei der Inhalt des Kunstbegriffs hier dahingestellt bleiben mag.

Religiöse Empfindungen genießen auch in anderen Bereichen des Ordnungsrechts Schutz. Dies reicht bis hin zum

---

515 Vgl. die Entscheidung des High Court of Justice in R. v. Metropolitan Stipendiary Magistrate, ex parte Choudhury, [1991] 1 AllER 306, 318 ff.

Recht der Warenbezeichnungen. Das Bundespatentgericht[516] hat zur Frage der Koexistenz in einer Entscheidung Stellung genommen, in der es die Anmeldung des Zeichens „CORAN" für Heilpräparate als ärgerniserregend im Sinne des früheren § 4 Abs. 2 Nr. 4 Warenzeichengesetz ausgeschlossen hat. Die Tolerierung und Achtung fremder Religionen sei „ein selbstverständliches Gebot und eine Grundvoraussetzung für das gedeihliche Zusammenleben in einer pluralistischen Gesellschaft".

516 BPatGE 28, 41.

VI. Perspektiven

1. Selbstorganisation von Muslimen und Teilhabe am öffentlichen Leben

Die Selbstorganisation von Muslimen ist in Deutschland und anderen europäischen Staaten in vollem Gange.[517] Die Modelle unterscheiden sich in erheblichem Umfang. So ist in Österreich der Islam hanafitischer Richtung seit 1959 als Religionsgemeinschaft gesetzlich anerkannt; das entsprechende Gesetz geht bereits auf das Jahr 1912 zurück.[518] In einer Entscheidung von 1987 hat der österreichische Verfassungsgerichtshof diese Anerkennung auf den Islam schlechthin erweitert.[519] In Spanien hat der Staat im Jahre 1992 rechtlich weitreichende Abkommen mit der Spanischen Islamischen Kommission abgeschlossen[520], in Italien sind ähnliche Initiativen im Gange.[521] In Belgien kam es bereits zur staatlich organisierten Wahl eines Repräsentativorgans für die Muslime.[522]

---

517 Vgl. nur *Shadid/Van Koningsveld* (Fn. 204) 2.4. ff.

518 Vgl. *Balić* (Fn. 37) 12.

519 Erkenntnis v. 10.12.1987, Geschäftszahl G146/87, G147/87, abgerufen am 12.7.200 unter http://www.ris.bka.gv.at/plweb-cgi/fastdoc.

520 Auszugsweise Wiedergabe in „Islam in Spanien", Freitagsblatt Nr. 3/1 (1999), 7; vgl. auch *Martinez-Torrón*, The Legal Status of Islam in Spain, in: Ferrari/Bradney (Hrsg.), Islam and European Legal Systems, Aldershot u. a. 2000, 47, 50ff; *Tatary Bakry*, Libertad religiosa y acuerdo de cooperación del Estado español con la Comisión Islámica de España, in: Abumalham (Hrsg.), Comunidades islámicas en Europa, Madrid 1995, 165ff.

521 Vgl. *Allievi/Castro*, The Islamic Presence in Italy, in: Ferrari/Bradney (Hrsg.), Islam and European Legal Systems, Aldershot u. a. 2000, 155, 167ff.

522 Vgl. *Panafit* (Fn. 245) 217ff.

In Deutschland hat sich eine Vielzahl muslimischer Vereinigungen in der Form des eingetragenen Vereins oder als Dachverband gebildet.[523] Die Organisationsform des eingetragenen Vereins reicht nach ganz überwiegender Meinung aus, um wichtige Rechtspositionen wie die des Ansprechpartners für die Inhalte eines islamischen Religionsunterrichts einnehmen zu können (vgl. Kap. V.2.d). Die Entwicklung hat in den vergangenen Jahren ihre Richtung geändert. Korrespondierend zum „Gastarbeiterstatus" mit Rückkehrwillen (vgl. die Einführung) hatten sich viele Organisationen nach Art von „Heimatverbänden"[524] gebildet. Erst in jüngerer Zeit tritt die Organisation zum Zweck der Teilhabe am öffentlichen Leben Deutschlands und der aktiven Mitgestaltung in den Vordergrund. Beide Richtungen haben ihre Funktion, aber nur die letztere ist zuständig für die hier aufgeworfenen Fragen.

Die in Gang befindliche Selbstorganisation spiegelt die religiöse Vielfalt innerhalb des Islam wider. Sunniten, Schiiten, Aleviten und Ahmadis gründen eigenständige Vereinigungen. Diese Pluralität muß der Staat respektieren, wenn er mit Muslimen in Kontakt tritt. So wenig die konfessionelle Aufspaltung der Christen eine Teilhabe am öffentlichen Leben ausschließt, so wenig kann dies für Muslime gelten. Im übrigen birgt die Koexistenz unterschiedlicher, historisch teilweise verfeindeter Richtungen unter den Muslimen in einer nicht-muslimischen Mehrheitsgesellschaft die Chance zur Herstellung besserer Beziehungen untereinander. In islamischen Ländern sind unterschiedliche Auffassungen mit der

---

523 Vgl. hierfür die ausführliche Darstellung bei *Spuler-Stegemann* (Fn. 141) insbes. 109 ff, 342 ff; *Lemmen*, Türkisch-islamische Organisationen in Deutschland, Altenberge, 1998; *ders.*, Muslimische Spitzenorganisationen in Deutschland, Altenberge, 1999; für Hamburg *N. Müller*, Ein Jahr „Schura" in Hamburg, Moslemische Revue 21 (2000), 182.

524 So die Aussage von Scheich Bashir Ahmad Dultz, Vorsitzender der Deutschen Muslim-Liga eV, in einem „Morgenstern-Gespräch", Oktober 1995, S. 28, abgerufen am 29.5.2000 unter http://home.t-online.de/home/chrislages/koerper1.htm.

Machtfrage verbunden – wer setzt sich und seine Grundüberzeugungen im Staatswesen durch? In einer nicht-muslimischen Umgebung stellt sich die Machtfrage so nicht. Die unterschiedlichen Auffassungen werden also auf ihren eigentlichen religiösen Kern zurückgeführt und können mit den geeigneten Mitteln des friedlichen Dialogs erörtert werden.

Manchen Muslimen, aber auch Vertretern staatlicher Institutionen mag der Prozeß der Selbstorganisation zu langwierig und mühsam geraten. Deshalb wird auf beiden Seiten immer wieder die Idee vorgebracht, der Staat selbst solle Gremien bilden, in denen Muslime in Zusammenarbeit mit Staatsvertretern ihre Anliegen erörtern und bei der Umsetzung mitwirken könnten. Soweit es dabei um die Einrichtung von „Runden Tischen" z. B. zum Austausch von Informationen oder zur eher informellen Planung konkreter Einzelprojekte auf kommunaler Ebene geht, wird ein solches Vorgehen häufig Nutzen bringen können. Voraussetzung ist dabei, daß sich keine nennenswerte Gruppierung zurückgesetzt fühlt. Die formelle Einrichtung entsprechender Gremien auf größeren Ebenen birgt hingegen große Schwierigkeiten. In Frankreich ist der Versuch, ein derartiges Gremium einzurichten, in den neunziger Jahren gescheitert, weil es nicht gelungen ist, alle relevanten Richtungen einzubinden.[525] Das bedauerliche Ergebnis langjähriger staatlicher Bemühungen ist eine Vertrauenskrise innerhalb der muslimischen Gemeinschaft gegenüber ihren immer wieder wechselnden „Repräsentanten".[526] Dabei ist es für Außenstehende annähernd unmöglich, die Bedeutung einzelner Gruppen oder Personen zutreffend zu beurteilen. Die Beteiligten selbst werden ein Interesse daran haben, ihr Gewicht möglichst stark erscheinen zu lassen, so daß eine „Außensteuerung" bei der Organisation schon aus diesen Gründen keinen Erfolg verspricht. Ähnliche Probleme

---

525 Vgl. *Kepel* (Fn. 370) 273 ff.

526 Vgl. *Branine/Renard*, Bilan d' une introuvable „représentation", Islam en France 1 (1998), 17, 18; *Sa*ʿdi Bazyan, al-siraʿ hawla qiyadat al-islam fi fransa, Algier 1997.

scheinen sich in Belgien abzuzeichnen. Dort hat man überdies für die Wahl des Repräsentativorgans ein Proporzsystem geschaffen, das nach „nationalen" Wählerschaften unterteilt ist. So werden religiös homogene Gruppen durch die religionsfremde Nationalitätenfrage künstlich auseinanderdividiert – ethnische/nationale Abgrenzung statt Zusammenschluß.[527]

Aus rechtlicher Sicht kommt ein weiteres Problem hinzu. Unbedenklich ist die staatliche Mitwirkung an der Organisationsbildung nur dann, wenn das zu bildende Gremium rein informellen Charakter hat. Anders verhält es sich mit der Bildung von Religionsgemeinschaften nach Art. 7 Abs. 3 GG oder Religionsgesellschaften nach Artt. 140 GG, 137 Weimarer Reichsverfassung. Der Staat ist zu religiöser Neutralität verpflichtet und nicht berechtigt, sich den für die Einrichtung eines islamischen Religionsunterrichts notwendigen „Ansprechpartner" auf muslimischer Seite selbst zu schaffen. Hierin liegt eine von den Muslimen selbst zu bewältigende Aufgabe (vgl. Kap. V.2.d). Das Verfassungsrecht macht insoweit ein „Angebot", kann aber keine Hilfestellung bei der Realisierung leisten. Die rechtliche Notwendigkeit zu eigenständiger Organisation mag für Menschen aus solchen Herkunftsländern problematisch erscheinen, in denen bürgerliche Eigeninitiative bestenfalls mit Mißtrauen verfolgt wird. Insoweit ist es unumgänglich, die Entfaltungsmöglichkeiten einer freiheitlichen Demokratie verstehen und nutzen zu lernen.

Auch den Staat trifft aber eine gewisse Pflicht zur Kooperation. Es kann nicht erwartet werden, daß Muslime mit großem und über Jahre zu entfaltendem Aufwand Organisationen bilden, wenn nicht grundsätzliche Hinweise gegeben werden, welche Voraussetzungen aus rechtlicher Sicht zu erfüllen sind, um die angestrebten Funktionen übernehmen zu

---

[527] Vgl. *Panafit*, Die Ethnisierung der belgischen Muslime, Le monde diplomatique die tageszeitung/WoZ v. 16.6.2000, 16; ausführlich hierzu *ders.* (Fn. 245) 217 ff.

können. Andernfalls würde die Verwirklichung der verfassungsmäßigen Rechte praktisch vereitelt.

Längerfristig steht auch die Möglichkeit offen, den Islam bzw. seine verschiedenen Richtungen als Körperschaft des öffentlichen Rechts zu organisieren. Art. 140 GG in Verbindung mit Art. 137 Abs. 5 der Weimarer Verfassung von 1919 eröffnet Religionsgesellschaften diese Möglichkeit, wenn sie durch ihre Verfassung und die Zahl ihrer Mitglieder die Gewähr der Dauer bieten. Diese Organisationsform verschafft eine Anzahl erheblicher Vorteile gegenüber der Organisation in Vereinen. Zu nennen sind z. B. das Besteuerungsrecht mit Hilfe staatlicher Finanzämter, umfangreiche Steuerprivilegien, der erweiterte Schutz eigener Betätigung (Zeugnisverweigerungsrechte, besondere staatliche Rücksichtnahmepflichten), Teilhaberechte im öffentlichen Leben (Rundfunkrecht, Jugendfürsorge), Dienstherrenfähigkeit und Disziplinargewalt sowie das Parochialrecht (Inanspruchnahme zuziehender Angehöriger der Religionsgemeinschaft als Mitglied).

Die Verleihung solch weitreichender Rechte setzt selbstverständlich Rechtstreue der Religionsgemeinschaft voraus. Sie muß insbesondere die Gewähr dafür bieten, daß sie die übertragene Hoheitsgewalt nur im Einklang mit Verfassungsrecht und sonstigem Gesetz ausüben wird und daß ihr künftiges Verhalten die fundamentalen Verfassungsprinzipien, dem staatlichen Schutz anvertraute Grundrechte Dritter und die Grundprinzipien des freiheitlichen Religions- und Staatskirchenrechts Deutschlands nicht gefährdet. Eine weitergehende Staatsloyalität ist nicht erforderlich. Nach alledem kommt z.B. eine Anerkennung nicht in Betracht, wenn die Religionsgemeinschaft auf die Verwirklichung einer theokratischen Herrschaftsordnung hinwirkt. Maßstab für die Prüfung ist bei all diesen Voraussetzungen nicht der Glaube, sondern das Verhalten der Religionsgemeinschaft.[528] Indes

---

[528] Vgl. das jüngste Grundsatzurteil des Bundesverfassungsgerichts v. 19. 12. 2000 (2 BvR 1500/97) Rn. 61 ff., aus der Literatur *Albrecht*, Die

bekennt sich die ganz überwiegende Mehrheit der muslimischen Vereinigungen in Deutschland zur staatlichen Rechtsordnung. Die rechtlich schwierigen Einzelfragen zu diesem Thema stehen hier nicht zur Erörterung. Vor der Anerkennung muß zweifellos eine eingehende Prüfung der Voraussetzungen erfolgen. Immerhin ist festzuhalten, daß den Muslimen diese Organisationsform grundsätzlich offensteht. Einen „christlichen Kulturvorbehalt" kennt die Verfassung nicht.[529] Auch mögen zwar die christlichen Kirchen Modell für den Körperschaftsstatus gestanden haben. Eine umstandslose Übertragung dieses Modells auf alle anderen Religionsgemeinschaften ist aber nach Sinn und Zweck der einschlägigen Verfassungsregelungen nicht erforderlich und damit auch nicht zulässig.

Nach den Christen stellen die Muslime zahlenmäßig die zweitgrößte Religion in Deutschland und vielen anderen europäischen Ländern. Die wesentlich kleinere jüdische Gemeinschaft genießt bereits die Körperschaftsrechte. Allerdings vertritt sie anders als der Islam eine schon seit langem im Lande präsente Religion von erheblicher Bedeutung im öffentlichen Leben. Zudem ist es nicht verwunderlich, daß nach den ungeheuerlichen Verbrechen gegen die Juden in Deutschland nun vielleicht besonders großzügige Maßstäbe bei der Auslegung rechtlicher Normen angelegt werden. Jedoch haben auch andere Religionsgemeinschaften Anspruch auf rechtliche Gleichbehandlung. Insofern gibt die Anerkennung der jüdischen Gemeinschaften Maßstäbe für den Umgang mit muslimischen Gemeinschaften vor.

Den Muslimen ist anzuraten, die Anerkennung als Körperschaft des öffentlichen Rechts erst dann voranzutreiben,

---

Verleihung der Körperschaftsrechte an islamische Vereinigungen, KuR 1/1995, 25ff; *Muckel*, Religionsgemeinschaften als Körperschaften des öffentlichen Rechts, Der Staat 38 (1999), 569ff; *ders.*, Muslimische Gemeinschaften als Körperschaften des öffentlichen Rechts, DÖV 1995, 311ff.

529 Vgl. nur *Muckel*, Religionsgemeinschaften (Fn. 528) 569, 592 mwN.

wenn die Voraussetzungen einer hinreichenden inneren Verfestigung der jeweiligen Vereinigung nachweisbar sind. Zunächst besteht noch eine Hürde, die sich aus den einschlägigen Empfehlungen der Kultusministerkonferenz vom 12.3.1954 zur Verleihung der Körperschaftsrechte ergibt. Danach biete die Religionsgesellschaft erst dann die Gewähr auf Dauer, wenn sie sich im allgemeinen Rechtsleben des Landes als gefügte Organisation zeitlich bewährt hat. Daraus ergibt sich eine nur vorübergehende Einschränkung. Die jüngste Entwicklung im Zentralrat der Muslime in Deutschland zeigt, daß Stabilität noch nicht annähernd erreicht ist.[530] Zuvor erscheint es vorzugswürdig, die auch nicht geringen Möglichkeiten einer unproblematischen vereinsrechtlichen Konstitution zu nutzen. Im Rahmen solcher Tätigkeit können die Voraussetzungen für die spätere Anerkennung als Körperschaft erfüllt werden. Der Verein bietet dabei gegenüber der losen Organisation in einer Moscheegemeinde den Vorteil, daß die Frage der Zugehörigkeit eindeutig geklärt ist.[531]

Immer mehr Muslime entschließen sich über die Beteiligung an speziellen Organisationen von Muslimen hinaus zur Teilnahme am öffentlichen Leben. Hierzu zählen insbesondere die Beteiligung an Wahlen und die Mitwirkung in Vereinen und in politischen Parteien. Auch dies ist eine Folge der neuen (Selbst-)Erkenntnis, daß die zugewanderten Muslime auf Dauer in den europäischen Zuwanderungsländern bleiben werden und ihre soziale Stellung deshalb neu formulieren müssen. Die übergroße Mehrheit sieht offenbar keinerlei Probleme darin, sich am öffentlichen Leben eines mehrheitlich nicht-muslimischen Landes zu beteiligen. Sie hebt zu Recht hervor, daß auch die Interessen der Muslime nur im Wege aktiver Beteiligung am politischen Geschehen artiku-

---

530 Der VIKZ (Verband der Islamischen Kulturzentren) als eines der bedeutendsten Mitglieder ist im Herbst 2000 ausgetreten; vgl. „VIKZ verläßt ZMD", Al-Islam Nr. 5/2000, 9.

531 Vgl. *Muckel* (Fn. 517) 311, 315.

liert und durchgesetzt werden können. Dabei scheint die Gründung einer spezifisch islamisch ausgerichteten politischen Partei kein Gegenstand der Überlegungen zu sein. Die politisch aktiven Muslime gehen vielmehr den weitaus eher erfolgversprechenden Weg, ihre Anliegen in die vorhandenen politischen Gruppierungen hineinzutragen. Sie vermeiden damit, sich als Randgruppe zu institutionalisieren.

Muslime finden sich mittlerweile in allen Parteien des demokratischen Parteienspektrums. In mehreren Stellungnahmen muslimischer Verbände und Personen aus den letzten Jahren wird hervorgehoben, daß für Muslime alle Parteien wählbar seien, die auf dem Boden des Grundgesetzes stehen und die den Gottesbezug in der Präambel des Grundgesetzes (vgl. Kap. IV.3) befürworten.[532] Auch hierfür sei eine repräsentative Stellungnahme zitiert: „Da zumindest in der Bundesrepublik Deutschland Muslime wegen ihres Glaubens keinen Verfolgungen ausgesetzt sind, von ihnen nichts verlangt wird, das gegen islamische Glaubensgebote verstößt und ihnen von der Verfassung Glaubensfreiheit und die freie Entfaltung der Persönlichkeit garantiert wird, kann man sich schon aus Eigeninteresse diesem Gemeinwesen nicht verweigern. Wenn wir Sympathie und Toleranz einfordern, dann müssen wir uns auch entsprechend verhalten. Die deutsche Verfassung und die durch sie gedeckten Gesetze garantieren uns ein gesittetes Miteinander. Wenn wir uns an der Verwirklichung dieser Verfassung nicht im Rahmen unserer Möglichkeiten beteiligen, und dazu gehören nun einmal die Wahlen, dürfen wir uns auch nicht beklagen."[533]

---

532 Vgl. die Stellungnahme des ZMD (Fn. 188) unter „Teilnahme an demokratischen Wahlen!"; „Deutschlands Muslime setzen auf Rot-Grün", FAZ v. 8.12.1998, 15; auch die Mitgliedschaft in nicht-islamischen Parteien ist für „glaubensstarke" Muslime grundsätzlich zulässig, vgl. *Khalid* ʿAbd al-Qadir, aaO (Fn. 205) 620f.

533 ZMD aaO (Fn. 188).

2. Islam und Rechtsalltag

Das Verhältnis zwischen Muslimen und Rechtsordnung bringt das Schweizer Bundesgericht[534] auf eine prägnante, allgemein gültige Formel: „Angehörige anderer Länder und anderer Kulturen, die sich in der Schweiz aufhalten, haben sich zwar zweifellos genauso an die hiesige Rechtsordnung zu halten wie Schweizer. Es besteht aber keine Rechtspflicht, daß sie darüber hinaus (...) ihre Gebräuche und Lebensweisen anzupassen haben. Es lässt sich daher aus dem Integrationsprinzip nicht eine Rechtsregel ableiten, wonach sie sich in ihren religiösen oder weltanschaulichen Überzeugungen Einschränkungen auferlegen müssten, die als unverhältnismäßig zu gelten haben."

Im Verhältnis zum Staat und seinen Untergliederungen genießen Muslime Religionsfreiheit im oben Kap. IV.2 beschriebenen Rahmen. Daneben stehen im privaten und privatwirtschaftlichen Rechtsleben vielfältige Gestaltungsmöglichkeiten offen. Dies betrifft die weiten Bereiche des dispositiven Rechts. Eine solche Entwicklung islamisch geprägten Rechts im Rahmen der Rechtsordnung des Aufenthaltsstaats zeichnet sich beispielsweise in England ab, wo sich ein „angrezi shariat" (englische Scharia) entwickelt.[535] Derartige Ansätze sind auch in Deutschland bereits erkennbar, so im Bereich der Gestaltung von Eheverträgen (vgl. Kap. V.1.c)cc), des Erbrechts oder des Wirtschaftsrechts. Beispielsweise werden, wie bereits ober erwähnt, mittlerweile Geldanlageformen angeboten, welche nicht gegen das islamische Verbot des riba (Wucher; z. T. als generelles Zinsnahmeverbot ausgelegt, vgl. Kap. V.1.a) verstoßen.[536]

Rechtspolitisch zu erwägen ist es, bei Bedarf einzelne is-

---

534 BGE 119, Ia 178 = EuGRZ 1993, 400.

535 Vgl. *Pearl/Menski* (Fn. 297) 3–81 ff.

536 Vgl. „Das Geschäft mit islamischen Fondsanlegern wächst kräftig", FAZ v. 20.12.1999, 35; „Zinsverbot umgangen. Commerzbank legt einen Fonds für Muslime auf", Erlanger Nachrichten v. 3.1.2000, 8.

lam-rechtlich inspirierte Vorschriften als Wahlmöglichkeiten für Muslime einzuführen. Das Beispiel Spaniens wurde bereits genannt (vgl. Kap. V.1.c). Beispielsweise hat Spanien in seinem neuen Personenstandsrecht die islamische Form der Eheschließung als Option anerkannt. Wenn schon ein Land mit so vorbelasteter religiöser Vergangenheit wie Spanien solche Schritte gehen kann, sollten sie für weniger vorbelastete Regionen nicht ausgeschlossen sein. Dies zeigt rechtspolitische Handlungsmöglichkeiten auch für Deutschland auf.

Eine Institution, die auch über weitreichende Kenntnisse spezifisch islamisch geprägter Haltungen und Erwartungen verfügt, könnte Beratungs- und Mediationsfunktionen bei der sachgerechten Abfassung von Eheverträgen oder bei familienrechtlichen Auseinandersetzungen übernehmen. An das Islamic Sharia Council in England (vgl. Kap. V.1.c)cc) als mögliches Vorbild sei erinnert.

3. Umgang mit Extremisten

Die Gefahren, die von den Aktivitäten muslimischer Extremisten ausgehen, sind nicht zu übersehen. Die europäischen Demokratien sind als „wehrhafte Demokratien" ausgestaltet. Gerade Deutschland hatte angesichts seiner geschichtlichen Erfahrungen Anlaß, sich dem Leitsatz „Keine Freiheit den Feinden der Freiheit" zu verschreiben. Die Bekämpfung des politischen und religiösen Extremismus mit allen rechtsstaatlichen Mitteln ist eine schlichte Notwendigkeit. Sie richtet sich gegen Extremisten aller Schattierungen und damit auch gegen solche, die sich auf den Islam berufen. Wenn also der Islam unter dem Aspekt extremistischer Entwicklungen und ihrer möglichen Auswirkungen auf die Rechtsordnung betrachtet wird, so kann hierin kein generelles Mißtrauen gegen den Islam und die Muslime gesehen werden. Andererseits können Muslime zu Recht erwarten, daß zwischen der friedfertigen und kooperationswilligen Mehrheit einerseits und den zahlenmäßig kleinen Gruppen von Extremisten andererseits unterschieden wird. Darauf weisen alle maßgeblichen Vertreter des politischen und gesellschaftlichen Lebens hin, nicht zuletzt auch der Verfassungsschutz.[537] Zudem stammt nicht alles, was an extremistischen Parolen kursiert, tatsächlich von muslimischen Extremisten. In Frankreich wurde ein Angehöriger der rechtsradikalen Front National zu einer Haftstrafe verurteilt, weil er im Wahlkampf gefälschte Flugblätter angeblicher islamischer Fundamentalisten verteilt hatte, in denen die Franzosen beschimpft und ein muslimisches Frankoarabien gepriesen wurden.[538] Sorgsame Betrachtung jedes Einzelfalles tut also not.

4. Ein deutscher und europäischer Islam

Ein deutscher und europäischer Islam ist möglich und beginnt sich bereits herauszubilden.[539] Manche Muslime mögen sich an dem Attribut „deutscher" oder „europäischer" stören. Mit diesen Attributen soll keineswegs gesagt werden, es handle sich um etwas anderes als „den" Islam schlechthin, etwa um eine Mischform aus islamischen und „aufgepfropften" westlichen Überzeugungen. Vielmehr entspricht es dem eigenen Potential des Islam, sich bei Wahrung der Einheitlichkeit im Glaubenskern den unterschiedlichen Lebensverhältnissen der Gläubigen im einzelnen anzupassen. „Deut-

---

537 Vgl. *Frisch*, Die Beobachtung islamistischer Bestrebungen als Aufgabe des Verfassungsschutzes, abgerufen am 5.5.1999 16:29 unter http://www.verfassungsschutz.de/islamp.htm, 2); danach sind 1,3 % der in Deutschland lebenden Muslime in islamistischen Gruppierungen organisiert. Aus eigener Anschauung ist dem Verfasser zudem bekannt, daß der Islamismusverdacht gelegentlich vorschnell formuliert wird. Damit sollen reale Gefahren nicht verkannt werden.

538 „Mitglied der Front National wegen Rassenhaß verurteilt", Süddeutsche Zeitung v. 29.8.1997, 6.

539 Vgl. z. B. *Pinn/Lehmann*, Tagungsbericht: Juden und Muslime in Deutschland. Gemeinsam fremd?, in: Hafez/Steinbach (Hrsg.), Juden und Muslime in Deutschland, Hamburg 1999, 24, 37.

scher Islam" meint nichts anderes als „Islam in Deutschland" in einer von der deutschen Rechtsordnung geschützten, aber auch geforderten Ausprägung als eine der Friedfertigkeit verpflichteten Glaubensüberzeugung. Ob sich ein „europäischer" Islam herausbilden wird, hängt davon ab, ob und inwieweit Muslime sich grenzüberschreitend austauschen und organisieren; Ansätze hierzu sind erkennbar. Dabei steht außer Zweifel, daß sich Muslime ungeachtet ihres Aufenthaltsorts zugleich der weltweiten Gemeinschaft aller Muslime zugehörig fühlen[540], wie dies ja auch bei anderen Religionsangehörigen der Fall ist. Das Attribut „deutscher" oder „europäischer" Islam erscheint mir aber deshalb als wichtig, weil es verdeutlicht, daß die hier ansässigen Muslime nicht der Ausprägung des Islam in Afghanistan oder Saudi-Arabien anhängen. Beispielsweise ist die Behandlung von Frauen in beiden genannten Ländern oder von Christen und anderen Nicht-Muslimen in Saudi-Arabien aus europäischer Rechtssicht verwerflich und menschenrechtswidrig. Diese Verdeutlichung ist für den Abbau von Befürchtungen bei der nicht-islamischen Mehrheitsbevölkerung unerläßlich.

Grundlage für einen Dialog, der auch das rechtliche Vorverständnis prägt, ist Offenheit. Damit ist zum einen Offenheit für die Äußerungen des jeweiligen Gesprächspartners gemeint; alle Beteiligten am Dialog zwischen den Religionen können noch voneinander lernen. Offenheit ist aber auch im Hinblick auf bestehende Probleme erforderlich. Eine selbstgefällige Haltung Alteingesessener, die neu Hinzugekommenen mögen sich nur einfach der neuen Umgebung angleichen, würde in die Sackgasse führen. Die Völker Deutschlands und großer Teile Europas können sich aus internationaler Sicht zwar zu Recht über den nunmehr erreichten Stand von Freiheiten, Entfaltungsmöglichkeiten und Wohlstand glücklich schätzen. Noch vor wenigen Jahrzehnten hätte man diese Aussage jedoch als fast irrwitzige Utopie

---

540 Vgl. nur *Abedin* (Fn. 203) 1 ff.

abtun müssen. Von einem Idealzustand sind wir nach wie vor weit entfernt.

Muslime sollten ihrerseits die Offenheit aufbringen, die Entwicklung der islamischen Welt nicht zu idealisieren. Solche Idealisierung mag naheliegen, wo man sich in einer Verteidigungsposition gegenüber platten Vorurteilen fühlt. Es ist aber erforderlich, zwischen der eigenen Überzeugung von den Inhalten des Islam und dem zu trennen, wie sich die Muslime historisch präsentiert haben. Nichtmuslime werden den Islam weniger an seinen „eigentlichen" Inhalten messen als an dem, wie ihn die Muslime leben.[541] Es gibt wenige, die vor dem Koran Angst haben. Einige aber befürchten, daß Muslime versuchen könnten, den räumlichen Geltungsbereich ihrer religiösen Vorschriften gewaltsam zu erweitern. Konkret: Die Eroberung des christlichen Konstantinopel erfolgte nicht durch den Koran, wohl aber durch ein muslimisches Heer. Für die Außenwahrnehmung aller anderen Religionen gilt das gleiche: Muslime werden neben den Kreuzzügen noch reichlich mit Beispielen aufwarten können, wie Christen – in der neuesten Zeit und nach langen Leidenserfahrungen auch Juden in Israel – ihre Herrschaft gewaltsam etabliert haben.

Entscheidend ist demnach die Vergewisserung, ob von Glaubensinhalten oder aber den Folgen möglicher Interpretationen die Rede ist. Aus rechtlicher Sicht sind die Glaubensinhalte weitestgehend auszuklammern; maßgeblich ist allein die Frage, mit welchen Mitteln die Gläubigen die von ihnen erkannte Wahrheit verbreiten und durchsetzen wollen. Der französische Imam Soheib Bencheikh sieht in der Situation des Islam als Minderheitenreligion in Europa eine besondere Chance. Es könne sich hier eine „Minderheitentheologie" entwickeln, die eine friedliche und gleichberechtigte Koexistenz der verschiedenen Glaubensgemeinschaften sichert, ohne Eroberungs- und Beherrschungsgelüste. Dieses Modell sei auch auf die islamische Welt zu übertragen. Damit stehe

---

541 So weist denn auch *Balić* (Fn. 37, 13) darauf hin, daß am Mißverstehen des Islam auch jene schuld sind, die sich zu ihm bekannten.

der Islam in Übereinstimmung mit den Menschenrechten, die in unserer Zeit den breitesten Konsens bei der Verwaltung einer pluralen und heterogenen menschlichen Gesellschaft genössen.[542]

Rechtliche Aufgaben in Einzelfragen des Zusammenlebens sind zu bewältigen. Bei allen größeren und kleineren Alltagsproblemen sollte aber doch die große Linie erkennbar bleiben. Sie hat der amtierende Bundespräsident Rau auf der Linie seines Amtsvorgängers Herzog in einer Grußbotschaft an die Muslime zum Fest des Fastenbrechens im Januar 2000 so formuliert: „Die Bundesrepublik Deutschland gehört zu den europäischen Ländern, deren Geschichte und deren Traditionen besonders vom christlichen Glauben geprägt sind. Die Religionsfreiheit, die unser Gesetz garantiert, gilt aber nicht nur für die christlichen Kirchen. Sie gilt, auch wenn das manchen nicht immer ausreichend bewußt ist, auch für andere Religionsgemeinschaften und gewiß für den Islam. Die Grenze findet jede Kirche und jede Religionsgemeinschaft ausschließlich in den vom Grundgesetz garantierten unveräußerlichen Menschenrechten und Bürgerrechten. Sie gelten für alle. Ich bin dankbar dafür, daß sich viele muslimische Mitbürgerinnen und Mitbürger in unserem Land engagieren: in Organisationen und Vereinen, als Selbstständige und Unternehmer, die Arbeitsplätze schaffen und Ausbildungsplätze anbieten. Ich weiß aber auch, daß das Zusammenleben verschiedener Kulturen nicht ohne Konflikte abgeht. Die wichtigste Voraussetzung dafür, daß wir Konflikte mit dem Ziel der Verständigung austragen können, ist, daß wir einander verstehen. Darum wünsche ich mir, daß alle, die bei uns eine neue Heimat gefunden haben, im Laufe der Zeit möglichst gut Deutsch sprechen, damit sie sich mit Nachbarn und Arbeitskollegen verständigen können. Ich möchte Sie ermutigen: Beteiligen Sie sich am gesellschaftlichen Leben, ob in den Stadtteilen, in Gewerkschaften oder in Sportvereinen.

---

542 *Soheib*, Vers une théologie de la minorité?, Islam de France 1 (1998), 62, 63f.

Nur wenn möglichst viele mittun, statt sich in Nischen zurückzuziehen, wird es uns gelingen, den ganzen Reichtum zu erschließen, den das Zusammenleben von Menschen unterschiedlicher Herkunft und unterschiedlicher Prägung über Religionsgrenzen hinweg schaffen kann (...)." [543]

Daß sich die Menschen trotz unterschiedlicher religiöser Überzeugungen begegnen können, hat bereits Papst Gregor VII. in einem Schreiben an den nordafrikanischen muslimischen Herrscher al-Nasir aus dem Jahre 1076 so formuliert: „Diese Mildtätigkeit schulden wir und ihr uns einander mehr als allen anderen Völkern, die wir an einen Gott, wenngleich auf unterschiedliche Weise, glauben (...)". [544] In solchem Sinne ist dem Islam in Deutschland und Europa vor allem der Status der „Normalität" zu wünschen. Muslime werden sich auf die Mehrheitsgesellschaft nur dann offen einlassen können, wenn sie ihrerseits in ihrer religiösen Eigenart als „normal", also „zugehörig" aufgenommen werden. Nur bei einer solchen Grundhaltung ist eine Selbstdefinition möglich, die den Erfordernissen der Umwelt Rechnung trägt. Die Abweisung ins Ghetto wird zu einer Selbstghettoisierung führen, indem allein das Unterscheidende zur Grundlage eigener Identitätsfindung gemacht wird. [545]

Zusammenfassend ist festzustellen, daß der Titel des vorliegenden Buchs keinen Gegensatz beschreibt. Es geht um unser aller Recht, das die Entfaltungsfreiheit aller Religionen gleichermaßen regelt. Christen, Muslime, Juden und andere genießen im Grundsatz dieselben Rechte und unterliegen denselben Pflichten. Unterschiede im einzelnen ergeben sich aus unterschiedlichen tatsächlichen Gegebenheiten. Von Muslimen kann wie von allen anderen Bewohnern des Lan-

---

543 Zitiert aus Al-Islam. Zeitschrift von Muslimen in Deutschland 1/2000, 9.

544 „Hanc itaque charitatem nos et vos specialibus nobis quam caeteris gentibus debemus, qui unum Deum, licet diverso modo, credimus et confitemur (...)", abgedruckt bei *Migne*, Patrologia monumentorum catholicae traditionis Bd. 148, 1853, 450f (Epistola XXI ad Anzir regem Mauretaniae).

545 Vgl. hierzu *Kandil* (Fn. 326) 81 ff.

des gefordert werden, daß sie das geltende Recht einhalten. Die übergroße Mehrheit, die hierzu ohne weiteres bereit ist, kann ebensosehr Respekt vor ihrem Glaubensleben verlangen. Extremisten – unter allen Bevölkerungsgruppen – verdienen genaueste Beobachtung und Maßregelung mit allen zu Gebote stehenden Mitteln des Rechtsstaats. Die zuständigen staatlichen Stellen widmen sich dieser Aufgabe mit großem Einsatz. Allen Beteiligten muß aber daran gelegen sein, die wirklichen Extremisten nicht stärker zu machen, als sie sind. Die friedliche Mehrheit verdient dagegen Anerkennung und Unterstützung in ihren berechtigten Anliegen.

An dieser Stelle ist es bemerkenswert, daß z. B. der Zentralrat der Muslime in Deutschland und andere Vereinigungen von Muslimen ihre Anhänger zur Beteiligung an der vergangenen Bundestagswahl aufgerufen haben. Wählbar für Muslime seien alle Parteien, die den Gottesbezug in der Präambel des Grundgesetzes befürworten.[546] Grundgesetz und Koran schließen sich also nicht aus, sondern sind im Gegenteil durchaus miteinander vereinbar. Die praktische Konkordanz herzustellen liegt an den Interpreten selbst. Wer sie ablehnt, schließt sich selbst aus der gesellschaftlichen Ordnung aus und unterliegt allen Maßnahmen, die zur Verteidigung der freiheitlichen demokratischen Ordnung geboten sind. Eine Integration der großen verständigungsbereiten Mehrheit kann aber nur gelingen, wenn die Alteingesessenen nicht in eine pauschale Abwehrhaltung verfallen, sondern denjenigen, die unter Wahrung ihrer religiösen Identität Anschluß an unsere Gesellschaftsordnung suchen, zu erkennen geben, daß sie willkommen sind.

---

546 Vgl. „Deutschlands Muslime setzen auf Rot-Grün", FAZ v. 8.12.1998, 15; der Generalsekretär einer als fundamentalistisch eingestuften Organisation hat sogar explizit zur Wahl der CDU aufgerufen, weil sie für die Bewahrung der religiösen Werte eintrete; auch die Mitgliedschaft in nichtislamischen Parteien ist für „glaubensstarke" Muslime grundsätzlich zulässig, vgl. *Khalid* ʿAbd al-Qadir, aaO (Fn. 205) 620f. Im britischen Oberhaus finden sich die Muslime Lord Nazir Ahmad und Baronin Pola Uddin als Mitglieder, vgl. „Toleranz und Respekt sind uns allen gemeinsam!", Freitagsblatt Nr. 6 v. Juli/August 1999, 2.

Anhang: Weiterführende Literatur jüngeren Erscheinungsdatums

Eine ständig aktualisierte Auflistung von Büchern und Zeitschriften zu den Themen

Islamisches Recht

Moderne Entwicklungen im Islam und

Der Islam und seine Rechtsstellung außerhalb der islamischen Welt

in europäischen Sprachen findet sich neben einer link-Sammlung auf der homepage des Verfassers: *http://www.jura-uni-erlangen.de/Lehrstuehle/zivilrecht3.html;*

vgl. auch Kluge, Eva-Maria, Internet für Orientalisten – eine praxisorientierte Einführung, Darmstadt 1999.

Übergreifendes und Sammelbände:

Abumalham (Hrsg.), Comunidades islámicas en Europa, Madrid 1995

Antes, Der Islam als politischer Faktor (Bundeszentrale für politische Bildung), mehrere Auflagen

Arkoun, Der Islam, Heidelberg 1999

Dassetto, La construction de L'Islam européen, Paris 1996

Elias, J., Islam, Freiburg u. a. 2000

Ende/Steinbach (Hrsg.), Der Islam in der Gegenwart, 4. Aufl. München 1996

Endreß, Der Islam: eine Einführung in seine Geschichte, 3. Aufl. München 1997

Ferrari (Hrsg.), L'Islam in Europa, Il Mulino 1996

Ferrari/Bradney (Hrsg.), Islam and European Legal Systems, Aldershot u. a. 2000

Goßmann/Ritter, Interreligiöse Begegnungen – ein Lernbuch für Schule und Gemeinde, Hamburg 2000

Halm, Der Islam, München 2000
Heine, Allah und der Rest der Welt. Die politische Zukunft des Islams, Frankfurt a. M. 2000
Heller/Mosbahi (Hrsg.), Islam, Demokratie, Moderne, München 1998
Heuberger (Hrsg.), Der Islam in Europa, Frankfurt a. M. u. a. 1999
Kepel, Allah im Westen. Die Demokratie und die islamische Herausforderung, übersetzt aus dem Französischen von Inge Leipold, München u. a. 1996
King, M. (Hrsg.), God's Law versus State Law. The Construction of an Islamic Identity in Western Europe, London 1995
Lerch, Muhammads Erben. Die unbekannte Vielfalt des Islam, Düsseldorf 1999
Lewis/Schnapper (Hrsg.), Muslims in Europe, London u. a. 1994
Muñoz (Hrsg.), Islam, Modernism and the West, London u. a. 1999
Nielsen, Islam in Westeuropa, Hamburg 1995
Rohe, Rechtliche Perspektiven eines deutschen und europäischen Islam, Rabels Zeitschrift 64 (2000), 256–298
Schimmel, Mystische Dimensionen des Islam, 3. Aufl. München 1995
Shadid/Van Koningsveld, Religious Freedom and the Position of Islam in Western Europe, Kampen 1995
–, Muslims in the Margin: Political Responses to the Presence of Islam in Western Europe, Kampen 1996

Zu I

Cerdini, Europa und der Islam: Geschichte eines Mißverständnisses, München 2000
Esposito, The Islamic Threat – Myth or Reality?, New York u. a. 1999
Hafez (Hrsg.), Der Islam und der Westen, Frankfurt a. M. 1997
Hagemann, Christentum contra Islam: eine Geschichte gescheiterter Beziehungen, Darmstadt 1999
Hourani, Der Islam im europäischen Denken, Frankfurt a. M. 1994
Schacht/Bosworth (Hrsg.), Das Vermächtnis des Islams, 2 Bde. Zürich u. a. 1983 (Originalausgabe The Legacy of Islam, London 1974)

Schimmel, West-östliche Annäherungen. Europa und die Begegnung mit der islamischen Welt, Frankfurt a. M. u. a. 1995

Zu II.1

Bobzin, Der Koran, München 1999
– (Hrsg.), Der Koran in der Übersetzung von Friedrich Rückert, Würzburg 1996
–, Mohammed, München 2000
Chehata, Études de droit musulman, 2 Bde. Paris 1971
Coulson, A History of Islamic Law, Nachdruck Edinburgh 1997
Gleave/Kermeli (Hrsg.), Islamic Law. Theory and Practice, London u. a. 1997
Hallaq, A History of Islamic Legal Theories, Cambridge 1997
Halm, Der schiitische Islam, München 1994
Johansen, Contingency in a Sacred Law: Legal and Ethical Norms in the Muslim Fiqh, Leiden u. a. 1999
Kamali, Principles of Islamic Jurisprudence, Repr. Cambridge 1997
Nagel, Staat und Glaubensgemeinschaft im Islam, 2 Bde., Zürich u. a. 1981
Paret, Mohammed und der Koran, 7. Aufl. Stuttgart u. a. 1991
Schulze, Islam und Herrschaft, in: Lüders (Hrsg.), Der Islam im Aufbruch?, München u. a. 1992, 94--129
Tabataba'i, Die Schia im Islam, ins Deutsche übersetzt von F. Banki, Hamburg 1996
Zaidan, al-'Aqida: Einführung in die Iman-Inhalte, 2. Aufl. Offenbach 1999
–, At-Tafsir. Eine philologisch, islamologisch fundierte Erläuterung des Quran-Textes, Offenbach 2000
Zirker, Der Koran, Darmstadt 1999

Zu II.2

Al-Ashmawy, L'islamisme contre l'islam, Paris/Kairo 1989
An-Na'im, Toward an Islamic Reformation, Syracuse, New York 1996
Balić, Ruf vom Minarett. Weltislam heute – Renaissance oder Rückfall?, 3. Aufl. Hamburg 1984

– Der Islam im Spannungsfeld von Tradition und heutiger Zeit, Würzburg u. a. 1993
– Der Islam – europakonform?, Würzburg u. a. 1994
Benkheira, L'amour de la Loi, Paris 1997
Charfi, Islam et liberté – le malentendu historique, Paris 1998
Cooper/Nettler/Mahmoud (Hrsg.), Islam and Modernity. Muslim Intellectuals Respond, London u. a. 2000
A. Engineer, Rethinking Issues in Islam, Hyderabad 1998
Esposito, Islam and Politics, 4. Aufl. Syracuse, New York 1998
Hofmann, Der Islam im 3. Jahrtausend, München 2000
Krämer, Gottes Staat als Republik. Reflexionen zeitgenössischer Muslime zu Islam, Menschenrechten und Demokratie, Baden-Baden 1999
Laroui, Islamisme, Modernisme, Liberalisme, Casablanca 1997
Ramadan, T., Der Islam und der Westen, Marburg 2000
Zakariya, Laïcité ou islamisme, Paris/Kairo 1991

Zu II.3

Afkham (Hrsg.), Faith and Freedom, Women's Human Rights in the Muslim World, Nachdruck London u. a. 2000
Ahmad, L., Women and Gender in Islam, Yale u. a. 1992
Akashe-Böhme, Die islamische Frau ist anders. Vorurteile und Realitäten, Gütersloh 1997
El-Bahnassawi, Die Stellung der Frau zwischen Islam und weltlicher Gesetzgebung (übertr. aus der engl. Übersetzung v. Saleh-Ronnweber), München 1998
El-Baradie, Gottes-Recht und Menschen-Recht. Grundlagenprobleme der islamischen Strafrechtslehre, Baden-Baden 1983
Göle, Republik und Schleier. Die muslimische Frau in der modernen Türkei, Berlin 1993
Hashmi, Women and Islam in Bangla Desh. Beyond Subjection and Tyranny, New York u. a. 2000
Köndgen, O., Das islamisierte Strafrecht des Sudan, Hamburg 1992
Kreile, Politische Herrschaft, Geschlechterpolitik und Frauenmacht im Vorderen Orient, Pfaffenweiler 1997
Mayer, A., Islam and Human Rights: Tradition and Politics, 3. Aufl. London 1999
Minai, Schwestern unterm Halbmond. Muslimische Frauen zwi-

schen Tradition und Anpassung, Stuttgart 1984 (Originalausgabe Women in Islam, New York 1981)
Müller, L., Islam und Menschenrechte, Hamburg 1996
Yamani (Hrsg.), Feminism and Islam. Legal and Literary Perspectives, New York 1996

Zu III und IV

Abdullah, Geschichte des Islams in Deutschland, Graz u. a. 1981
Akkaya, Çiğdem u. a. (Hrsg.), Das ethnische und religiöse Mosaik der Türkei und seine Reflexionen auf Deutschland, Münster 1998
Allievi Dassetto, Il ritorno dell ʿislam. I musulmani in Italia, Rom 1993
Babès, L'Islam positif – La religion des jeunes musulmans en France, Paris 1997
Baumann/Jäggi, Muslime unter uns – Islam in der Schweiz, Luzern u. a. 1991
Boyer, L'Islam en France, Paris 1998
Cesari, Etre musulman en France aujourd'hui, Paris 1997
Couvreur, Musulmans de France – Diversité, mutuations et perspectives de l'islam français, Paris 1998
Dassetto (Hrsg.), Facettes de l'Islam belge, Louvain-la-Neuve 1997
Hafez/Steinbach (Hrsg.), Juden und Muslime in Deutschland, Hamburg 1999
Hagemann/Khoury, Dürfen Muslime auf Dauer in einem nicht-islamischen Land leben?, Würzburg 1997
Heine, Halbmond über deutschen Dächern. Muslimisches Leben in unserem Land, München u. a. 1997
Höpp (Hrsg.), Fremde Erfahrungen. Asiaten und Afrikaner in Deutschland, Österreich und in der Schweiz bis 1945, Berlin 1996
Jonker (Hrsg.), Kern und Rand. Religiöse Minderheiten aus der Türkei in Deutschland, Berlin 1999
Kirchenamt der EKD (Hrsg.), Zusammenleben mit Muslimen in Deutschland, Gütersloh 2000
Lamchichi, Islam et musulmans de France – Pluralisme, la cité et citoyenneté, Paris 1999
Landman, van mat tot minaret, de institutionalisiering van de Islam in Nederland, Amsterdam 1992

Lewis, Ph., Islamic Britain, London u. a. 1994
Lewis/Schnapper (Hrsg.), Muslims in Europe, London 1994
Matar, Islam in Britain, Cambridge u. a. 1998
Pedersen, Newer Islamic Movements in Western Europe, Aldershot u. a. 1999
Poulter, Ethnicity, Law, and Human Rights: the English Experience, Oxford 1998
Ramadan, Tariq, Les musulmans dans la laïcité, 2. Aufl. Lyon 1998
Saint-Blancat, L'islam de la diaspora, Paris 1997
Schiffauer, Die Gottesmänner, Türkische Islamisten in Deutschland, Frankfurt a. M. 2000
Shadid/van Koenigsveld (Hrsg.), Political Participation and Identities of Muslims in Non-Muslim States, Kampen 1996
Spuler-Stegemann, Muslime in Deutschland, 2. Aufl. Freiburg u. a. 1998
Türkei-Programm der Körber-Stiftung (Hrsg.), Was ist ein Deutscher? – Was ist ein Türke?, Deutsch-türkisches Symposium 1997, Hamburg 1998
Vertovec/Rogers (Hrsg.), Muslim European Youth, Aldershot u. a. 1998

Zu V.1.a

Amereller, Hintergründe des „Islamic Banking", Berlin 1995
Bälz, Versicherungsvertragsrecht in den arabischen Staaten, Karlsruhe 1997
Lohlker, Das islamische Recht im Wandel. Ribâ, Zins und Wucher in Vergangenheit und Gegenwart, Münster u. a. 1999
Vogel u. a. (Hrsg.), Islamic Law and Finance: Religion, Risk, and Return, Den Haag 1998
Wichard, Zwischen Markt und Moschee, Paderborn u. a. 1995

Zu V.1.c

Aldeeb u. a. (Hrsg.), Le droit musulman de la famille et des successions à l'épreuve des ordres juridiques occidentaux, Zürich 1999
v. Bar (Hrsg.), Islamic Law and its Reception by the Courts in the West, Köln u. a. 1999

Dietzfelbinger u. a. (Hrsg.) im Auftrag des Kirchenamts der EKD, Christlich-muslimische Ehen und Familien, Frankfurt/M 1998 (mit Hinweisen auf Beratungsstellen und Ehevertragsmuster)
Islam-Kommission der evangelisch-lutherischen Kirche in Bayern (Hrsg.), „... über die Grenze gehen". Ehen zwischen christlichen und muslimischen Partnern, o. O. 1996 (mit Hinweisen auf Beratungsstellen)
Mallat/Connors (Hrsg.), Islamic Family Law, London 1990
Panafit, Quand le droit écrit l'islam, Bruxelles 1999
Pearl/Menski, Muslim Family Law, 3. Aufl. London 1998
Rohe, Rechtsfragen bei Eheschließungen mit muslimischen Beteiligten, Das Standesamt 2000, 161–169

Zu V.2

Andelshauser, Schlachten im Einklang mit der Scharia, Sinzheim 1996
Aslan, Religiöse Erziehung der muslimischen Kinder in Deutschland und Österreich, Stuttgart 1998
Behr, Islamische Bildungslehre, Garching 1998
Deutschsprachige islamische Frauengemeinschaft DIF, Schleierhaft. Zur Situation muslimischer Kinder und Jugendlicher in Schule und Ausbildung, Köln 1996
Höpp/Jonker (Hrsg.), In fremder Erde. Zur Geschichte und Gegenwart der islamischen Bestattung in Deutschland, Berlin 1996
Lemmen, Islamische Bestattungen in Deutschland, 2. Aufl. Altenberge 1999
Özdil, Aktuelle Debatten zum Islamunterricht in Deutschland, Hamburg 1999
Rohe, Rechtliche Perspektiven eines islamischen Religionsunterrichts, Zeitschrift für Rechtspolitik 2000, 207–212